CAN BOĞAZDAN ÇIKAR

KAN GRUPLARINA GÖRE BESLENME

İLAVELİ-GÖZDEN GEÇİRİLMİŞ

Hayat Kitaplar: 378
Hayat Sağlık: 3

Kitabın Adı
Can Boğazdan Çıkar

Yazarı
Mehmet Ali Bulut

Editör
Rahime Demir

ISBN: 978-605-5365-11-0
Sertifika No: 12451

Baskı Yeri & Tarihi : İstanbul, 2013
Kapak Tasarımı : Ahmet Çelik
Yayına Hazırlık : Rahime Demir
Baskı-Cilt : Alioğlu Matbaacılık
Orta Mahallesi, Fatin Rüştü Sk.
No: 1-3/A Bayrampaşa / İstanbul
Tel: (0212) 612 95 59 Faks: (0212) 613 09 83
Sertifika No: 11946

Hayat Yayın Grubu
Nişancı Mahallesi Davutağa Caddesi No: 26/1
34050 Eyüp - İstanbul
Tel: 0212 613 11 00 GSM: 0530 290 99 78 Faks: 0212 613 11 55
www.hayatyayingrubu.com - hayat@hayatyayinlari.com
twitter.com/hayatyayingrubu - facebook.com/hayatyayingrubu

MEHMET ALİ BULUT

CAN BOĞAZDAN ÇIKAR

KAN GRUPLARINA GÖRE BESLENME

İLAVELİ-GÖZDEN GEÇİRİLMİŞ

Hayat

Mehmet Ali Bulut

1954'te Gaziantep'in Islahiye ilçesinin Kerküt köyünde doğdu. İlkokulu ve liseyi Gaziantep'te tamamladı. 1978 yılında İstanbul Üniversitesi Edebiyat Fakültesi Arap ve Fars Dilleri ve Edebiyatları Bölümü'nden mezun oldu.

1979 yılında Tercüman gazetesine girdi. Tercüman Kütüphanesi'nin kurulması ve kitapların tasnifinde görev aldı. Birçok kitap ve ansiklopedinin yazılmasına ve hazırlanmasına katkıda bulundu.

Daha sonra gazetenin farklı servislerinde çalıştı; Hızır Acil servisini kurdu ve köşe yazarlığı yaptı.

1991 yılında haber koordinatörü olarak Ortadoğu gazetesine geçti. Bu gazete 5 yıl süreyle köşe yazarlığı yaptı. Yeni Sayfa ve Önce Vatan gazetelerinde günlük yazıları ve araştırmaları yayınlandı.

1993 yılında haber editörü olarak İhlas Haber Ajansı'na girdi. Daha sonra dört yıl boyunca İHA'nın haber müdürlüğünü yaptı.

1999 yılında başladığı BRT televizyonunda haber editörü ve program yapımcısı olarak çalıştı.

2001 Mayısı'ndan itibaren İstanbul Büyükşehir Belediyesi Basın Danışmanlığı'nda üç yıl süre ile görev yaptı.

2007-2008 yıllarında bir buçuk sene kadar Bugün gazetesi Yurt Haberler Müdürlüğü görevini yürüttü.

Çeşitli dergilerde yayınlanmış çok sayıda makalesi, şiirleri bulunan Mehmet Ali Bulut son dönemdeki yazılarını haber7.com'da yayınlamaktadır. Bulut evli ve bir kız babasıdır.

Eserleri

M. Ali Bulut'un ilk yayınlanan eseri ***Karakter Tahlilleri ve Rüya Tabirleri'****dir. Her ikisi de Tercüman gazetesinin o dönemdeki genel yayın müdürü Taha Akyol'un ısrarlı talebi ile kaleme alınmış ve Tercüman gazetesi ile birlikte promosyonu olarak verilmiştir. Her ikisi de yeniden yayına hazırlanmaktadır.*

Dört Halifenin Hayatı ve Ansiklopedik İslam Sözlüğü (cep kitabı boyutunda) ise Bulvar gazetesiyle birlikte verilmek üzere hazırlanmıştır.

Bağımsız olarak yayınlanmış ilk eseri ***Asya'nın Ayak Sesleri'****dir. Yeni Nesil Yayınları arasında çıkan bu eser, yazarın İslamiyet'in yeniden yükseleceğini anlatan yazılarını ihtiva etmektedir. Onu, Fardipli Sinha takip etmiştir.*

Fardipli Sinha: *İnsanlık denilen ve "insanlığın toplam hafızasını ve hatırasını kendinde barındıran" bir manevî şahsiyetle yapılmış diyalogların sık sık geçtiği, iman esaslarının hayatın içine tatbik edildiği mistik bir roman. Zaman Yolcuları başlığıyla beş kitaptan oluşacak bu serinin ikinci kitabı* ***Derviş ve Sinha****. Serinin diğer kitapları yazılma safhasındadır.*

Türkçe Dualar: *Yoğun bir talep sonucu yazılmış bir eserdir. Günlük okunması gereken dualar yanında çeşitli sıkıntılar karşısında belli sayılarda ve belli vakitlerde okunması uygun görülmüş duaları da içermektedir.*

Gizemli Sorular: *Yazara çokça sorulan gündelik sorulara verilen ilginç cevapların kitabıdır. Bir kısmı Fardipli Sinha ile yapılan konuşmalardan aktarılan soru cevaplar, günümüzde hayat, ölüm ve öteler etrafında zihne takılan sorulara verilmiş ilginç cevapları ihtiva ediyor.*

Ruhun Deşifresi: *Bir yeniden ayağa kalkma kitabıdır. 'İnsan-ı kamil'e giden yolun bir egzersizidir. Mevcut insan varlığımızla medeniyet kurma imkânımızın kalmadığına inanan yazar, medeniyet kurucusu olabilecek insan tipinin yeniden inşası denemesine girişir bu* *eserinde. Bu eser aynı zamanda, "akıl midesi"nin sağlıklı beslenmesi üzerine yapılmış bir çalışmadır.*

Ahkâmsız Hükümler: *Bu eser, yazarın, gündelik hayat içinde karşılaşıp da vaktinde tepkisini ortaya koyamadığı hadiselerin kitabıdır. Yazarın içinde bulunduğu camiaya "içten" ve "eleştirel" bakışının, hiciv ve mizah diliyle yazıya aktarılması, iğneyi kendine batırma denemesidir.*

Can Boğazdan Çıkar: *Bu kitap beslenme usulü üzerine yapılmış bir çalışmadır. Beslenme ile ahlak, beslenme ile sağlık, beslenme ile ömür, beslenme ile yaşam ve zindelik arasındaki ilişkileri tanzim etmeye çalışan bir eserdir. Ahir zamanda insanın yediğinin, kendisi için nasıl bir tuzağa dönüştüğünü irdeleyen bir eserdir.*

İletişim: *hayat@hayatyayingrubu.com*

İçindekiler

2. Bölüm

3. Bölüm

4. Bölüm

5. Bölüm

6. Bölüm

İthaf

Bu kitabı,

Cihaz kullanmadan ve kan tahliline gerek duymadan hastalıkların teşhis edilebileceğini bize gösteren *Baba Şahbaz*'a,

Sağlıklı bir yaşam için, *"sünnet"*e uygun yeme içmenin yeterli; hastalanıldığında ise perhiz ve uzun soluklu oruçlarla/açlıklarla vücudu yenilemenin ve yeniden sağlığına kavuşturmanın mümkün olduğunu bize öğreten *Aidin Salih*'e,

Hastalanmış ve tedavisi zorunlu hale gelmiş bir insanın, doğal yöntemlerle ve ameliyatlara gerek kalmadan, tamamen bitkisel ilaçlarla tedavi edebileceği fikrini bende yeniden dirilten sevgili kardeşim *Dr. Muammer Yıldız*'a,

Ve problemlere, hep pozitif yönden yaklaşarak onları benim için yıkıcı olmaktan çıkaran; inandığım takdirde, kendi küllerimden yeniden doğabileceğime beni güvendiren, bana bu yolda ve eserlerimi neşretmede rehberlik eden harika insan *eşime* ithaf ediyorum...

Sunuş

Niçin Böyle Bir Kitap?

Yıllar önce İstanbul'un ünlü bir üniversite hastanesine gitmiştim ve yemeklerden, özellikle tatlılardan sonra bana bir ağırlığın çöktüğünü ve kendimi çok yorgun hissettiğimi söylemiş; nedenini öğrenmek istemiştim. Tabii varsa tedavisini de...

Bir incelemeden sonra SGOT, SGPT enzimlerinin salınımında karaciğerimde bir tembellik tespit edildiğini ve muhtemelen, bunun genetik bir problem olduğunu söylemişlerdi. Hatta meseleyi *"annemle babamın akraba olması"*na bağlamışlardı. Yani akraba evliliklerinde görülen arazlar hep harici arazlar olmayabiliyormuş. Bazen böyle iç organların fonksiyon bozukluğu şeklinde de görülebiliyormuş.

Ben de o zaman *"Eh ne yapıyım bu da benim kaderim..."* deyip kulağımın üstüne yatmıştım. Şunu yeme bunu ye, bunu alma şunu al şeklinde bir perhiz de önermedikleri için bu şekilde devam edip ellili yıllara kadar geldim.

Bir gün bana *"Sen hipoglisemi olmuşsun..."* dediler.

O da ne?

Efendim, pankreasım gereğinden fazla insülin salgılıyormuş!

"Millet azını bulamıyor, bizde batmanla varsa verelim de millet de istifade etsin bari..." dedim ama meğerse bu da bir başka tür diyabet çeşidi imiş. Bana bir perhiz dayattıklar ki sormayın gitsin... Nerede ise tüm sevdiğim yiyecekleri yasaklayan bir program....

"Böyle şey mi olurmuş!" dedim ve ben yine bildiğim gibi devam ettim. Nihayet, hayat benim için ağırlaşmaya başladı ve sevgili dostum Raif Mermutlu beni iyi bir doktora götürdü. Koyduğu teşhis, *"Evet sen hipoglisemisin!"* oldu.

Yani?

Yani sana *glikofaj* ilacını vereceğim ve bunu ömür boyu kullanacaksın!

Baktım ki "ilaçlılar" sistemine dâhil edileceğim, bu işlerden iyi anlayan geleneksel tıpta uzman Dr. Muammer Yıldız'ı aradım. Durumu anlatınca "Sakın ha!" dedi, "Sakın o ilacı kullanmaya başlama. Bir kere kullanırsan, ebediyen hasta kalırsın. Çünkü pankreas, vücudun en tembel ve en mızıkçı organıdır. Sen insülin salınımı için destek bir ilaç alır almaz o hemen kendisine paydos verir bir daha da yeniden işler pozisyona getiremezsin."

Uyarısını dikkate aldım, Ortodoks tıbbın imkânları dışında kendime çareler aramaya karar verdim. Tabii ondan önce geçirdiğim bir ameliyat ile neredeyse yarım insan derekesine düşürülmüştüm. Esasında o hikâyeyi de size anlatmam gerekir ama sözü uzatmış olurum.

Ne ise gittim bir biyokimyacı olan Aydın Salih'e. Hekim dediğime bakmayın. Tıp filan okumamış ama geleneksel tıp dediğimiz alanda ve insan tabiatı konusunda kendisini yetiştirmiş bir hekim. Tırnaklarımdan, dilimden, avucumdaki çizgiler ağzım ve gözlerimden bana ilginç teşhisler koydu. Chek uplarda tespit edilmiş ve rahatsızlığını hissettiğim halde tetkiklerde görünmeyen bir dizi tespitlerde bulundu.

Bana kan grubuma göre bir beslenme şekli ve yeme içme usulü hakkında bilgiler aktardı. Bir de acil bir şekilde açlıklar yapmamı söyledi.

Ben onu şöyle bir tepeden tırnağa süzdüm: "Siz ne diyorsunuz arkadaş! Ben iki saatte bir yemezsem ölürüm. Doktorlar bana öyle dedi.. Siz ne diyorsunuz!" dedim.

O da bana öyle zavallı zavallı baktı. Sonra da "Git o zaman onların dedikleri gibi yap!" dedi.

Ne ise gönlünü yaptım ve bana ne önereceğini sordum. Yaptığı ilk öneri, acilen açlık yapmamdı. Önce üç gün dedi, sonra böbreklerimin zayıf olduğunu tespit ederek, "Sen 36 saatlik açlıklar yapacaksın. Kan grubun A olduğundan kırmızı etten uzak duracaksın. Proteinlerle süt ürünlerini bir arada yemeyeceksin. Karaciğerinde ta cenin halinde iken annenden aldığın birikmiş DDT tortularını temizleyeceksin. Acil olan bunlar!" dedi.

Bir yandan da "Böyle tedavi mi olurmuş?" diyerek eve geldim. Önce annemi arayıp sordum, *"Bana hamile iken DDT kullandın mı?"* diye. Meğer o zamanların moda tarım ilacı DDT imiş ve her evin vazgeçilmezi gibiymiş.

Söylediklerini uygulamaya karar verdim. Çünkü o sıralar, tansiyonum her gün fırlıyor. 13 ila 20 arasında gidip geliyor. Haftada en az iki kere migrenim tutuyor, kendimi eve zor atıyor ve başımı duvarlara vursam bile kâr etmiyordu.

Kolesterolüm 290'larda, trigliserit gırla... Ve tabii geçirdiğim ameliyatın da etkisiyle 92 kilo olmuştum... Cebimde ağrı kesici olmadan sokağa bile çıkmıyorum, evin hemen her köşesinde ağrıkesicilerim vardı.

Önce açlıklarla ve kan grubuma göre yenilecekler yenilmeyecekler listesini uygulamakla işe başladım. Özellikle bu kitapta da anlattığım su içme vakitlerine ayrı bir özen gösterdim. Belli aralıklarla 36-40'ar saatlik açlıklar yaptım. Yeme içme düzenimi ve yemekteki sıralamayı değiştirdim. Bir yanımla da oldukça sosyal bir yaşantım olduğu için ilk başlarda eski alışkanlıkların etkisinden sıyrılmakta zorlansam da zamanla çevremdekiler de hassasiyetlerime dikkat etmeye başladılar.

Bir gün bir kitapta *"Bir insanın sağlıklı olup olmadığı, ayak başparmağını alnına değdirip değdirmediği ile ölçülebilir."* cümlesine rastlayınca gayrı ihtiyarî, sağ ayağımı çekip denemek istedim ve az bir sıkıntı ile ayak başparmağımı alnıma değdirmeyi başardım! Şaşırmıştım. Hemen teraziye koştum. 78 kiloya düşmüştüm ve daha da ilginci, ameliyat sonrası sağ göğsüm altında *Koazimodu'nun kamburu* gibi duran bombelik yok olup gitmişti! Cidden ama cidden dehşete düşmüştüm, çünkü üç yıldır "ameliyatın öngörülemeyen neticeleri" diye açıklanan o arazı gidermek için yapmadığım kalmamıştı. Tüm bu süreçte ben hiç farkına varmadan o koca et yığını silinip gitmişti.

İşte o dakikadan sonra bu meseleyi kendime iş edindim. Ulaşabileceğim tüm kitaplara baktım, bu konuda samimi gayret gösterenlerle tanıştım, herkesten bir şeyler öğrenmeye çalıştım. Tüm bu çabalarım sonunda şunu anladım ki insan kendi eliyle ve kendi yedikleriyle hayatını bir cehenneme dönüştürüyormuş.

Bütün o süreçlerde kendimde uyguladığım ve güzel neticelerini gördüğüm yöntemleri tespit edip dost meclislerindeki sohbetlerde anlattıkça baktım ki bu konuda herkesin bir şeyler bilmeye ihtiyacı var. Özellikle yemeklerde bazı çeşitleri neden yemediğim soruldukça *"yiyeceklerin mizaçları ve birlikteliklerinden doğan sıkıntılar"* bahsi, çoğu kişinin oldukça ilgisini çekiyordu. Sonraki buluşmalarımızda bahsettiğimiz hususlara dikkat edildiğini sofraya konulanlardan dahi anlamak mümkündü.

Bu kitabı yazma fikri, biraz da çevremdekilerin talepleriyle oluştu. Bazen bir yemekte açılan bahis, tüm sohbetin konusunu teşkil ettikçe bunları yazılı hale getirmem konusunda dostlarımın ciddi bir ısrarı oldu.

İnsan, şu kainatla bütünlük teşkil edecek şekilde yaratılmış mükerrem bir varlık. Ona verilen hastalık yahut sağlık keyfî verilmiş bir ceza ya da mükafat olmaktan öte, *"İnsana ancak kendi yaptığının karşılığı verilir."* (Necm, 39) ayetinin ifade ettiği bir hak edişin tahakkuku gibi değerlendirilebilir.

İşte bu kitapla ben, bu tahakkukumuzun sağlık gibi bir ödül olmasını sağlayacak usul ve yöntemleri kendi üzerimde uyguladıktan sonra sizlerle paylaşmaya çalıştım.

Gayret bizden tevfik Allah'tan...

Mehmet Ali Bulut

Üsküdar, Ekim 2011

Giriş

Neden Doğru Beslenme?

Doğu ve Batı dünyasının ittifakla kabul ettiği dünyanın en büyük tabiplerinden *İbni Sina* (Batılılar; insanın, ancak kesilip biçilerek tedavi edilebileceğini öngören bugünkü Ortodoks tıbbın[1] ortaya çıkışına dek, yani 18. yüzyıl sonlarına kadar, onu *Avisenna* adıyla haklı olarak göklere çıkarırlardı) ünlü eseri *El-Kanun Fi't-Tıbb*'da beslenmeyi şöyle tarif eder:

"Beslenme, besin maddelerinin *mizaç olarak, vücut yapısına benzer hale gelmesi* ve böylece dokulardaki günlük yıpranma ve yırtılmaların, tamire uygun hale gelecek şekilde değişmesidir."[2]

Yine aynı eserinde İbni Sina büyümeyi "*organların, 'mekânla uygun münasebetler içinde' gelişmesi*" şeklinde tanımlar.

---

1 "Ortodoks tıp" tabirini özellikle kullandığımı vurgulamak isterim. Çünkü insanı, kesilecek, biçilecek, fazlalıklarından arındırılacak bir "mahluk" gibi gören ekol modern tıp değil, Ortodoks tıp dediğimiz bir tür bağnaz ekoldur.

2 İbni Sina, *El-Kanun Fi't-Tıbb*, çev. Enis Kahya, Atatürk Kültür Merkezi Yayını, İstanbul 2009, I. Kitap, s. 115.

"Beslenme, besin maddelerinin mizaç olarak, vücut yapısına benzer hale gelmesi ve böylece dokulardaki günlük yıpranma ve yırtılmaların, tamire uygun hale gelecek ve düzeltilecek şekilde değişmesidir."

İnsana Takdir Edilen Doğal Sınırlar

Âlemde her şeyin takdir edilmiş bir şekli ve miktarı vardır. İnsanlar için de belirlenmiş nihayet bir boy ve ağırlık söz konusudur. Esas gaye, fıtrî ve takdir edilmiş o seviyelere varıp orada sağlıklı biçimde kalabilmektir. Mesela insan türünün boyu -iki ayağı üstüne dikildiğinde- 1,60 ile 1,95 metre arasında ise bu, normal ölçü sayılmıştır. Yani insan, 2 metrenin üstünde bir boya sahipse bu, normal kabul edilmez. Keza 1,5 metreden daha kısa ise bu da normal değildir.

İnsanın fıtrî ağırlığı ise boyunun bir metrenin üstünde kalan miktarının 10 kilogram altı ya da üstü ise bu insanın boy-kilo oranının, normal ölçülerde olduğu söylenebilir. *Vücut kitle endeksi* adı verilen bu oran, aslında insanların kendi bünyeleri için takdir edilen normal ölçüleridir. Bu orandan sapmalar, kilo ya da zayıflık olarak nitelenir.

Diyelim ki bir insan 1 metre 75 santimetre boyunda. Bu kişinin ağırlığı da en fazla 85 ve en az 65 kilogram ise bu alt ve üst sınırlar aralığındaki boy ve kilo oranı, normal demektir. Bunun dışındaki tüm boy ve ağırlıklar, insan türü için normal olmayan, tedavi gerektiren hallerdir.

İşte, İbni Sina'nın "*mekânla uygun münasebet içinde*" demesi bu tanımlamadan dolayıdır. Dolayısıyla 1.75 boyunda bir insan 100 kilo ağırlığında ise o insan hastadır. Nasıl 2,5 metre civarındaki boylar da normal değil ise... Çünkü eşyanın her bir kalıbı için ta ezelde belli bir hacim ve boy takdir edilmiştir. Normal olan *"bilinen o miktardır"*. Hiçbir ağaç ila nihaye uzamaz. Her bir şey, kametini bulduktan sonra durur ve varlığını kendi türüne takdir edilen miktar kadar sürdürür ve sonra ölür.

Bu, insan için de geçerlidir. Nitekim insan bedeni üzerine yapılan çok sayıdaki çalışmadan çıkarılan ve *"altın kesit"* adı verilen bir ideal yapı var. "Altın kesit"te, insanın tüm uzuvları belli bir ölçü çerçevesinde birbiriyle orantılıdır. İşte esas olan, her bir insanın vücut uzuvlarının bu ölçülerde belirlenmiş nispetler içinde büyüyüp kemale ermesidir. Ve 120 yaş civarında da ölmesidir.

İnsanın Fıtrî Ömrü

İleride daha geniş temas edeceğimiz gibi insana takdir edilmiş olan fıtrî ömür (miad) 120 yıldır. Ama çoğu kişi daha bu rakamın yarısına dahi varmadan bozduğu beden yapısı sebebiyle ölür gider... Çünkü kişi bu bünyeyi doğru besleyemediği ve bünyedeki unsurları, takdir edilen ölçülerde tutamadığı zaman onu vaktinden önce tüketir.

Sağlıklı beslenme bunun için vardır: İnsanın, kanıyla, hücreleriyle, tüm beden yapısıyla kendi türünün gerçek oranlarına varması ve kendisine takdir edilen ömrün sonuna kadar sağlıklı yaşayabilmesi için... Beslenmeyi bu açıdan ele aldığımızda bir başka tarifi de *"Beslenme, bireysel gelişmeyi tamamlamak üzere besin maddelerinin bir araya gelmesidir."* şeklinde yapabiliriz.

Gıdalar, vücudumuzun yapı taşı olan hücrelerin beslenmesini, bölünüp çoğalmasını ve insanın, tür olarak kendisine tayin edilen biçime ulaşıncaya kadar gelişip bir kamete varmasını, harcadığı enerjiyi bu yolla edinmesini sağlar.

İşte beslenme, vücudun bu faaliyet için ihtiyaç duyduğu malzemeyi temin edebilmesi ve onu hücresel boyutta kullanılabilir hale getirebilmesi işlemidir. Bu yönüyle son derece komplike ve sistematik bir süreçtir. Hayatı bize veren "Kudret"; vücudumuzun etini, kemiğini, kanını, faaliyetleri için gereken enerjiyi yiyeceklerimizden elde etmemizi takdir etmiş. O açıdan denilebilir ki yeme-içme faaliyeti aynı zamanda kaderimizi yapma, kaderimizi tayin etme faaliyetinin de bir diğer adıdır.

Nitekim Kur'an-ı Kerim'e yiyecekler içecekler açısından bakılacak olsa, görülecektir ki iman dâhil insanın tüm saadet ve şekavetleri, iyilik ve kötülükleri, daha doğrusu hak edişleri, yedikleri içtikleri üzerinden aktarılıyor.

İnsan, bedendeki gıda ve faaliyet/fikir/zikir/huzur veya huzursuzluk ilişkisini anladığında Kur'an'ın, helal ve haram yiyecekler ve gıdalanma konusuna neden bu kadar vurgu yaptığını da çözebiliyor. Hemen hemen her surede mutlak manada Cenab-ı Allah sözü getirip gıdaya ve onun neticelerine dayandırıyor çünkü. Bugünün inanan insanı bu ayetleri daha çok helal-haramlar boyutuyla değerlendirse de kastedilen mana, helaller haramlar konusundan çok daha kapsamlıdır. Çünkü bu *"bünyad"*ın yapı taşları bizim yediklerimiz içtiklerimizden oluşuyor. O yediklerimiz ve içtiklerimiz, bizden doğacak eylem ve fikirleri de etkiliyor. O fikir ve eylemler de bizi ya cennete layık (huzurlu, sağlıklı, başarılı, yaşamından lezzet alan ve böylece Allah'ından razı) bir kul veya cehenneme layık (hastalıklar, sıkıntılar, inançsızlıklar ve müptelalıklarla vücudunu, içinde yaşanılamaz hale getirmiş, ömrü kahırla geçen, bezgin, bedbin ve huzursuz, adeta ölmeden cehennemi yaşayan, içten içe yanan) bir odun haline getiriyor.

Hakikaten de insan, başına gelenler ve akıbetler konusunda sık sık dönüp yediklerine içtiklerine bakmalı ki başına gelenlerin keyfî bir takdir değil, bir hak ediş meselesi olduğunu kavrayabilsin.

Bedeni Besleyen Yakıt Mizaçlara Göredir

Bedenimiz tıpkı bir motorun yakıta ihtiyaç duyması gibi gıdaya ihtiyaç duyar. Nasıl ki motora uygun olmayan yakıt verildiğinde sahibi onu kısa zamanda tahrip eder ve çalışmaz hale getirebilirse, beden de uygun olmayan, -İbni Sina'nın işaret ettiği gibi mizaç olarak insan yapısıyla entegre olamayan- yağlar, besinler ve sularla beslenirse, aslında potansiyeli daha uzun ve arızasız/hastalıksız geçmeye göre ayarlanmış bu vücut makinesi/motoru da kısa zamanda arıza yapar. Belli bir yaştan/kullanım süresinden sonra da bedeni hastalıklar sarar; yahut bu yapının kullanım ömrü vaktinden önce tükenir. Hastalıklı bir beden, kişinin yaşam kalitesini düşüren en büyük sıkıntıdır. Yaşam kalitesi düşmüş bir bedenden sağlıklı işler ve faaliyetler ortaya çıkmaz. Faaliyeti ve işleyişi bozulan beden sağlıklı fikir üretemediği gibi sağlıklı amel dahi üretemez...

İnsan, başına gelenler konusunda sık sık dönüp yediklerine içtiklerine bakmalı ki bunların keyfî bir takdir değil, bir hak ediş meselesi olduğunu da kavrayabilsin. Yediklerimiz ve içtiklerimiz, bizden doğacak eylem ve fikirleri de etkiliyor.

Dolayısıyla beslenme, sadece sağlıklı ve başarılı bir hayatın başlangıç adımı değil, aynı zamanda inancın ve (dünyada da huzur içinde yaşamak demek olan) cennet veya (dertler, sıkıntılar, hastalıklar ve aşırı kilolarla hayatı çekilmez kılmanın neticesi olan) cehenneme layık ameller işlemenin de ilk adımıdır.

O yüzden eski İslam âlimleri ve mezhep imamları yeme içme faaliyetlerini fıkhın temel konuları arasına dâhil etmişlerdir. *"Riyazet"*, (=insanın bünyesine uygun, temiz ve yeterli miktarda gıda alması) Allah'a giden yolda insanın en önemli azığıdır. (İleride de temas edeceğimiz gibi insana lazım olan günlük yiyecek miktarı, riyazet yaparken yenilmesi uygun görülen miktardır.)

Bedenin Tamiri

Günlük enerjiyi üretecek besin miktarı, kişinin kendi yumruğu kadardır. Fakat zamanla yıpranan bu beden için ek enerji kaynakları da gerekebilmektedir. İnsan bedeni bir yandan büyürken ve bir yandan da sergilediği faaliyetlerden dolayı yıpranır, dökülür ve hücrelerde, dokularda yırtılmalar olur. Sağlıklı beslenen bir beden, biz hiç farkında olmadan, o yırtık ve yıkılmaları vaktinde tamir eder. Bunu da yediğimiz besinlerle yapar. Yani yapı taşlarımız olan hücrelerimiz, doğrudan yiyip içtiklerimizden her gün yeniden dokunur. Yırtılma ve yıpranmanın tamiri ise günlük ihtiyacın fazlası olarak alınan besinlerle karşılanır. Bu sebeple, besin maddesinin fazlasının kesin olarak büyüme meydana getirmesi gerekmez.

Normal büyümenin tamamlanmasından sonra, hastalığın tedavisi yahut tamiratlar için tüketilen besinden geriye kalanları, kilo olarak yine vücutta muhafaza altına alınır ki bir gün gelip ihtiyaç duyulursa vücut, bu depodan ihtiyacı olanı kullanabilsin. İnsanların standart olarak gündelik besinlerini karşıladıkları modern zamanlar öncesinde günlük besin alımında ciddi dalgalanmalar olduğu yahut kıtlık, yokluk gibi durumlar sık sık yaşandığı için bu depolanan besin stoklarının dönem dönem tüketilmesi söz konusu idi. Oysa günümüzde modern hayatın hareketsizliği içinde bu durum, bir kilo ve sağlık sorunu olarak tüm dünyayı etkileyen hususların başında gelmektedir.

Dolayısıyla kilo almak, bir büyüme faaliyeti değildir. Hele bu kilo artışı, büyümenin durduğu yaşlardan sonra oluşmaya başlarsa -ki çoğu kere öyle olur- vücut için yeni yükler yüklenmek anlamına gelir.

Bugün insanlığın yüzde 80'i, *"beslenme"* esaslı yiyip içmeyi terk ettiği; *"haz"* eksenli bir yiyip içme yöntemi edindiği için hasta durumda. Nüfusun büyük bir kısmı, olması gerektiğinden daha kilolu, bir kısmı da daha zayıf...

Fazla Gıda Öfke Yapar

Esasında günümüzde, gıdaların niteliği ciddi biçimde bozulduğu için, normal görünümlü bir insanın vücudunda dahi sayısız hastalıklar karar kılıyor. İnsanlık, genel anlamda sağlıklı değil. Üstelik bugünkü tıbbın imkânları ile sağlıklı olmanın şartları son derece geliştiği halde... Bugün insanlık ciddi bir paradoks yaşıyor: Daha çok *"yiyeceğe"* sahip olduğu halde daha az *"besin"* alıyor. Çünkü *"yiyecek"* artık, insanın bizatihi tuzağı haline gelmiş. Esasında insanlığın içine düştüğü mutsuzluk ve cinnet hali bile yediklerinin içtiklerinin eseridir desek abartmış olmayız. Çünkü yenilenden fazlası yakılmadığı takdirde bu, birçok insanda kilo olurken bir kısmında da yediklerinin mahiyetine bağlı

> ✓ *Yeme içme faaliyeti sadece besinlerle gıdalanan midemizi ilgilendiren bir konu değil. İnsan kalbi ve aklının halleri de yedikleriyle çok ilgili. Kötü beslenme insanın bu üç merkezini de olumsuz yönde etkileyen kapsamlı bir süreç.*

olarak öfke ve gazaba dönüşüyor. Yediklerimizden sadece vücudumuz değil latifelerimiz, duyularımız, duygularımız, öfkemiz, şehvetimiz, sevgimiz de besleniyor... Yedikleri içtikleri yüzünden kandaki asidi artmış, kanını tutuşturmuş bir insanın sükûnet halini yakalaması, huzur içinde yaşaması imkânsız değilse bile oldukça zordur.

Esasında bizler için bir hayat rehberi olan Kur'an'ı bu gözle incelediğinizde siz de fark edeceksiniz ki yeme içme faaliyeti, sadece besinlerle gıdalanan midemizi ilgilendiren bir konu değil. İnsan kalbi ve aklının halleri de yedikleriyle çok ilgili. Kötü beslenme insanın bu üç merkezini de olumsuz yönde etkileyen kapsamlı bir süreç. Beslenme düzeltilmediği takdirde akıl sağlığından tutun da manevî sağlığa kadar pek çok insanî vasıf da askıda kalıyor, tam düzeltilemiyor.

Ve insanoğlu böylece muhteşem bir saray gibi tasarlanmış bedenini, yedikleri ve içtikleriyle harabeye çevirip çürütmeyi başaran ender türlerden biri! Üstelik de kendisine verilen, her şeyi tartıp ölçüyü bildiren aklına ve irade gücüne rağmen...

1. Bölüm

İnsan Bedeni Mucizevi Bir Saraydır

İnsanın içinde barınması ve kendisinden beklenen sorumlulukları yerine getirmesi için kendisine verilen bu beden; gerekli tüm cihaz, donanım, ekipman, savunma ve saldırı imkanları, gizemler ve kabiliyetlerle donatılmış bir ülke/şehir gibidir. Muhteşem surları, görünmez savunma mekanizmaları, tehdit ve tehlike arttıkça güçlenen savunma taktik ve kalkanları vardır.

Ondaki cihazlar, donanımlar, savunma sistemleri, onarım ve refleksler o kadar güçlüdür ki insan bunları kasten bozmadıkça bozulacak gibi değildir.

Hiçbir organımız, dinlenmek üzere tasarlanmamıştır. Hepsi biteviye çalışmak üzere, *"insan"*a takdir edilen zaman dilimi içinde ondan beklenen sorumlulukları yerine getirmesi veya kendisine verilmiş görevleri ifa etmesi için daima onun emrinde ve hizmetinde seferberdir.

Kalbimiz bir saniye duraklamaz. Beynimiz bir saniye durmayı aklına getirmez. Akciğerimiz, nefes almamazlık etmez. Böbreklerimiz, *"Dur hele bugün biraz dinleneyim, yoruldum!"* demez.

İnsan vücudu etrafı, muazzam surlarla çevrili muhteşem bir kaleye benzer. İnsan vücudu ne kadar yüksek savunma imkânlarına sahipse düşmanları da o kadar çok ve yüksek taktik ve tekniklere sahiptirler.

Her biri, bu *"beden ülkesi"*ni en verimli halinde tutmak için sürekli çalışırlar ve yiyip içtiklerimizi, hayatımızı sürdürmemize yarayacak enerjiye dönüştürmek için biteviye devinirler.

24 Saat İşleyen Atölye

Vücut muazzam bir atölyedir aynı zamanda. Bir yandan ihtiyaç duyduğu iç ve dış enerjiyi üretirken öte yandan da dış etkilere karşı kendi savunma araçlarını da üretir. Çünkü insan vücudu, çepeçevre düşmanlarla kuşatılmış ama etrafı, adeta muazzam surlarla çevrili muhteşem bir kaleye benzer. İnsan vücudu ne kadar yüksek savunma imkânlarına sahip ise düşmanları da o kadar çok ve yüksek taktik ve tekniklere sahiptirler.

Vücudumuzu saran deri, muazzam bir *"serhad"* gibi dost düşman tanımlamasını yapmakta ve kötü niyetli girişlere asla fırsat vermemektedir. Ama yazık ki hiçbir sınır gibi derimiz de geçilmez değildir. Çünkü ne kadar dikkatli olursak olalım, düşman illa da içeri sızmak için bir yol bulabiliyor. Tabii ki bizim gafletimiz sayesinde yol bulup giriyorlar ama ne yapalım ki insan her daim, sınırlarını koruma teyakkuzunda olamıyor. Yaralanmalar oluyor, her daim temizliğe riayet edemiyor vs.

Mamafih, temizliğe ne kadar riayet etsek de yaşadığımız her yeri, birçok mikro organizmayla paylaştığımız bir gerçektir. Şu anda oturduğumuz odayı bir mikroskopla izleme imkânımız olsaydı, beraber yaşadığımız milyonlarca canlıyı rahatlıkla görebilirdik.

Bu konuya temas etmemin temel nedeni, ileride anlatacağımız mevzulara bir mukaddime yapmaktır. Zaten bu kitabın birinci maksadı bedenin harikalıklarını anlatmak değil. O sebeple konunun bu boyutunu, teknik tıp dilinden ziyade bu bedenin Usta'sını göstermesi yönüyle işleyen kaynak ve kişilerin söylediklerinden istifade ederek izah edeceğim. Çünkü *bu kitabın temel amacı, bu mucizevî yapının inceliklerini beslenme açısından değerlendirerek insanları mizaçlarına göre beslenmeye sevk etmektir;* yeni bir sağlık sistemi ortaya koymak değil. Benim insan vücuduyla ilgili zaman zaman size aktaracağım bilgiler de bu maksadımı doğru anlatabilme çabasına yönelik olacaktır.

İstifade ettiğim eserlerden biri, *Harun Yahya*'nın, bedenimizin savunma sistemlerini anlattığı, *Savunma Sistemi Mucizesi* adlı kitabı. İnsan bu konuda bilgilenince vücuduna ve bu muhteşem sarayı bizim için hazırlayan Yaratıcı'ya büyük hayranlık ve minnet duyuyor.

Bile Bile Ölüm: Tiryakilikler

Bu çalışmada sizlere bu sarayın beslenme yolu ile nasıl tahrip olabileceğini, bu tahribatın giderilmesi için kişinin neler yapması gerektiğini aktaracağım. Temel önceliğim *"sünnet /doğal"* olan yöntemin, günümüz hayatına bakan yönlerini bulmaktır. Bu sebeple öncelikle vücudumuzun ihtişamını tanımalıyız ki basit ve alelade hazlarımız uğruna nasıl bir imareti, binayı ve kaleyi yerle bir ettiğimizi anlayabilelim. Bir ayette *"Onlar ahreti bile bile küçük bir menfaat için dünyayı tercih ederler."* (İbrahim, 3) buyurulur. Yani insan, kendisine dokunacağını bile bile bir yiyeceği veya içeceği sırf tadı ve lezzeti için yahut ona müptela olduğu için yemeyi içmeyi sürdürerek sonunda, bir tür cennet olan sağlıklı

✓İnsan, kendisine dokunacağını bile bile bir yiyeceği sırf lezzeti için yahut ona müptela olduğu için yemeyi sürdürerek sonunda, bir tür cennet olan sağlıklı yaşamını yitirir ama yine de hazlarından veya tiryakiliklerinden vazgeç(e)mez.

yaşamını yitirir ama yine de hazlarından veya tiryakiliklerinden vazgeç(e) mez. Esasında hepimizi hasta eden, insan sarayını harap eden unsur, kötü beslenme ve tiryakiliklerimizdir, alışkanlıklarımızdır.

Yaşamım ve tecrübelerim bana şunu öğretti ki basit müptelalıklarımızı terk ettiğimiz, hazlarımız peşinde koşmayı bıraktığımız ve en önemlisi bu bünyeyi doğru beslediğimiz takdirde, *"kader"* sandığımız birçok şey kendiliğinden ortadan kalkmaktadır.

Hastalık Bir Tercihtir

Bir *"hayvan"* olan ama içinde *"insan"*ı barındıran şu varlığa, *"insanca"* beslenme yöntemi belletildiğinde -ki o sünnet-i seniyye çerçevesinde; fıtrata uygun yani doğal beslenmektirne kadar huzurlu ve sağlıklı olabileceğini herkes kendi nefsinde tadacaktır.

Şu bir gerçektir ki **insan vücudu hastalanmamak üzere tasarlanmıştır.** Ama fıtrata uygun biçimde yiyip içme alışkanlığını kaybeden insan, adeta onu kendi tercihleriyle zorla hasta eder. Bu bünyenin hastalanmasının ve kendisinden beklenen fonksiyonları icra edemeyecek hale gelmesinin en birinci sebebi, yanlış beslenmesidir.

Hz. Peygamber (sav)'in *"İnsanoğlunun doldurduğu en kötü kap, midesidir."* hadis-i şerifi, diğer bütün sakıncaları ile beraber, o kabı tıka basa doldurmanın insan için yeter bela olduğunu ihtar eder.

Yanlış beslenmenin ne büyük bir bela olduğunu anlayabilmek için, önce insan vücudunun ne kadar sağlam ve sistematik bir yapıya sahip olduğunu bilmemiz gerekiyor ki nasıl bir imarı tahrip ettiğimizi, nasıl bir binayı yıktığımızı, nasıl bir kâinatı ateşe verdiğimizi anlayalım. Ayrıca bunca dış tahripçiye rağmen bu beden kalesi kendini nasıl koruyup muhafaza ediyor, konuya bununla başlayalım istedim.

BEDENİMİZİN SAVUNMA KALKANLARI

İnsan vücudu, yukarıda da temas ettiğimiz gibi bir *"kale"*, korunaklı bir *"saray"* gibidir. Tabii ki, etrafı sayısız düşmanlarla kuşatılmış bir kale!

Elbette böyle düşmanları çok, tahripçileri sınırsız, belaları azim olan bir kalenin, varlığını sürdürebilmesi için korunması ve savunulması da eksiksiz ve planlı olmalıdır. İşte insan vücudu tam da bu iddiayı ispat eder; ihtiyacı olan tüm mükemmel koruma ve savunma sistemlerini kendi iç programında barındırır vaziyette yaratılmıştır. Bedenimiz, ihtiyaç anında her türlü düşmana karşı güçlü savunma sistemlerini devreye sokan programlara sahiptir. İsterse bu düşmanlar yapay olsun.

✓ *İnsan vücudu hastalanmamak üzere tasarlanmıştır. Ama fıtrata uygun biçimde yiyip içme alışkanlığını kaybeden insan, adeta onu kendi tercihleriyle zorla hasta eder. Böylece hastalık bir kader değil tercih olur.*

Bedenimizdeki *"mikro ordular"*ın küçük askerleri (mikro organizmalar), insanı, düşmanlarına karşı mücadelesinde hiç yalnız bırakmazlar ve gerektiğinde birçok cephede hayatlarını seve seve feda ederek savaşırlar... Tıpkı kâmil insanların, şu büyük insan olan kâinatın hayatını sürdürmesi, yani iyiliğin/sağlığın şu kâinatta hâkim olması için uğraş verdikleri ve canhıraş bir şekilde hayatlarını feda ettikleri gibi...

Vücudu ele geçirmek isteyen düşman hücreleri, öncelikle kendilerini bekleyen ön cephedeki savunma bariyerlerini geçmek zorundadırlar. Düşmanın aşması gereken ilk cephe, ilk savunma hattı *deri*mizdir çünkü.

Deri: Vücudumuzun Koruyucu Kalkanı

Koruyucu bir kılıf şeklinde tüm bedenimizi saran deri, insanın varlığını sağlıklı sürdürebilmesi için şaşırtıcı özelliklerle donatılmıştır. Kendi kendini tamir edebilmesi, yenileyebilmesi; yüzeyinde gözenekler bulunmasına (tüy delikleri) rağmen içeriye su geçirmemesi, fakat terleme yoluyla dışarıya su vermesi; kolay kolay yırtılmayacak kadar kalın, aynı zamanda hareket etmeye imkân verecek şekilde ince ve esnek olması; sıcaktan, soğuktan, zararlı güneş ışınlarından bedeni koruyabilmesi derinin insan için yaratılmış muhteşem özelliklerinden sadece birkaçıdır.

İnsanın bu sıra dışı ambalajının özellikleri bununla da bitmez. Onun vücudumuzda hastalıklara yol açan mikro organizmalara karşı yaptığı savunma başlı başına bir kitap konusu olacak kadar muhteşemdir. Önceki satırlarda, vücudu düşmanlarla çevrili bir kaleye benzetmiştik. İşte derimiz, o kalenin sağlam surlarını oluşturan en dış kalkanıdır.

Bu surların (derinin) en ilginç özelliği, kendi kendisini tamir edebilmesidir. Deri kendisini o kadar hızlı tamir eder ki onun yaptığı türden bir tamirat, insanoğlu eli ile yapılanlara benzemez. Bir terzi yaptığı yamada en azından dikiş izi bırakırken, en haşin deri zedelenmelerinde bile bu tamiratın izleri silinecek denli özenli yapılabilmektedir.

Üstelik derimiz sadece savunmamızı yapmaz. Aynı zamanda albenimizi de o tayin eder. Zaten güzellik algısı, biraz da temiz ve güzel bir ciltten ibaret değil midir? İnsanlar o ciltlerinin görüntüsünü düzeltmek için çuvallar dolusu para döküyorlar. Oysa dıştan bunca müdahale yerine yenilen içilen besinlerin yapısına biraz daha özenilse içten gelen bir düzelme ile kendiliğinden sağlanacaktır.

Derinin dış dünyada karşılaşacağı ilk tehlikelerden biridir yaralanma ve yırtılmalar. Deride herhangi bir yaralanma yahut yırtılma meydana geldiğinde savunma hücreleri derhal harekete geçerek, öncelikle oradan içeri sızabilecek düşmanlara karşı direnişe geçerler. Sisteme sızmaya kalkışan mikrop ve yabancı hücrelere karşı müthiş bir savunma yaparken bir yandan da deri denilen savunma surlarını yeniden inşa etmeye (*"fibrin"* denilen lifli bir protein üreterek deriyi tamir etmeye) çalışırlar. Bir yandan çarpışır, bir yandan da zarar görmüş dokunun enkazını temizlerler.

Nitekim derinin esas koruyucu fonksiyonu, dış bölümü oluşturan ölü hücre katmanları sayesinde oluşur. Hücre bölünmesiyle oluşmuş her yeni hücre, derinin iç bölümünden yüzeye doğru hareket eder. Bunu yaparken, hücre içinin sıvı bölümü (stoplazması) dayanıklı bir protein olan keratine dönüşür. Bu işlem esnasında hücre ölür. Oluşan keratin maddesi, oldukça sağlamdır ve sindirim enzimle-

✓ *Deride herhangi bir yaralanma yahut yırtılma meydana geldiğinde savunma hücreleri derhal harekete geçerek, öncelikle oradan içeri sızabilecek düşmanlara karşı yoğun bir direnişe geçerler.*

riyle parçalanması zordur. Bu, dayanıklılık demektir. Vücudu istila etmek isteyen bakteri ve mantarlar, cildin dış tabakasından alabilecekleri bir şey bulamayacaklardır.

Ayrıca keratinli ölü dış hücreler, sürekli olarak cilt yüzeyinden dökülürler. Bu yolla kaybedilen hücreler, alttan yeni gelenlerle doldurulduğunda, o bölgelerde gerçekten içine nüfuz edilmesi güç bir bariyer kurulmuş olur.

Solunumdaki Koruma

Vücudumuzun dış dünyaya açılan menfezlerinden biri de solunum yollarımızdır. Ve aynı zamanda hastalık yapıcı düşmanların, iç yapıya ulaşmak için kullandıkları yollardan biridir. Her an soluduğumuz havada aynı zamanda her daim yüzlerce çeşit ve özellikte mikrop bulunur. Aldığımız nefesle birlikte akciğerlerimize hücum eden bu mikroplar, bir yol bulup vücudumuza girmeye ve onu istila etmeye çalışırlar. Ancak bu, o kadar da kolay başaracakları bir iş değildir!

Çünkü solunum sistemi dediğimiz, burnumuzdan başlayıp ta akciğerlerimizin kılcal damarlarına varıncaya kadar havanın temas ettiği her yerde savunucular ve içeri girmeye çalışan düşmanlara dur diyecek ve onlara sözünü geçirecek kadar güçlü ve donanımlı biçkiler bulunmaktadır.

Savunma yollarındaki ilk bariyer, burun deliklerimizin içindeki tüycükler ve onların diplerinde bulunan bizim sümük dediğimiz yapışkan sıvıdır. Burun mukozasından doğan bu özel salgı, doğrudan veya tozlar, damlacıklar ve diğer maddeler ile birlikte solunum sistemine girmeye çalışan mikroorganizmaların yaklaşık % 80-90'ını tutarak tekrar dışarı atar.

Hapşırma Bir Alarmdır

Bu ilk bariyeri aşan zararlı mikro organizmalar, solunum mukozalarında bulunan titrek tüylü hücrelerin içeriden dışarıya doğru hareketi ile atılmaya çalışılır. Öksürük refleksi ve hapşırma bu işlevi kolaylaştırmak için vücudumuzun devreye soktuğu destek nitelikli yardımcı tedbirlerdir. Yani hapşırma, ihtiyacı duyduğunuzda emin olabilirsiniz ki tam da o anda vücut tarafından düşman addedilen birtakım mikrop ve yabancı unsurlar, solunum sisteminiz yoluyla içeriye girmeye çalışıyor, vücut da onları durdurmak için mücadele veriyor.

Diyelim ki solunum yoluyla içeri girmeye çalışan ve vücuda zarar vereceği tespit edilen yabancı mikroorganizmaların bir kısmı burun içindeki bariyerleri aşabilmeyi başardılar. Yani engelleri aşıp alveollere (akciğer, bronş, dişeti gibi noktalara) ulaşabildiler. Vücut bu kere bir sonraki savunma sistemini devreye sokar ve fagositoz[3] yapan hücreleri o mik-

---

3 Fagositoz; vücudun tabii müdafaa sisteminin üyeleri olan bazı hücrelerin, dışarıdan giren bakteriyi içlerine alıp öldürmeleri işlemi. Bu hücrelerin en mühim olanları, parçalı çekirdekli akyuvarlar ve monositlerdir. Kelime anlamıyla fagositoz "yemek" manasına gelmektedir. Yabancı bir partikülün nötrofil tarafından etkisiz hale getirilmesindeki en önemli aşamadır. Sırasıyla partikülün nötrofile tutunması, hücre içine alınması, fagositik vakuol (fagozom) oluşması ve degranülasyon kademelerinden oluşur.
Fagositoz, kabaca iki kademede gerçekleşir: Bakterinin tanınıp hücreye yapıştırılması ve hücre içine alınıp tahrip edilmesi. Hücrenin bakteriyi yabancı ve zararlı olarak tanıması "kompleman" adı verilen maddeler tarafından sağlanır. Fagositoz yapacak hücrenin zararlı bakteriye doğru hareket etmesine "kemotaksis" denir. Bakterinin hücreye yapışıp içeri alınmasını "opsonin" adı verilen maddeler sağlar ki, bu olaya da "opsoninizasyon" denir. İçeri alındıktan sonra, çeşitli enzimler vasıtasıyla bakteri sindirilir. Fagositoz, vücudu enfeksiyonlara karşı koruyan en önemli mekanizmalardan birisidir. Vücudun herhangi bir yerinde iltihap olduğu zaman kemik iliğinde hemen fagositoz üreten hücrelerin yapımı kamçılanır ve kana geçerler. Bu sebeple vücutta iltihap olup olmadığı kandaki akyuvar (lökosit) sayısına bakılarak anlaşılabilir. Normalde milimetreküpte 5-7 bin

ropların üzerine gönderir. Ve o mikroplar fagositoz yapan hücreler tarafından yenilip yutulurlar. Bu mikropları yutan hücreler, vücutta kalmazlar, bir yol bulup hemen o yuttukları mikroplarla birlikte yukarı doğru sürüklenerek çeşitli şekillerde kendilerini vücudun dışına atarlar.

Her nefes alış verişimizde -şu an da dâhil olmak üzere- bu sınır kapılarında, varlığından dahi haberdar olmadığımız bir yığın varlık, bu vücut sarayımızı korumak için; içinde sağlık, mutluluk ve huzurla yaşayıp insani vazifelerimizi layıkıyla yapabilelim diye kendilerini feda ediyorlar. Bizim sağlımızın devamı için kendi canlarını ortaya koyarak cansiperane bir savaş veriyorlar.

Şu mücadeleyi izleyebilseniz; *"Görmediniz mi Allah gökte ve yerde olanları size musahhar kılmışım...."* (Lokman, 20) ayetinin muazzam bir tefsirini açıkça göreceksiniz...

Ağzımız ve Midemizdeki Koruma Ordusu

Mikropların vücuda girmek için kullandıkları yollarından biri de -belki en önemlisi- yiyeceklerimizdir. Ancak bu yoldan sisteme giriş de öyle pek kolay değildir. Çünkü vücudun içine yerleştirilmiş muhteşem savunma sistemi o yoldan da kaleye bir saldırı olabileceğini öngörmüş ve gerekli tedbirleri almıştır.

Yiyeceklerin ulaştığı bölgede, yani midede, vücuda zarar verecek bakteri, mikrop ve tahrip edici ajanları bekleyen harika bir iç savunma sistemi daha mevcuttur. Orada ayrıca onları mide asidi dediğimiz yakıcı bir sürpriz de beklemek-

---

olan lökosit sayısı, iltihap anında iltihabın şiddetine göre artar ve genellikle 10.000'i aşar. Fagositoz mekanizmasında bir aksaklığın olması halinde, hızla enfeksiyon hastalıkları meydana gelir ve hastayı hayati tehlikeye sokar. (Rehber Ansiklopedisi) tedir. Bu asit, tüm engelleri aşarak mideye kadar gelmeyi başarmış mikroplar için oldukça acı bir sürprizdir! Mikropların tamamı olmasa da büyük bir çoğunluğu bu aside yenik düşerler.

Bazı mikroplar, mide asidi ile yeterince temasa geçmediklerinden, bazı mikroplar da dayanıklılık gösterdiklerinden dolayı bu engeli aşmayı başarabilirler. Ama geçtikleri her yolda onları öldürebilecek bir koruma sistemi vardır. Dolayısıyla, bu kez de onları başka bir sürpriz beklemektedir: İnce bağırsakta üretilen sindirim enzimleri. Sindirim enzimlerinden kurtulabilmek, öyle her babayiğidin harcı değildir!

Oto Savunma Sistemi

Görüldüğü gibi mikropların saldırılarının her aşamasında onları bekleyen vücut koruyucuları vardır. Bu koruyucular insan bedeni için özel olarak yaratılmışlardır.

Şimdi sorma vaktidir:

Dışarıdaki mikropların yiyecekler yoluyla bedenimize girmek isteyeceklerini, yiyeceklerin güzergâhını, mikropların ne çeşit bir sistemle yok olabileceklerini, bu engelden kurtuldukları takdirde nereye gideceklerini, daha güçlü ne gibi bir savunma imkanı ile karşılarına çıkılması gerektiğini kim belirlemiş?

Her nefes alış verişimizde varlığından dahi haberdar olmadığımız bir yığın varlık, bu vücut sarayımızı korumak için; içinde sağlık, mutluluk ve huzurla yaşayıp insani vazifelerimizi layıkıyla yapabilelim diye kendilerini feda ediyorlar.

Daha önce hiç vücut dışına çıkmamış, dolayısıyla dışarıdaki mikropların hiçbirinin kimyasal yapısını inceleme imkânı bulamamış, ayrıca kimya

Mikropların vücuda yaptığı saldırılarının her aşamasında onları bekleyen vücut koruyucuları vardır. Bu koruyucular insan bedeni için özel olarak yaratılmışlardır, tasarlanmışlardır.

eğitimi de almamış bu vücut hücreleri bu savunma taktiğini nasıl ediniyorlar? Bunu kendi akıllarıyla mı yapıyorlar?

Elbette hayır. Böyle bir koruma sistemini ancak hem dış dünyayı, hem bu dünyadaki yiyecekleri, hem bu yiyeceklere ihtiyacı olan bedeni hem de bu yiyecekleri sindirecek sistemi yaratan var etmiştir. Bu üstün güç sahibi Yaratıcı Yüce Allah'tır. Şimdi tekrar sorarım: Bize ve bu dünyadaki hayatımızı içinde rahat geçirmemiz için var edilmiş vücudumuza bu kadar ehemmiyet gösteren bir Yaratıcı neden bizi hasta etmek istesin?

Düşmanı Düşmana Kırdıran Sistem

Vücudumuzda bizimle birlikte yaşayan, ancak hastalanmamıza neden olmayan başka mikro organizmalar da vardır. Hatta sadece bağırsak sistemi içinde varlığını sürdüren 200'e yakın bakteri çeşidinin varlığı bugün artık biliniyor.

Peki, bize zarar vermeden vücudumuzda hayatlarını sürdüren bu mikro organizmaların varlık amacı nedir?

Bu sorunun cevabı, esasında dünyamızın tabiatında saklıdır. Toprağı bir düşünün, Cenab-ı Hak onu nasıl da değişik haşerat ile zenginleştirmiştir. Mesela solucan, karınca ve böcekler... Acaba onlar olmasaydı, yeryüzünde tarım diye bir şey olabilir miydi? Hayır. İşte insan vücudu da öyle!

Tam bir savunma yapabilmek, tam bir sindirim yapabilmek, gelen gıdaları tam anlamıyla hazmedip vücuda yararlı hale getirmek için muhteşem mekanizmalara sahiptir ki onlardan bazıları da vücut florası denilen bu -kendileri de özü itibariyle mikrop ve bakteri mikro organizmalardır. Bunlar vücuda zarar vermediği gibi aksine sayısız yararlılıklar gösterirler. Tıpkı toprağın kendisini yenilemesi için kendi çerçöplerinden yararlanması gibi...

Vücudun içindeki bu *"mikro yaratıklar"*[4] da vücudun savunulması ve sağlıklı kalması için ciddi bir faaliyet sergilerler.

Vücudumuzun Paralı Askerleri

Her daim, mikroplara karşı vücudun savunma ordusuna dışarıdan destek verirler. Çünkü onların da çıkarları, yabancı mikropların vücuda yerleşmemesi yönündedir. Herhangi bir mikrobun vücuda girmesiyle, bu canlıların yaşama alanları da işgal altına girmiş olacağından, kendi mekânlarını ya-

4 Şimdi zihnimizi biraz açalım.
Şu koca kâinatı gözünüzün önüne getirin ve onun da bizim gibi bir canlı, bir büyük insan olduğunu hayal edin. Siz kendinizi (yani insanları) nereye koyabilirsiniz?
Acaba, güneş sistemi şu koca "kâinat insanı"nın vücudunda, bir atom zerreciğinden daha büyük bir şey midir?
Hayır.
Peki, güneş bir atom çekirdeği olursa, dünya da onun etrafında dönen bir elektron ise, siz o elektron üzerindeki takyonlardan daha mı farklı bir şeysiniz?
Bu kâinatı var eden Allah, her bir zerrede nâmutenahi varlıklar halk etmiş. Atom altı parçacıklarından tutun da dev galaksilere varıncaya kadar her bir şey bir üst mahlûkun bedenindeki bir mikro varlık gibidir... Bir sayının sonsuzu kadar bölünmesi halinde bile sıfırlanmadığı gibi, bu âlem de gözlemleyebilme imkânımız olsa göreceğiz ki her son zannettiğimiz yerden sonra yeni bir başlangıç yapıyor ve orada da kendine göre varlıklar ve canlı diyebileceğimiz enerji blokları barındırıyor.

Nasıl ki bir tek unsur olan toprak, farklı iklim ve coğrafyalara göre farklı bitkilerin yeşermesine imkân sağlıyorsa, her bir insanın vücudunda da ancak o tabiatta yaşayabilecek organizmalar yerleşebiliyor.

bancılara kaptırmamak için var güçleriyle savaşırlar. Bunları, biraz da karikatürize ederek, vücut için çalışan *"paralı askerler"* olarak tanımlayabiliriz. Menfaat karşılığında bulundukları bölgeyi korumaya çalışırlar. Böylece vücudumuzdaki tam teçhizatlı ordunun yanına, bir de bu mikro destekçiler eklenmiş olur.

Peki bu "paralı askerler" vücudumuza nasıl yerleşmektedirler? Bugün biliyoruz ki insan embriyosu anne karnındayken henüz hiçbir düşmanla karşılaşmamıştır. Oysa doğum anında ve doğumdan sonra bulunduğu ortamla temas eden embriyo, dünyayla ilk teması olan solunum ve artık anne kordonundan aldığı gıdanın yerine ikame edilen çeşitli besinlerle, organizmaya bulaşan çeşitli cins ve sayıdaki mikroplarla karşılaşacaktır. Bu organizmaların kimisi hemen ölür, kimisi yerleşmeye dahi olanak bulamadan geçer gider. Bir kısmı ise deri, deri kıvrımları, ağız, burun, göz, üst solunum yolları, sindirim kanalı, genital organlar gibi vücudun çeşitli yerlerine yerleşirler. Buralardaki mikroplar değişmeyen, geçici topluluklar halinde hayat boyunca kalarak vücudun mikrop florasını oluştururlar.

Nasıl ki bir tek unsur olan toprak, farklı iklim ve coğrafyalara göre farklı çiçekler ve bitkilerin yeşermesine imkân sağlıyorsa aynı şekilde her bir insanın vücudu da farklı bir iklim ve coğrafya olduğu için, onda ancak o tabiatta yaşayacak mikroplar yerleşebiliyor. Yani her tabiat aynı zamanda beraberinde kendi florasını da getirmiş oluyor; böylece her insan mikro organizma florası, açısından da bir başkasına benzemeyen bir varlık olarak eşsizliğini sergiliyor. Bu flora, aynı zamanda kişinin bağışıklık sisteminin yapısını, bir diğerine benzemeyişini de oluşturuyor.

MİKRO DÜŞMANLARIMIZ

Bunca savunma kalkanına rağmen vücuda giren organizmalar da bulunuyor. Mikro düşmanlar dediğimiz bu varlıklar, vücudun kendisine ait olmayıp şu veya bu şekilde vücuda girmeyi başaran ve dolayısıyla vücuttaki savunma ordusunu harekete geçiren mikro canlılardır.

Dünyada yüzlerce çeşit bakteri vardır.

Elbette vücuda giren her yabancı hücre, her yabancı madde hemen düşman muamelesi görmez. Yemek yerken, ilaç alırken, su içerken de vücudumuza yabancı maddeler alınır fakat vücut bunlarla bir savaşa girmez.

Vücuda giren yabancı bir maddenin, savunma hücreleri tarafından düşman olarak algılanmaları için bazı şartların oluşması gerekmektedir. Molekül büyüklüğü, vücuttan atılma hızı, vücuda giriş şekli gibi...

Şimdi bu vücudun yabancı misafirlerinin kimler olduğunu görelim...

Bakteriler

Sayıları oldukça fazla olan ve insanların güya hastalıklara karşı vücudu korumak maksadıyla ürettikleri aşı, ilaç, antibiyotik gibi suni ve sentetik ilaçlar nedeniyle her gün yenileri ortayla çıkan düşmanlarımız arasında bakteriler, haklı bir üne sahiptir.

Bakteriler çeşitli yollardan insan bedenine girerek, burada müthiş bir savaşın başlamasına sebep olurlar. Bazen ciddi rahatsızlıklarla da sonuçlanan bu savaşlar, birkaç mikron[5] büyüklüğündeki bir canlıda gizlenmiş gücü ve yeteneği açıkça ortaya koymaktadır.

Bu bakteriler de tıpkı bizi savunmakla görevli hücreler ve mikro organizmalar gibi muhteşem donanımlara sahiptirler. Hücrelerimizdeki savunma kabiliyeti ne kadar yüksek ise bakterilerdeki saldırı ve imha kabiliyetleri de o kadar yüksek ve gelişkindir. Daha da ilginci, onlar da müthiş savunma taktikleri geliştirebiliyor, ürettiğimiz ilaçlara karşı bağışıklık sistemlerini güçlendirebiliyor, yapılarını yenileyebiliyorlar...

Öte yandan son zamanlarda yapılan araştırmalar göstermiştir ki bakteriler, en ağır ve en zor şartlarda dahi varlıklarını sürdürebiliyorlar; üstelik müthiş bir dayanma kabiliyetleri var. Özellikle bakterilerin *"spor"* adı verilen şekilleri, çok yüksek ısıya ve kuraklığa uzun zaman karşı koyabilmekteler. Bazı mikro organizmaların çok zor yok edilmesi de bu yüzdendir.

Virüsler

İnsan vücudu, adeta değerli bir elmasın çok güvenli bir kasada muhafaza edilmesi gibi yoğun bir gözetime ve korumaya sahiptir. Ancak vücudu ele geçirmeye çalışan canlıların bir kısmı da tecrübeli birer hırsız gibi hareket ederler. Bu hırsızların en başarılılarından biri de virüslerdir.

Elektron mikroskobunun keşfiyle varlığından haberdar olduğumuz bu minik canlılar, hücre bile sayılamayacak ka-

5 Mikron: Milimetrenin binde biri değerinde bir ölçü birimi.

dar basit yapılı ve küçüktürler. Boyutları, 0.1 ile 0.280 mikron arasında değişen, 10 bin tanesi art arda dizildiğinde 3 cm.'den daha kısa bir uzunluk oluşturabilecek kadar küçük olan virüsler, bu nedenle kimi bilim adamlarınca canlılar âleminin bir üyesi dahi kabul edilmezler.

Kategori olarak canlılar âleminin dışında tutulsalar da en az diğer canlılar kadar üstün yeteneklere sahip oldukları tartışma götürmez bir gerçektir. Virüslerin yaşamları incelendiğinde de bu hakikat açıkça görülür.

Virüsler, diğer canlıların zorunlu asalağıdır; yani yaşayabilmeleri için bir bitki, hayvan ya da insan hücresine girip onun besinini, enerjisini kullanmaları gerekir. Çünkü virüslerin kendi başlarına hayatta kalabilecek bir sistemleri yoktur. Virüsler sanki bu gerçeğin bilincinde gibi bir hücrenin içine ustaca sızar, yine aynı ustalıkla orayı işgal ettikten sonra, hücreyi kendilerini kopyalayan bir *"virüs üretim fabrikası"* haline getirebilirler.

Zeki Casuslar

Virüsün, hücreyi ele geçirmek amacıyla uyguladığı bu plan son derece karmaşık ve zekicedir. Bunun için virüsün en başta yaptığı şey, hücrenin yapısının, kendisinin bu faaliyetine uygun olup olmadığını tespit etmektir. Bu işlemi son derece dikkatli ve titiz yapması gerekir. Çünkü yapacağı en ufak hata, yok olmasına sebep olacaktır. Böyle bir sonuçla karşılaşmamak için özel algılayıcıları sa-

✔ *Virüs, kendini, hücrenin içine kusursuzca monte eder. Uyguladığı taktiklerle hücreyi öylesine şaşırtır ki varlığının fark edilmesine dahi izin vermez. Ama hücreyi değiştirebilir, öldürebilir.*

yesinde hücrenin kendisine uygun olup olmadığını kontrol eder. Daha sonra yapacağı en önemli iş ise kendini, hücrenin içine kusursuzca monte etmektir. Virüs, uyguladığı taktiklerle hücreyi öylesine şaşırtır ki varlığının fark edilmesine dahi izin vermez.

Olaylar bundan sonra şöyle gelişir: Hücre virüse ait yeni DNA'yı çekirdeğin içine taşır. Hücre protein ürettiğini zannederek bu yeni DNA'yı kopyalamaya başlar. Virüsün DNA'sı hücrede o kadar sinsi gizlenir ki hücre farkına varmadan kendi düşmanının üretim fabrikası haline gelmiş olur. Ve kendini de yok edecek virüsleri üretir. Virüsün kalıtım yapısını, bundan böyle hücrenin yabancı olarak tanımlaması gerçekten çok zordur.

Virüs kendini hücreye o kadar iyi monte eder ki adeta ona ait bir parça haline gelir. Üreme işini tamamladıktan sonra kendisi ve yeni virüsler, aynı işi başka hücrelerde tekrarlamak üzere o hücreden çıkarlar. Bu olaylar sırasında virüs, ev sahibi hücreyi öldürebilir, ona zarar verebilir, yapısını değiştirebilir veya hiçbir şey yapmaz; bu virüsün ve hücrenin cinsine bağlıdır.[6]

Vücut dediğimiz bu değerli yapı, tüm bu davetsiz misafirleriyle birlikte kendi varlığını koruma ve sürdürmeyi başaran muhteşem bir mekanizmadır.

6 Bu bölümün hazırlanmasında, Adnan Oktar'ın, Savunma Sistemi Mucizesi eserinden yararlanılmıştır.

2. Bölüm

Hastalıkların Temel Sebepleri

Müslüman tabipler, kâinat gibi, insan bedenini de bir bütün olarak ele almışlar ve onu öyle tedavi etmişlerdir. Hatta denilebilir ki İslam tıbbı, insanı tedavi etmekten daha önce sağlığı korumak üzerine inşa edilmiştir.

Esasında Kur'an'ın ve sünnetin öngördüğü tababet de bedenin hasta edilmemesini esas alır. Gerek Kur'an'ın *"Vekulû veşrebû velâ tusrifû"* (Araf, 31) ayeti çerçevesinde telkin ettiği yeme içme tarzı, gerekse Hz. Peygamber (sav)'in uygulamalarıyla insanlığa model olarak sunduğu yeme içme üslubu ve koruyucu hekimlik yaklaşımları, temelde bu bedenin hasta edilmemesini esas alır. Çünkü hastalık, yaygın kanaatin aksine, insanın kendi seçimidir.

Cenab-ı Hak *"hiçbir kuluna zulmü murad etmediğini"*, (Mü'min, 31) *"âlemlere zulmetmeyi zatına yazmadığını"* (Âl-i İmran, 108) Kur'an'da sık sık vurgular. Dolayısıyla insanın başına gelen ve ona sıkıntı ve eza veren her şey direkt veya dolaylı olarak kişinin kendi seçimlerinin doğal bir neticesi, kendi eseridir. Hastalık da öyle, sağlık da... Elbette bu ikisinin bir imtihan olma özelliği de vardır aynı zamanda. Yani ola ki insan nefsine uyar ve ellerinin yaptığı neticesinde bir çaresizliğe düşer, bir hastalığa yakalanır veya bir felaket gelip onu bulur; işte o an eğer o bela ve hastalığa karşı sabreder ve isyan etmezse bu ona ayrıca büyük mükâfat kazandırır.

Aslında bela ve musibet bir tür hak ediş olduğundan, insan için aynı zamanda gerçek bir kemale erme ve rahmet vesilesidir. Bu tür musibetlerin ana gayesi, yine Yaratıcı'nın eşsiz rahmetinin bir tecellisi olarak, yaptıklarımızın faturasını ahirete intikal ettirmeden burada ödetmektir ki bu, düşünenler için cidden ilahî bir ikramdır. İşte hastalık ve belalara *"imtihan"* gözüyle bakılması dahi şu hikmete binaendir.

DİN SAĞLIKLI BİREYLERLE YAŞANIR

İnsanın dünya hayatındaki asıl vazifesi, kendisine emanet verilen şu harika yapıya iyi bakmak, bu bedeni hasta etmemek, aciz bırakmamaktır... Hatırlarsanız, Hz. Peygamber (sav) *"Veren el alan elden üstündür."* diyerek insanı fakir kalmamaya teşvik eder. Sağlıklı olmak da öyle... Keza *"Güçlü mümin zayıf müminden evladır."* (Nisa, 75) Dolayısıyla İslam, prensipte mensuplarından güçlü ve sağlıklı bireyler olmalarını ister. Onların kendilerini hasta etmesi veya zayıf düşürmesini değil...

Bilindiği gibi Hz. Peygamber (sav) Medine'ye gelir gelmez ilk yaptığı iş, İslama davet etmek maksadıyla çevre krallıklara ve kabile reislerine mektup göndermek olmuştu. Kendisine davette bulunduklarından biri de Mısır meliki *Mukavkıs*'tı.

Mukavkıs, Hz. Peygamber (sav)'in elçilerini çok iyi karşılamış, onları dinledikten sonra Hz. Muhammed (sav)'in beklenen peygamber olduğunu anlamış fakat onu tasdik edip dinine girme konusunu zamana bırakmıştır. Öte yandan nübüvvetini tasdik ettiğini göstermek babından da Peygamber (sav)'e iki cariye ve bir de Peygamber (sav)'in arkadaşlarından hasta olanları tedavi etmesi için kendi özel doktorunu Medine'ye göndermişti.

Bir buçuk sene Medine'de kalan doktorun, bir gün Hz. Peygamber (sav)'in huzuruna çıkıp şöyle dediği rivayet edilir:

"Ya Muhammed, ben bir buçuk yıldır buradayım. Efendim beni hastalarınızı tedavi etmem için size gönderdi. Ama bugüne kadar hiç kimse 'Ben hastayım…' diye bana gelmedi. Doğrusu ben de aranızda hasta göremiyorum. Eğer müsaade ederseniz, memleketime döneyim. Çünkü orada ben önemli bir insanım ve çok hastalarım var…"

Peygamberimiz (sav), doktora "Sen bizim misafirimizsin…" dedikten sonra sözlerini şöyle sürdürür:

"Burada istediğin kadar kalabilirsin. Varlığın bize ağır gelmez. Hasta olmaya gelince… Evet, ben ve arkadaşlarım (ashabım) hasta olmayız!

Doktor hayretle Resulullah (sav)'in yüzüne bakar, "Nasıl yani?" der gibi.

Peygamber Efendimiz onun merakını gidermek için açıklamada bulunur:

"Biz hasta olmayız. Çünkü biz asla *acıkmadan* yemek *yemeyiz*. Yemek ye-

> ✔ *Bela ve musibet bir tür hak ediş olduğundan, insan için aynı zamanda gerçek bir kemale erme ve rahmet vesilesidir. Hastalık ve belalara "imtihan" gözüyle bakılması dahi şu hikmete binaendir.*

diğimizde de *sofradan doymadan kalkarız* ve senede bir *hacamat yaptırırız.*"

Doktor nasıl bir tepki vermiş, ondan sonra ne yapmış kaynaklarda geçmiyor ama bu hadise bize insanların neden hastalandıklarının gerekçesini net bir şekilde izah ediyor.

Din, Dünya Hayatını Tanzim Eder

Esasında hasta olmamıza yol açan sebepleri izah ederken göreceğiz ki hastalanmanın temelinde iki unsur; *çok* ve *karışık yemek* var.

Bugüne kadar az yemek, bize daha çok bir *takva* meselesi olarak aktarıldı. Kimse bize riyazetin ve az yemenin aynı zamanda maddî sağlığın korunması için şart olduğunu söylemedi. Genellikle *"az yemek, az uyumak lazım geldiği"* tüm mev'ize ve tasavvuf kitaplarında telkin edilir. Fakat bu telkin, nefsin mutmain olması, bedenin latifelerinin manevî feyze açılması için yapılır, sağlıkla ilişkisi hatırlanmaz. Hele hele *"sağlık"* ve *"amel-i salih"* dediğimiz yararlı işlerin birbiri ile ilintili olduğu hiç akıllara getirilmez.

Oysa az yeme tavsiyesi doğrudan sağlıklı bir beden için de dikkat edilmesi gereken temel koruyucu hekimlik tedbirlerinin başında gelir. Elbette az yemenin manevî feyizleri saymakla bitmez. Zaten hafifleyen ve gereksiz yüklerinden, riyazetle hayvanî hallerinden kurtulmuş bir bedenin doğal sonucudur feyze açık bir ruh haleti. Fakat biz bu çalışmamızda meseleyi bu yönüyle değil tamamen bedenin sağlığı açısından değerlendireceğiz. Konunun bu boyutu, başlı başına bir çalışma olacak kadar kapsamlıdır çünkü.

Evet, kişi hastalanmak istemiyorsa öncelikle *"Vekulû veşrebû..."* (Araf, 31) ayetinin hikmetine uyması gerekiyor.

Sağlıklı Yaşam Allah'ın Rızasıdır

Dini ve sünneti insanlara aktaranlarda gördüğüm bir yanlışlığa burada -basitçe de olsa- temas etmekte yarar görüyorum. Din âlimleri ve hocalar, dini bize Allah'ın insana dayattığı ve insanın da ister istemez yapması gereken bir teklifler bütünü olarak anlatırlar, hatta deyim yerinde ise, dayatırlar.

Yani sanki insan dinî emir ve yasakları yerine getirirse Allah'ın -haşa- bundan bir kazancı olacak gibi bir algı meydana getirilmiştir yüzyıllar içerisinde. Bu açıdan bakan biri için namaz bir borçtur, oruç bir vazifedir... İstese de istemese de insan bunu yapmak mecburiyetindedir. Sanki insan bunları yerine getirmezse Allah insana küsecek, darılacak... İnsanın değil de Allah'ın tüm bu işlere ihtiyacı varmış gibi bir algı, din algımızın merkezine yerleşmiş durumda. Biz de bu sebeple, aslında bizim hayatımızı tanzim etmemiz için çizilmiş bu ibadetler dünyasını, bir tür doğru yaşam kılavuzu olarak değil de yerine getirilmesi elzem "borçlarımızmış" gibi telakki etmekteyiz.

Oysa insan dinî emir ve yasakların, insanın bu dünyada daha rahat bir hayat sürmesi, kendisine verilen yetenekleri doğru ve tam inkişaf ettirebilmesi, kişisel gelişimini tamamlaması ve kendi potansiyelini açığa çıkarabilmesi için ona yapılmış ikramlar olduğunu bilse, canla başla onları yerine getirme uğraşısı içinde olurdu.

✓ İnsan dinî emir ve yasakların, bu dünyada daha rahat bir hayat sürmesi, kendisine verilen yetenekleri doğru ve tam inkişaf ettirebilmesi için ona yapılmış ikramlar olduğunu bilse, canla başla onları yerine getirme uğraşı içinde olurdu.

Ben dinin emir ve yasaklarının, ekmek ve su kadar insana lazım bir hayat rehberi olduğunu öğrendiğimde ömrümün büyük bir kısmını geçirmiş ve en büyük sermayem olan aklımı ve içinde keyifle yaşamam için verilmiş bedenimi yeterince tahrip etmiş durumda idim.

Ben ve benim gibi düşünen pek çok kişi dinî algıların, *"Namaz kıl, çünkü Allah namaz kılmayanı sevmez."*, *"Oruç tut, çünkü Allah oruç tutmayanı cezalandırır."*, *"Sakın fazla yeme içme, çünkü Allah çok yiyip içeni sevmez!"* şeklinde kodlandığı bir kültürel ortamda yetiştik.

O zaman da işin farkında olmayan bizim gibi tembel insanlar, *"Ne yani ben ibadet etmesem, Cenab-ı Hak'tan bir şey mi eksilecek?"* diyerek, kendimiz için hayat memat meselesi olan bu imkânlardan ve nimetlerden yararlanmayı bilemedik. Çünkü pek çoğumuza, bizim için hayatî birer yaşam düsturu olan bu hükümler, birer kuraldan öte bir şey değilmiş gibi anlatıldı.

Oysa tüm bu *"emirler"*in kişinin bu dünyadaki bireysel yaşamı ve başarısı için, sağlıklı ve huzurlu bir hayat sürmesi için "işin aslını bilen Yüce Kudret" tarafından yapılan öneriler olduğu öğretilseydi, dinin emir ve yasaklarına en azından bir doktorun muztar durumdaki bir hastasına yaptığı telkin ve önerileri kadar önem verilirdi. Dinin telkin ettiği gerçek yaşam üsluplarının, yaşam için ne kadar gerekli eylemler olduğunu veya Peygamber (sav)'in yaşadığı hayat gibi bir hayat sürdürmenin cenneti burada da yaşamak kadar değerli bir şey olduğunu insanlar bilebilseler, inanın hiç kimse dinin en küçük emir ve yasağını bile ihmal etmezdi.

Bize Peygamber (sav)'in yaşama biçimi, bir yaşam ve aile rehberliği olarak anlatılabilse, göreceğiz ki onun yaşam tarzı, aynı zamanda başarının, huzur ve mutluluğun, iyi bir aile reisi olabilmenin de pratiğidir. O bir hakiki hayat koçudur.

Sağlık Bir Tür Cennet; Hastalıksa Cehennemdir

Hepimiz cenneti ve cehennemi sadece ölümün ötesinde gerçekleşecek bir hayat sanıyoruz. Elbette bu zikrettiğimiz durakların asılları ölümden sonradır fakat kişi dünyada da cehennemî bir azap içinde olabilir yahut cennetâsâ bir hayat sürdürme imkânı var edebilir. İnsan burada da bu huzuru bulmak ve gerçekleştirmekle mükelleftir. Elbette asıl cennet ölümden sonradır ama ilahî tedbir ve tekliflere gerçek anlamda uyarak yaşayan biri, aynı zamanda dünya hayatını da kendi tercihleriyle cennete çevirme olanağına sahiptir. Oysa insanoğlu bu dünya hayatını hazları, alışanlıkları, müptelalıkları ve bilhassa da aklını doğru ve yerinde kullanmamak neticesinde çekilmez kılıyor. Kendisine sorunsuz ve hastalıksız bir formatta, deyim yerinde ise harika işleyen otomatik ayarlarla hediye edilmiş bu bedenini, bir yığın zahmetle, yorgunluk, hastalık ve dert torbasına dönüştürebiliyor.

Esasında bedenimize bir tür cehennemî işkence yapmamıza yol açan aşırı yükleri; kolesterol, trigliserid, tansiyon, migren, şeker, hipoglisemi, obezite gibi tamamen yanlış ve kötü beslenmekten kaynaklanan sıkıntıları, kader ve kalıtımla izah ediyoruz. Oysa bütün bu rahatsızlıkların kökeninde kanın yağlanması ve asitlenmesi gibi temel bir sebep yatar. Yeme içme alışkanlıklarına bağlı gelişen bu rahatsızlıklar sebebiyle yaşam kalitesi sıfıra iner; adeta saklı bir cehennemi bu dünyada da tatmış olur.

Migren hastası bir insana sorun, o saatler cehennemî azaba denk saatler değil de nedir?

Buna karşılık, huzurlu, rahat ve kişinin istediğini yapabildiği, istediğini yiyebildiği bir yaşam düşünün. İkisi arasındaki fark, sahiden de cehennemle cennet arasındaki fark gibi değil midir?

Bir divan şairi,

"Şeb-i yeldâyı müneccimle muvakkit ne bilir

Müptelâ-yı gama sor kim geceler kaç saat!" diye.

Güya şair ayrılık acısı çeken açısından gecelerin ne de geçmez olduğunu hatırlatır. Esasında aynı sıkıntı, bedenini normal ölçülerden saptırmış insanlar için de geçerlidir. Zira ne uykuları uyku, ne hayatları hayattır...

Sağlıklı yaşam ne demektir, gidip şeker hastalarına sorun; yaşamın tüm hazlarını yerle bir eden hipoglisemi/diyabet illetine maruz kalanlara sorun. Kanser tedavisi gören, ağır kiloları altında ezilen, adeta vücudunu sürükleyerek yaşayan insanlara sorun...

Biz bütün hastalık ve musibetlerin ortaya çıkış sebebini 'kader' ile izah etmeye alışık olduğumuz için bize düşen tedbirleri aklımıza getirmek istemeyiz; başımıza gelenler konusunda haz öncelikli bir yaşam sürmemizi, abur cubur yemekliğimizi hiç sorumlu tutmayız. Bazıları da var ki *"Ay şekerim ne yesem yarıyor!"* tavrıyla, adeta vücudunun kendisine karşı maksatlı bir tutum içinde olduğundan şikâyet eder...

Elbette işin manevî ve kader boyutu da vardır. Fakat bir şeyin kaderde bulunması dahi yine bir şekilde bizim açık veya saklı bir talebimiz veya tercihimizle ilgilidir. Hakikaten Allah kuluna zulmü murad etmemiştir.

Bu vücut sarayımızın ekser faaliyetleri Yaratıcı'sına bakar. O açıdan yaptığımız her eylemin karşılığında bir mükâfat veya ceza öngörülmesi mantıken de kabul edilebilir bir şeydir. Dolayısıyla kötü beslenmenin, yani motorin ile çalışması gereken bir motora süper benzin koymanın bir ceremesi vardır. Bunu da insan, sağlığını kaybederek ödüyor.

Beslenmeden Maksat; "Haz" Değil "Gıdalanmak"

Her şeyi hikmetle var eden Allah elbette insanı da hikmetle yaratmıştır ve onu başıboş bırakmamıştır. İnsanın vücudunu da mükemmel bir saray suretinde ve muntazam bir şehir misalinde yaratmıştır. Ağızdaki tatma duyusunu bir kapıcı, â'sab ve damarları telefon ve telgraf telleri gibi yaratmış. Ta ki ağza gelen maddeyi o damarlar vasıtasıyla midenin merkezine haber versin ki mide de gelen misafirine göre bir şeyler hazırlasın veya misafir edilecek durumda değilse hemen kapı dışarı edeceği tedbirleri devreye soksun.

Evet, ağza alınan ve tatma duyumuz tarafından durumu mideye bildirilen yiyeceğe mide ihtiyaç duymuyorsa "Yasaktır!" der, dışarı attırır. Esasında, Doğuda geliştirilmiş bir yöntem vardır: Kişi yiyeceği şeye öncelikle dikkatle bakar ve kendi içini yoklar. Eğer o gıdaya ihtiyacı yoksa mide onu istemediğini zaten ona hissettirir. Fakat bizler sürekli yemeye ve atıştırmaya o kadar alışmışız ki bakmaya, irdelemeye, midenin reflekslerini anlamaya fırsat bırakmadan bulduğumuzu hemen mideye indiriyoruz!

Maalesef yeme içme konusunda bugün esas alınan şey, bize yararlı olup olmadığından ziyade, ağzımızda bıraktığı damak tadıdır.

Kimse beslenmenin ana gayesini gözetmiyor. Alınan gıdanın vücut için faydalı olup olmadığına bakmıyor. Herkes yediğinin damakta bıraktığı geçici ve fani lezzete ve hazza hizmet ediyor. Bu eylemin adı da bu yüzden *"beslenme"* değil, *"tüketme"* oluyor! Esasında, haz ve lezzet, bilhassa

✓Ağzımıza Cenab-ı Hakk'ın yerleştirdiği tad duyusu bir kapıcıdır; midenin kapıcısı. Yoksa bu vücut sarayına alınacak yiyecek ve içeceklerin tanzimi ve idaresi noktasında vücudumuzun efendisi ve hâkimi, midedir.

beslenme konusunda, şeytanın -bizim bu kitaptaki konumuz açısından Şeytan terimi; sağlığın bozulmasını temsil eden halin adıdır- nefsi avlamak için oltaya taktığı solucanlar gibidir. Nasıl ki balık o solucana kanıp oltaya takılıyorsa insan nefsi de haz ve lezzet yüzünden kendisi için zararlı olabilecek yiyecekleri de keyifle tüketebiliyor. Bunu bilen gıda sektörünün aç gözlü patronları da insana asla yaramayacak yağları ve yiyecekleri yapay tatlarla soslayıp topluma sunuyorlar. Ardından gelsin travmalar, gelsin ruh ve sinirsel rahatsızlıklar, gelsin 20-25 yaşlarında şeker, kolesterol ve kalp krizleri...

Kapıcıya Verilen Rüşvet: Lezzet

Ağzımıza Cenab-ı Hakk'ın yerleştirdiği tad duyusu (eskilerin deyimiyle *kuvve-i zaika*) bir kapıcıdır; midenin kapıcısı. Yoksa bu vücut sarayına alınacak yiyecek ve içeceklerin tanzimi ve idaresi noktasında vücudumuzun efendisi ve hâkimi, midedir. Biz ise sürekli kapıcıya rüşvet vermekle (yani faydadan ziyade hazzı ve lezzeti öncelemekle) meşgulüz.

Oysa o saraya veyahut o şehre gelen ve sarayın hâkimine verilen hediyenin (yani yenilen gıdaların) yüz derece kıymeti varsa, kapıcıya verilmesi makul olan bahşiş (lezzet) yüzde beş olabilir. Ta ki; kapıcı gururlanıp, baştan çıkıp, vazifesini unutup, fazla bahşiş veren ihtilâlcileri (mideyi ve sağlığı bozacak gıdaları) saray dâhiline sokmasın.

Nitekim bugün insanların yüzde 90'ı kapıcının her türlü ihtilalciye geç demesi yüzünden, yani lezzet ve haz eksenli yaşamaktan dolayı hastadır, hastane kapılarında şifa arama peşindedir. En azından her biri bir sunî ilacın bağımlısı haline gelmiş bulunmaktalar. Halbuki haz değil de vücuda faydalılık esas alınsa, ne insanlar bu kadar hasta olacaklar ne de hayatlarını cehenneme çevirecekler.

Peki alınan yiyecekler yüzünden çekilen tüm bu sıkıntı ve zahmetler ne için? Topu topu ağızda bıraktığı birkaç saniyelik haz/tad için. Bu satırlarımdan tadsız yiyecekler yiyin veya yemekleriniz tadsız olsun anlamı çıkarılmasın. Sadece yeme içme konusunda tadı, tiryakilik ve hazları önemsediğiniz kadar mide için yararlı olup olmadığını da düşünür diyorum. Hem o zaman emin olunuz ki gıda gideriniz de ondan beşe düşer. Çünkü beslenme esaslı bir gıda tüketiminde suni tadlar, içecekler, janjanlı ambalajlı şekerler, cipsler vs.'ler ihtiyaç listenizin dışında kalacaktır! Market alışverişlerinde temel gıdalar dışındaki bu unsurların ne denli yüksek meblağlar tuttuğunu, ancak beslenme tercihlerinizi değiştirdiğinizde fark edeceksiniz.

Bugün insanların yüzde 90'ı kapıcının (tad duygusunun) her türlü ihtilalciye geç demesi yüzünden, yani lezzet ve haz eksenli yaşamaktan dolayı hastadır, hastane kapılarında şifa arama peşindedir.

Şimdi iki lokma düşünün. Bir lokma, peynir ve yumurta gibi mugaddi gıdadandır ve fiyatı yirmi beş kuruştur. Diğeri ise en âlâ baklavadandır ve fiyatı bir hatta iki liradır. Bu iki lokma, ağza girmeden önce beden açısından eşittirler ve aynı değere sahiptirler. Boğazımızdan geçtikten sonra da bedendeki besin değerleri açısından yine eşittirler. Yani ikisi de sindirim işleminden geçtiğinde protein veya karbonhidrata dönüşecektir. Hatta çoğu kere basit olan lokma, pişmiş ve lezzetli kılınmış lokmadan çok daha yararlıdır vücuda. Ve daha besleyicidir. Sadece ağızdaki tad duyusunu (kuvve-i zaika) okşamak bakımından biri birkaç saniyelik bir üstünlüğe sahip, o kadar.

Hastalıkların Şirin Ambalajı: Tad

Şimdi toplam yarım dakikalık lezzet hatırı için 25 kuruş yerine iki lira vermek ne kadar manasız ve zararlı bir israf olduğu, kıyas edilsin. Yani saray hâkimine (mideye) gelen hediye kırk para olmakla beraber, kapıcıya dokuz defa fazla bahşiş vermek, kapıcıyı baştan çıkarır, *"Hâkim benim!"* dedirtir ve sonra da insanı kendi hazlarının ve tiryakiliklerinin kölesi yapar. Kim fazla bahşiş ve lezzet verse onu içeriye alır, ihtilâle meydan verir, mideyi bozar, asit üretip yangın çıkarır. Ondan sonra da *"Aman doktor gelsin, hararetimi teskin etsin, ateşimi söndürsün!"* diye yalvartmaya mecbur eder.

İşte sağlıklı beslenmek, *"kapıcı"*ya (tad duyusuna) kapıcı muamelesi yapmakla başlar. Lezzet ve haz endeksli yaşamak, insanı hem müsrif yapar hem hasta. İsraf ise; hikmete zıt hareket etmek olduğundan ve kötü beslenmeye yol açtığından kısa zamanda mideyi karıştırır ve bedeni fesada uğratır. O zaman da insan gerçek iştihasını kaybeder. Ne yediğinden bir şey anlar, ne yedikleri onu hakiki manada doyurur. Vücut yeterli hazım yapamadığından, alınan besinler yeterince işlenemez ve hiç yararlanılmadan vücuttan atılır. Böylece insanda sanal bir açlık oluşur, beden şiştikçe şişer ve yağlanır ama açlık bir türlü geçmek bilmez! Karışık tadları ayna anda *"tüketmek"*ten kaynaklanan yapay ve yalancı bir iştahla insan yedikçe yer; daha bir öğünün hazmı gerçekleşmeden ötekini alır ve böylece midedeki hazımsızlık kronikleşirken hastalıklar da yerleşmeye başlar.

Evet maalesef sağlığının kıymetini bilmeyen, insana verilen bu vücut sarayının maksat ve gayesinden habersiz olanlar, dünyaya sadece yiyip içip eğlenmek için geldiğini sananlar; rûhen terakki etmemiş, o gıdaların bir şükür ve teşekkür istediğini bilmeyen insanlar için kuvve-i zaika, şımarık bir kapıcıya dönüşür. Onun biraz lezzet alması hatırına israfa düşerler, faydalıyı değil lezzetliyi tercih ederler. Bugün insanlığın başına bela olmuş has un ile yapılan gıdalar böyle bir lezzet arayışının eseridir.

Halbuki Cenab-ı Hak o tad duyusuna öyle büyük hikmetler ve vazifeler yüklemiş ki insan bilse onu şımartmak şöyle dursun, vazifesini doğru yapmasına hizmet etmesi için gayret sarfederdi. Bilge ve ehl-i kalb olanların, hikmet sahiplerinin bakışıyla onu değerlendirecek olsak göreceğiz ki o, ilahî rahmet mutfağının bir *"nâzır"*ı ve bir *"müfettişi"*dir ki verdiği her bir nimet için farklı bir şükür gerektiğini bize ihtar eder.

Evet insanın damağına yerleştirilmiş o bir-bir buçuk santimetre karelik alanda, Cenab-ı Hak, yüz bin çeşit gıdanın tadını ve çeşidini ayırt edebilecek kadar muazzam bir düzenek koymuş. Hatta denilebilir ki her tad için orada bir ölçü ve tartı mizancığı yerleştirilmiştir ki o mizan ile yüzlerce nimet-i ilahiyenin envaını tartar ve

✔ *Basit bir lokma, pişmiş ve lezzetli kılınmış lokmadan çok daha yararlıdır vücuda. Ve daha besleyicidir. Sadece ağızdaki tad duyusunu okşamak bakımından biri birkaç saniyelik bir üstünlüğe sahip, o kadar.*

tanıttırır; bir manevî şükür ile o gıdaların mahiyet ve yapısına saygı duymayı öğretir. İşte bu yönüyle, tatma duyusu (kuvve-i zaika), yalnız maddî cesedimize bakmıyor. Belki diğer midelerimiz olan kalbe, ruha ve akla dahi bakar, baktırır ve onların da nasiplenmesini sağlar.

Yediğimiz nimetin, nasıl bir kudretin ikramı olduğunu bildirir ve bizim de şükür ve itaat ile O'na yönelmemizi sağlar.

Okuma Parçası

"Bu zamanda iki dehşetli hal var:

Birincisi:

Akıbeti görmiyen ve bir dirhem hazır lezzeti, ileride bir batman lezzetlere tercih eden hissiyat-ı insaniye akıl ve fikre galebe ettiğinden, ehl-i sefaheti sefahetinden kurtarmanın yegâne çaresi, ayn-ı lezzetinde elemini gösterip hissini mağlûb etmektir. Ve yestehibbune'l-hayate'd-dünya... ayetinin işaretiyle, bu zamanda ahiretin elmas gibi nimetlerini, lezzetlerini bildiği halde dünyevî kırılacak şişe parçalarını ona tercih etmek ehl-i iman iken ehl-i dalâlete o hubb-u dünya ve o sır için tâbi olmak tehlikesinden kurtarmanın çare-i yegânesi, dünyada dahi cehennem azabını ve elemlerini göstermekle olur ki, Risale-i Nur o meslekten gidiyor.

Yoksa bu zamandaki küfr-ü mutlakın ve fenden gelen dalâletin ve sefahetten gelen tiryakiliğin inadı karşısında, Cenab-ı Hakk'ı tanıttırdıktan sonra ve cehennem'in vücudunu isbat ile ve onun azabı ile insanları fenalıktan, seyyiattan vazgeçirmek; ondan, belki yirmiden birisi ders alabilir. Ders aldık-

tan sonra da, "Cenâb-ı Hak Gafururrahîmdir, hem cehennem pek uzaktır" der, sefahetine devam edebilir. Kalbi, ruhu hissiyatına mağlûb olur.

İşte Risale-i Nur'daki ekser muvazeneler, küfür ve dalâletin dünyadaki elîm ve ürkütücü neticelerini göstermekle en muannid ve nefisperest insanları dahi, o menhus gayr-i meşru lezzetlerden ve sefahetlerden bir nefret verip aklı başında olanları tevbeye sevkeder. (Bediuzzaman Said Nursi, Şualar, 15. Şua)

Yediklerimiz Tuzağımız Olursa...

Bir nimet olan gıdayı bir tüketim malzemesi haline getiren şükürsüzlük, maalesef gıdaların mahiyetine zarar verme geleneğini de başlatmıştır. *Hz. Davut (as), "Bir gün gelir, insanın yedikleri kendisine tuzak olur."* buyurmuş. Evet, bugün yediklerimiz içtiklerimiz kelimenin tam anlamıyla bizler için tuzak halini almaya başlamıştır.

Artık ne yediğimiz etin et olduğundan eminiz, ne yediğimiz domatesin domates! Tahıldan sebzeye, sebzeden meyveye, meyveden bala ve ete kadar her bir şeyin hem sahtesi, hem tabiatıyla oynanmış hali var piyasada.

Bir bakıyorsunuz bir markette "Bir kilo bilmem ne köftesi 3 lira" ilanı asılı. Bir ekmeğin bir buçuk iki lira olduğu bir zamanda bir kilo köftenin 3 lira olması akıl dışı. Tattığınızda evet, size köfte tadını veriyor belki ama sizin köfte zannederek ne yediğiniz belli değil.

Aynı şey sıvı yağlar için geçerli. Mesela, bir kilo ay çiçeği çekirdeği 10 lira ama ancak 7-8 kilosundan bir litre elde edilebilen yağının litresi 3,5 lira. Fakat hiç kimse merak etmez bu niye böyledir diye.... Tabii ayçiçeği yağı diye kullandığı yağın aslında ne yağı olduğunu da merak etmez. Zararlı mı faydalı mı bilmez. Sıvı yağ kullandığını ve sağlıklı yaşadığını zanneder ama bir de bakar ki kalp krizi geçirmiş veya beyin damarları daralıp sertleştiği için beyin kanaması geçirip terk-i dünya eylemiş!

Esasında öyle hallerde ölmek dahi bir nimettir. Beyin kanamalarının en kalıcı sonucu felç çünkü! Sonrası mı? Yatağa düşmüş bir insan ve onun etrafında yaşama sevincini kaybetmiş koca bir aile efradı!

İnsan Ömrü Ortalama Ne Kadardır?

İnsanlar, maalesef kendi elleriyle kendilerini hasta ederler ve sonra da kaderden şikayet ederler. Oysa insanoğlu kendi yapısına uygun gıdaları alsa, her anlamda temiz gıdalarla (besinlerin maddî temizliğin yanı sıra kimyasının ve genlerinin da temizliğini kastediyorum) beslense bu vücudun 120 yıl pürüzsüz, meşakkatsiz yaşaması planlanmıştır.

Bilindiği gibi Hz Adem (as)'dan Hz. Nuh (as)'a gelinceye kadar insanların ömrü daha uzundu. Hz. Nuh (as)'n 950 yıl yaşadığı Kur'an-ı Kerim'de de ifade edilir. Ancak, Hz. Nuh (as)'dan sonra Cenab-ı Hak insanlığa toplu bela ve kırımlar vermeyeceğini ama buna karşılık da yaşam süresini kısaltacağını bildirir. Bu konuda Tevrat'ın Tekvin bölümünde Cenab-ı Hakk'ın Hz. Nuh (as)'a şöyle hitap ettiğini okuruz:

"... Ve Rab dedi: Ruhum 'adam' ile ebediyen çekişmeyecektir. Çünkü o da ettir; bunun için onun günleri (artık) 120 yıl olacaktır." (Tekvin, Bab 6, ayet 3)

Bu 120 yıl elbette ki ortalama bir zamandır. Yani diyelim ki insanların ekseriyetinin yüz yıl ve civarında yaşaması makuldür. Ama bugün insanların ortalama ömrü 60-65 yıl civarındadır. Sadece Japonya ve Batı ülkelerinde olduğu gibi, halkları için sağlıklı yaşam koşullarını var eden toplumlarda bu süre ortalama 75-80 yıla ulaşmış durumdadır. Bizim gibi toplumlarda ise bu süre 65 civarındadır. Afrika'da bu ortalama daha da aşağılara iner.

Demek ki sağlıklı yaşam şartları veya sağlıklı beslenme usulleri insan ömrünün uzayıp kısalmasıyla yakından ilgilidir. Zaten böyle olması da gerekmektedir. Aksi takdirde bu, teklif sırrına aykırı olurdu. Yani sağlık şartlarına uyan ile uymayanların aynı ve değişmez bir kaderle hayatlarını sürdürmeleri ve aynı giriftar olmaları hikmete uygun olmazdı.

Sağlık ile Ecelin Kaderi Farklıdır

Ömür ve sağlık arasında başka parametreler de söz konusudur. Ömür ile sağlığın kaderleri farklıdır; yani uzun yaşamanın vetireleri ile sağlıklı yaşamanın faktörleri birbirinden ayrıdır. Bir insan sağlıklı yaşamak istiyorsa behemehal sünnete uygun bir yeme içme usulü geliştirmelidir. Yani sünnete uygun yaşayanla sünnete uymayan aynı kader çerçevesinde hasta olurlarsa bu hangi hikmete uyar?

Hz. Peygamber (sav)'in Mukavkıs'ın doktoruna söylediği usul çerçevesinde yaşayan bir insanın, usule

> ✔ *"Bir gün gelir, insanın yedikleri kendisine tuzak olur."*
>
> *Hz. Davut (as)*
>
> *"İnsanoğlu midesinden daha şerli bir kap doldurmamıştır."*
>
> *Hz. Muhammed (sav)*

hiç uymayan bir insanla aynı kadere tâbi olması teklif sırrına aykırıdır. Cenab-ı Hak, *"İn ahsentüm ahsentum li enfusikum ve in ese'tüm fe leha."* (İsra, 7) ayetiyle, usule uygun davranan insan ile usule uymayanların eşit olmayacağını bize açıkça ifade eder.

Dolayısıyla sünnete uygun beslenen ile başıbozuk bir beslenme şeklini sürdüren insanların aynı muameleyi görmeleri uygun olmaz. Peygamber Efendimiz (sav)'in *"Ben ve ashabım hasta olmayız!"* derken, tâbi oldukları *"usul"*ü gerekçe göstermesi çok ilginçtir ve hepimiz açısından üzerinde düşünülmesi gerekir.

Bugün herhangi bir mümin çıkıp da o hadisteki ifadeye benzer bir şey söylese, "Ben hasta olmam!" dese biz onu imana ve kadere zıt bir iddiada bulunuyor diye itham ederiz.

Halbuki Kur'an ve sünnetin tavsiye etiği yol ve yönteme uyan bir insanın, uymayan biri gibi hasta olması asıl adaletsizlik olurdu.

-Allah *"hiçbir kuluna zulmü murad etmediğini"* (Mü'min, 31) söyler. Keza, *"Siz nankörlük yapmasanız ve iman edecek olsanız, Allah size niye azap etsin!"* (Nisa, 147) buyurur. Bu ayetler bize gösteriyor ki insanoğlu, yeme içme konusunda sünnet-i seniyyeye uysa hiç de hasta olmaz. Olmaması da kaderin bir hikmeti olur. Bir insanın yedikleri içtikleri sebebiyle kanını asit ile ifsat edip hastalığı kendine çekmesi/yazması/dilemesi de bir kaderdir.

Demek ki ahirette cennetlik veya cehennemlik olmaya sebebiyet veren amellerimiz gibi bu dünyada dahi bir tür cehennem olan türlü türlü hastalıklara kendisini düçar etmesi insanın kendi elindedir.

İnsan Bütüncül Bir Sistemdir

Peki insan hasta olmayacak şekilde tasarlandığı halde nasıl olup da hastalıklar onu buluyor? Tüm bu hastalıklar nasıl meydana geliyor? Artık yavaş yavaş, sorunun cevabını vereceğimiz teknik açıklamalara geçebiliriz.

İlk sayfalarda temas ettiğimiz gibi insan vücudu esasında hiç hastalanmayacak şekilde tasarlanmış ve tüm donanımları içine yerleştirilmiş muazzam bir düzenektir. Herhangi bir araz meydana geldiği takdirde kendi kendini tamir ve tedavi etme kabiliyeti de bütün organlara verilmiştir. Beden, yapısı itibariyle öyle bir savunma mekanizmasına sahiptir ki kişi onu kasten bozmadıkça bu bünyeye yerleştirilmiş düzenekler hastalığa geçit verecek gibi değildir.

Şu kainat içindeki tüm varlıklar bir küllî bütünlüğün parçaları olduğu gibi insan dahi o bütünün mühim bir parçasıdır. Ve dolayısıyla o bütünün halleri onda da mevcuttur. İnsan adeta kainatın küçük bir modelidir.

Tıpkı kainat gibi onda da iç içe geçmiş ve her biri ötekine hem hâkim hem mahkûm birbirini tamamlayan sistemler bulunmaktadır. Kainatın işleyiş düzeneği olan ekosistemde hiçbir sistem diğerinden bağımsız değildir. Bu çarkın bir unsuruna zarar verdiğinizde yahut onu bozduğunuzda, kısa zamanda ona bağlı diğer bir düzenek de zarar görür, bozulur ve böylece insan hasta olur.

Modernitenin evrendeki her unsuru, diğerlerinden bağımsız ele alma alışkanlığı gibi insanı da farklı unsurlardan, branşlardan ibaret bir makine olarak ele alıyor. Bu sebeple de böbreği bağımsız, karaciğeri bağımsız, sindirim sistemini bağımsız tedavi etmeye çalışır. Bademcik, apandisit, safra

✓Ahirette cennetlik veya cehennemlik olmaya sebebiyet veren amellerimiz gibi bu dünyada dahi bir tür cehennem olan türlü türlü hastalıklara kendisini düçar etmesi insanın kendi elindedir.

kesesi ve dalak gibi organları nerede ise gereksiz görür! Bu organları tedavi etmek yerine ilk gördüğü sorunda hemen bunları vücuttan tasfiye etme yolunu seçer. Sistemi regüle eden bu unsurların, insan dediğimiz şu bütünsel yapıda ne gibi fonksiyonları olduğunu fazla hesaba katmaz.

Ağrı: Bedendeki Mucize!

Modern tıbbın yaklaşımında vücudu hasta etmemek ilkesi yok gibidir. Oysa 19. yüzyılın tıbbî uygulamalarına gelinceye dek, bünyenin organlarını atmak değil, şu bedeni tedavi etmek esas alınırdı. Bugün ise bir organda araz ortaya çıktığında, hekimlerin ilk uygulaması, mümkünse o araza sebebiyet veren, o ağrıya yol açan uzvu veya organı kesip atmak oluyor. Vücutta bir şeylerin yanlış gittiğini göstermenin adı olan arazları gidermek için, ağrı yapan yeri yok ederek bütünü kurtaracağını zanneder. Halbuki o ağrı, sigorta gibi tüm sistemin yanmasını önleyen bir mucizedir ki bize arızayı çok erken haber verir.

Evet, maalesef modern tıp, insan bedenine, bütüncül bakmayı kaybettiği için onu tedavi ediyorum derken daha da hasta ediyor ve fazlalık diye çıkarıp attığı bu organlar yüzünden bu bünyeyi, ilaç üreten firmaların bağımlısı haline getiriyor.

Oysa insan bedeni, bir organın kesilip atılmasını gerektirecek türden arıza çıkarmak üzere tasarlanmamıştır. Bedende bir arıza görüldüğü takdirde yine kendi içindeki mekanizmaların devreye girip o sıkıntıyı gidereceği şekilde yaratılmıştır bu yapı.

Irsî hastalıklar hariç (ki onların da büyük bir kısmı, uzun süre devam eden yanlış beslenmeler ve birtakım veballer neticesinde insan genlerinde karar kılar[7]) bütün hastalıkların sebebi hemen hemen aynıdır:

Yanlış beslenme!

Ve tuhaftır insanın, sağlığına yeniden kavuşması yolu da hemen hemen aynıdır:

Kötü beslenmenin neticeleri olan vücuttaki yığılmaları açlıkla temizlemek ve doğru beslenmekle düzeltmek...

Konunun kilit noktasını beslenme olarak kabul ettiğimizde hastalıkların asıl sorumlusu olarak da bizzat insan kendini bulacaktır. Hastalık, insanın kendi yanlışının doğal bir sonucudur. Çünkü Cenab-ı Hak bedene, onu hastalıklardan koruyacak öyle bir mekanizma yerleştirmiştir ki, bu mekanizmayı bozmak için insanın uzun süreli ve kasıtlı bir çaba sürdürmesi gerekmektedir.

İnsanın Hastalanmama İhtimali Var mıdır?

Evet, Rabbimiz bedenimizi, doğru beslendiğimiz ve doğru bir hayat sürdürdüğümüz takdirde hastalanmayacak şekilde tasarlamıştır ama bu demek değildir ki insanoğlu asla hastalanmaz. Çünkü insanın merakı aklının imkânlarından bile büyüktür. O yüzden de her daim başına iş açma potansiyeli vardır. Nitekim kendisine cennet gibi güzel bir ortam verilmiş ilk insan, ilk ilahî yasağı delmeyi merakı yüzünden göze alabilmiştir. İlginçtir ki o merakı da

7 Bu konuda detaylı bilgi için bakınız: Mehmet Ali Bulut, *Ruhun Deşifresi*, "Bilginin Kadere Dönüşmesi" bahsi.

İnsan bedeni, bir organın kesilip atılmasını gerektirecek türden arıza çıkarmak üzere tasarlanmamıştır. Bedende bir arıza görüldüğü takdirde yine kendi içindeki mekanizmaların devreye girip o sıkıntıyı gidereceği şekilde yaratılmıştır.

yeme içmeyle ilgilidir. İnsanın *"yasak elma"*yı yeme hadisesi, remzen gösteriyor ki insanın başına ne gelirse yeme içme tercihleri sebebiyle gelecektir.

Eskiler *"Can boğazdan gelir"* demişler. Doğrudur, can boğazdan gelir ve boğazdan gider... Ben bu deyişi *"can boğazdan çıkar"* şeklinde anlamak istiyorum. Bu kitapta anlatacaklarımdan sonra sizin de bana hak vereceğinize inanıyorum. Çünkü bir tür cennet olan sağlıklı yaşamdan, bir tür cehennem olan hastalıklı, acılı ve insanı yaşama sevincinden mahrum eden ve iç yıkımlara götüren şeyler de boğazımızdan içeri girenler sebebiyledir.

Maalesef insan yeme içme merakı yüzünden cennetten kovulmuştur. Bu dünyada ağır kilolar, hastalıklar, ruhî depresyonlar, bunalımlar gibi sıkıntılar da yeme içme yüzünden başımıza açtığımız cehennemî hallerdir. Merakından ve damak zevkinden dolayı cennetten kovulan insanoğlu, yeniden ona dönmek istiyor ama tembelliğinden dolayı bunu başaramıyor!

Şâfi İsminin Müşterisi Olmak

Bu beden şehrinin bânisi olan Rabbimiz, bedenimizi muhteşem ve korunaklı bir surette yaratmış ama bu şehir illa da tahriplere maruz kalıyor ve kalacaktır. Dolayısıyla hastalanmak da bu şehrin yazılımında var olan, yazgının içindeki unsurlardan biridir. İnsanın, iradesini sonuna kadar kullanabilme yahut tüm hadiselerin sonunu önceden kestirebilme gücü yoktur ki her daim hayrını ve şerrini ayırt edebilsin. Ayırt etse bile her zaman doğru hareket edebilme yetisine sahip değildir. Dolayısıyla hastalık da insan yazgısı içinde yer almıştır. Çünkü Cenab-ı Hakk'ın bir ismi de Şâfî'dir.

Şâfi ismi dahi, *Rezzâk* isminin marzukları, *Afuvv* isminin günahkârları gerektirdiği gibi hastaları ister ve öyle de olur. Deyim yerinde ise Şâfi isminin kendi tecellilerini göstereceği müşterilere ihtiyacı vardır. Bu hayat içinde insanların Şâfi ismine de muhakkak ihtiyaçları olacak ve onun şifa verici kudretinden istimdat edeceklerdir. Bu sebeple Allah, bu şehrin programına, hastalık yazılımını da kendisi eklemiştir.

İnsan için hastalık yazılımı/programı vardır ama onu ancak dileyenler, ona talip olanlar kullanabilir. Bu da insanın kendi programına bunu yüklemesi ile mümkündür; insan kendine sunulan bunca gıda arasında, ancak zarar verenleri seçip yemesiyle bunu gerçekleştirebilir. Çünkü "Rabbimiz sırat-ı müstakim üzerindedir." (Hud, 56) Kendi koyduğu usulü bozmaz.

Kim kanuna tâbi olur ve onun istediği gibi davranırsa, öngörülen mukadder neticeyi elde eder. Yüksek bir yerden atlayanın, yerçekimi kanununun gereğince yere çakılması gibi sağlıklı yaşamanın kurallarına riayet eden de sağlıklı yaşar. Uymayan ise hasta olur. Yani iradesini yanlış yönde kullanarak nefsine zulmeder ve kendisini hasta ederse, kendisini tedavi ede-

> ✓ *İlk insan, ilk ilahî yasağı merakı yüzünden ihlal etmiştir. İlginçtir ki o merakı da yeme içmeyle ilgilidir. İnsanın "yasak elma"yı yeme hadisesi, remzen gösteriyor ki insanın başına ne gelirse yeme içme tercihleri sebebiyle gelecektir.*

bilsin diye gerekli tüm cihazları da vücudun içine yerleştirmiş ve onu dışarıdan onarmak icap ettiğinde de nasıl tedbir alınması gerektiğini öğretmiştir.

3. Bölüm

Hastalık Yapan Beslenme Faktörleri

Peki insanın yedikleri onu nasıl hasta ediyor?

Bu sorunun cevabını verebilmek için önce insanın *"yiyiciler"* arasındaki yerini görmemiz gerekecek.

İnsan; vücut ve yeme içme itibarıyla bir tür hayvandır. Fakat onlar gibi ne zaman, neyi, ne kadar yemesi gerektiği programlanmış ve sınırlanmış değildir.

Mesela aslan bir hayvandır ve etoburdur. Dolayısıyla işin ta başında Yaratıcı onu ona göre tasarlamıştır. Tabiatından biçimine, çene ve diş yapısından fiziğine, sindirim sisteminden enzimlerine ve vücut iç salgılarına varıncaya kadar her şeyi ona göre düzenlemiştir. Yani o et yiyecek şekilde tasarlanmıştır. Acıktığı zaman avını yakalar ve afiyetle yer. Programı gereği, bir daha acıkıncaya kadar ne bir hayvana saldırır ne de bir şeyler yer.

Siz karnını doyurmuş bir aslanın, hâlâ avlanıp et yemeye çalıştığını göremezsiniz. (kendisini tehlikede hissedip savunma amaçlı saldırması hariç!)

Tavşan ise kemirgenlerden bir hayvandır. O da ancak kendisine takdir edilen havuç ve benzeri gıdaları yer ve onlarla beslenir. Onun vücut tasarımı da ona göredir. Öyle olduğu için Yaratıcı ona azı dişleri ve köpek dişi takmamıştır. Onun dahi bir iç programı vardır ve o program dâhilinde ömrünü tamamlar.

Yaradılış gayeleri bir öğrenme ve sınav içermediği için, davranışlarını kontrol ederek tekâmül etmek, iradenin kullanımını gerektirecek bir süreçten geçmek, hayvanların programında yoktur. Hayvanın vazifesi bir "hayvan" olarak kendisine takdir edileni yapmak olduğundan, beslenme şekli dahi bir iç program olarak baştan belirlenmiştir. Bu sebeple, hiçbir hayvan doyduktan sonra "Ya bu çok hoşuma gitti, biraz daha yiyeyim..." demez.

Bu tür tercihli durumlar, dünyaya eksikli gönderilen ve burada kendisini ikmal etmesi istenen insana mahsus hallerdir. Hayvan ise "dünyaya geldiği vakit âdeta başka bir âlemde tekemmül etmiş gibi istidadına göre mükemmel olarak gelir, yani gönderilir. Ya iki saatte, ya iki günde veya iki ayda, bütün hayat şartlarını ve kainatla (çevre ile) olan münasebetini ve kavanin-i hayatını (yani nasıl davranacağını, nasıl besleneceğini, eğer fıtratında varsa nasıl avlanacağını ve ne yiyip ne yemeyeceğini) öğrenir, meleke sahibi olur." (Bediuzzaman, *Sözler,* 23. Söz, 4. Nota)

İNSAN SAĞLIĞINI KORUMAKLA YÜKÜMLÜDÜR

İnsan, bu dünyaya belli bir meleke sahibi olarak gönderilmez. Bir yönüyle o da hayvan gibi yiyor içiyorsa da onun gibi geçici bir bedene sahipse de insan, aklı ve imanı sayesinde Yaratıcı'ya muhatap mertebeye çıkmış bir varlıktır.

Ne ile?

Tabii ki akıl ve iman ile.

Ama bu akıl ve iman, aynı zamanda her türlü hareketinden mesul olma sorumluluğunu da ona yüklemektedir. O her şeyi öğrenmek zorundadır. Yeme içmesinden tutun da çevresini ve eşyayı kullanmasına varıncaya kadar her bir hareketi, her bir davranışı öğrenmekle mükelleftir.

Sadece öğrenmek de yoktur onun görevleri arasında. Kendisine verilen sınırsız arzu ve ihtiraslarını kontrol altında tutmak da görevleri arasındadır.

Bir hayvan için haram ve helal yoktur. Onun haram ve helalleri (yani yediğinde ona zarar verecek, onun bünyesinde değişikliğe yol açacak, onun tabiatında tahribata ve mutasyona sebebiyet verece şeyleri zaten yemez) doğal olarak onun programına yüklenmiştir. Hayvan bu hazır program çerçevesinde hareket eder aslında. İnsan müdahale edip de ona, programına aykırı bir durumu dayatmadıkça o programını sağlıklı bir biçimde sürdürür.

Mesela deli dana hastalığı, et yemesi haram (beslenme programına yazılmamış) olan bir hayvana, insanların küspesine sakatat ve benzeri et türevlerini katıp yedirmeleri neticesinde ortaya çıkmış bir durumdur. Yoksa tabiatta kendi kendine deli dana hastalığına yakalanmış bir hayvan göremezsiniz. Hayvan, kendi programında var olan hastalıklara düçar olduğunda ise yine programında var olan içgüdüleri ile neyin kendisini iyi edeceğini bulup yiyecek şekilde hareket eder.

Hayvanların tabiatında çok yemek de yoktur. Her hayvan doyunca kenara çekilir. Çünkü onların hazım sistemleri de bizimkinden farklıdır.

İnsan yemesi içmesi bakımından bir tür hayvandır ama o akıl ile donatıldığı ve iman edip etmemek gibi bir sınava tâbi tutulduğu için, hayvanlar gibi doğal sınırlara sahip değildir.

Şu meseleyi uzunca tutmamın nedeni, insanın da bir hayvan zannedilip aynı kategoride değerlendirilmesi sebebiyledir. Evet insan da yemesi içmesi bakımından bir hayvandır ama o akıl ile donatıldığı ve iman edip etmemek gibi bir sınava tâbi tutulduğu için, hayvanlar gibi *doğal sınırlar*a sahip değildir.

Hayvan Sorumsuzdur; İnsan Sorumlu

İnsanın iştihası sonsuzdur, arzuları sınırsızdır, talepleri bitmez tükenmezdir. Merakı, onu, hayrına olacak zevk ve işlerin peşine düşürdüğü gibi zararına olacak haz ve ihtirasların ardına da düşürür. Zevk, haz, hırs, tamah, alışkanlık, tiryakilik gibi sonradan edinilen o kadar çok dürtüsü vardır ki insanı oradan oraya, şuradan şuraya sürükler durur. Karnı doyduğu halde yemeye devam edebilir, canı çekmediği halde bir tiryakiliğini sürdürebilir ve sonunda bir hayvanın asla kendisine veremeyeceği zararı bir insan kendi eliyle kendisine verebilir.

Hayvan, yer içer ve kendisine takdir edilen işleri yapıp yeniden toprağa iade edilir. Programına yazılan işlevi yerine getirmesi dışında herhangi bir sorumluluğu yoktur. Ama insan öyle değil. Yaptığından da aldığından da verdiğinden de hesaba çekilecektir. O yüzden kapasitesi sınırsıza yakın tasarlanmıştır. Zaten öyle olduğu içindir ki din adını verdiğimiz disiplin metotları var edilmiş, insan için, her biri aynı zamanda gerçek birer hayat koçu olan peygamberler gönderilmiştir. Onlar bize nasıl yaşarsak, hayatımızı nasıl kurgularsak başarılı ve mutlu insanlar olacağımızın örneklerini, kendi uygulamaları ile gösterirler.

Bilindiği gibi niçin yaratıldığımız, niçin dünyaya geldiğimiz meselesi, felsefenin içinden çıkamadığı bir konudur. O yüzden hiç o boyuta girmeden diyeceğim ki akıl taşıyan her varlık, aklının tabiatı gereği bir Yaratıcı'nın var olması gerektiğini bilir. Ama onun sıfatlarını ve insandan bir beklentisinin olup olmadığını yahut insanı yaratmasındaki amacının ne olduğunu keşfedemeyebilir. Gerçi tabiatı ve insan fıtratını iyi gözlemleyen bir insan o konularda da birtakım yargılara varabilir ki Hz. İbrahim (as) bunun güzel bir örneğidir. O, tabiatı; yıldızları ayı ve güneşi gözlemleyerek Yaratıcı'ya ulaşmış ve derin bir iç duyuş ile Yaratıcı'yla irtibat kurmasını bilmiş, bu tavrıyla da rehbersiz kalan insanın nasıl bir iç program ile kendi Yaratıcı'sını bulacağını insanlığa göstermiştir.

Demek ki insan gözlemleyerek de bir Yaratıcı'ya ve maksatlarına ulaşabilir. Fakat Cenab-ı Hak insanın ihmalkâr ve cahil olduğunu bildiği için ona hem peygamber göndermiş, hem de o peygamber öldükten sonra, insanlar hayatlarına tatbik edip insanca ve mutlu yaşayabilsinler diye, din adı verdiğimiz doğru yaşam kalıplarını ihtiva eden prensipler bütününü getirmiş. Bir tür rehber olan peygamberler de bu ilkeleri bizzat kendi hayatında tatbik ederek neticelerini tüm insanların görmesini sağlamıştır.

Yeme içme de bu usullerin içindedir. Evet, insanda müthiş bir zevk alma ve tad kapasitesi mevcuttur. Ve yaradılışı itibarıyla hem et yemeye hem ot yemeye yatkındır. Sindirim sistemi de buna göre yaratılmıştır. Ayrıca şu dünyadaki her şey ona musahhar kılınmış, her şey ona boyun eğdirilmiş ve her nimet sonuçta onun için yaratılmıştır. Fakat verilen bunca ayrıcalık, insana yüklenen sorumluluktan kaynaklanmaktadır.

Bu ayrıcalıktan dolayıdır ki insandan beklenen, hayvan gibi yiyip içip yaşayıp gitmek değildir. Akıl bir Yaratıcı'nın varlığını kabul etmemizi gerektirir ve iz'an da ister ki onu tanıyalım.

Din Sağlıklı Yaşamı da Düzenler

Din Yaratıcı'yı nasıl tanıyacağımızı ve tanıdığımız takdirde ne yapmamız gerektiğini bize hatırlatan bir rehberdir. İnsan aklıyla Yaratıcı'yı bilir, nefs dediğimiz gücü ile onu tanır ve itaat eder, kalbiyle de sever. İşte bu ameliyenin insanda gerçekleşmesi için onun bazı şeyleri yapıp bazı şeylerden de uzak durması gerekmektedir.

Cenab-ı Hak, *"Ben insanları ve cinleri bana kulluk etsinler diye yarattım."* (Zâriyat, 56) buyuruyor. Kulluğun ne olduğu ve kulluktan ne anlamamız gerektiği, dönemlere ve zamanlara göre değişim göstermiş olsa da işin özündeki manasında *kulluk*, *"insanca"* yaşamak demektir. O bilince uygun hal ve hareketler sergilemek ve çevreye ve insanlığa yarar işler yapmaktır, denilebilir.

Merak etmeyin sizi varlık problemi ve teoloji dersleri ile boğacak değilim bu kitapta. Zaten bu eser, bir teoloji kitabı da değil. Konumuz sağlıklı yaşam ve o sağlıklı yaşamı sürdürebilmek için yeme içmede nelere dikkat etmemiz gerektiğidir. Dinin en temel meselelerinden olan sağlıklı yeme içme meselesine, bir de insanın yaradılış gayesi ve kulluk boyutundan bakalım istedim o kadar.

Yeme içme konusu bu denli mühim olmasa idi Kur'an, bir suresini *"Sofra (Maide)"*, bir suresini de *"Nimetler/Hayvanlar (En'am)"* olarak adlandırır mıydı? Ayrıca insanlık için hakiki manada şifa içeren bal adına *(Arı suresi)*, incir ve zeytin *(Tîn= İncir suresi)* adına yemin eder miydi? Zeytine ve incire (biri yağların, diğeri tatlıların sembolü) yemin eden Rabbimiz, onların insanlık için ne kadar yararlı olduğuna da dikkat çeker aslında.

Din, yeme içme konusuna sık sık vurgu yapar. Hatta haram ve helal dendiği zaman ilk akla gelen husus, gıdalarla ilgili boyuttur. Bu sebeple, din işin içine katılmadan asla sağlık konuları tam ve yerinde ele alınamaz. Esasında din nesnel hayatın ta kendisidir ama biz Rabbimizden uzak düşerek o gerçeği de unuttuk.

Hayat Çok Evreli Bir Süreçtir

Bakmayın birtakım insanların hayatı bu dünya ve öteki dünya diye ikiye ayırdıklarına... Kulluk gibi hayat da bir süreçtir ve ana rahmine düştükten ta müntehaya kadar devam eden ve birtakım merhaleleri bulunan bütüncül bir süreçtir. Din bize, bu süreçlerde nasıl davranmamız gerektiğini hatırlatan hazır bir program sunmaktadır. Dolayısıyla hayat maceramızın şu *"nefesli evre"*sinde nasıl yaşamamız gerektiğinin, yeme içme konusunda nelere dikkat edilirse cennet hayatına benzer rahatlıkta bir nefesli hayat süreceğimizin formüllerini bize öğretir.

✓ *Yeme içme konusu bu denli mühim olmasa idi Kur'an, bir suresini "Sofra (Maide)", bir suresini de "Nimetler/Hayvanlar (En'am)" olarak adlandırır mıydı?*

Birtakım aklı evveller, ilimleri *"dinî ilimler"* ve *"tatbikî ilimler"* yahut *"süflî ilimler"* ve *"ulvî ilimler"* diye birbirinden ayırt etmeden önce din nasıl ibadet etmemiz gerektiği konusu ile nasıl yememiz içmemiz gerektiği bilgisini aynı anda, birbiriyle ilişkisini göz ardı etmeden bize aktarırdı. Eski çağlarda din adamları aynı zamanda kainat bilgisini de okumuş ve Kur'an'da da sık sık dikkatlerin çekildiği bu ilimlere vakıf insanlardı. Ama sonra birileri din ile tabiatı, Kur'an ile kainatı birbirinden ayırarak, sanki din alanı başka, bilim alanı başka imiş gibi aktarmaya başladılar.

Özellikle son 200 yıldır, Batının tanrı tanımaz pozitivist düşüncesi, hayatın her alanına hâkim olduğu için insan, din yoluyla kendisine ulaştırılan bütün bilgilerden mahrum bırakıldı. Din bilgisi, "teoloji" başlığı altında kendi içinde bir tür tecride mahkum edildi; insan ve tabiatla bu bilginin ilişkisi kesildi. İnsana ve kainata ait bilgi, ancak laboratuar ortamının kesilir biçilir bir bilgisi imiş gibi bir algı meydana getirildi. Tabii ki bunda hakikat bilgisi ile ilişkilerini kesmiş, *"sünnetullah"* dediğimiz, evrende geçerli ilahî usullere, fizik bilgisine karşı ilgilerini yitirmiş din adamlarının da rolü büyük.

Onlar kendi cehaletleri sebebiyle dini, insanlığın nazarında bir tür sukuta ve hayattan tecride mahkum ettirdiler. Bir taraftan din adamlarının cehaleti, diğer yandan tanrı tanımaz bilginin, dinin ikame ettiği değerleri yok etmek için her türlü imkanı kullanması sonucu, insanlık, Rabbi ile ilişkisini kesti.

Dinin sunduğu hakikat bilgisini yabana attı ve o yoldan kendisine gelmiş olan güzellikleri kaybetti. Sonunda insan, vazifesi sadece yemek içmek ve refah içinde yaşayıp gününü gün etmekten ibaret bir hayvan derekesine düşürüldü.

"Kusur Arayan Tanrı" Algısı

Böylece insanlık, bildiği eski hakikatleri de kaybetti. Şimdi artık hasta, bunalmış, mutsuz ve yalnız. İçimizde hasta olmayan yok. Ve üstelik insanlar, Yaratıcı'yı sadece hastalık veren, imtihan eden, yanlış yapanları cezalandıran bir varlık olarak telakki ediyorlar. Modern insanın hayatındaki Yaratıcı, ya hiçbir fonksiyonu olmayan salt sevgiden ibaret bir hissiyattan yahut da sürekli kızan ve insanı imtihana tâbi tutan, "Hele bir yanlış yapsın da şu kulumun tepesine bineyim, ona gününü göstereyim!" diyen bir cezalandırıcıdan ibarettir!

Durum böyle olunca din de onun bir dayatması olarak algılanıyor elbette... Hepimizin az çok içinde yetiştiği böylesi bir Yaratıcı profilinin sunulduğu dünyada namaz bir borçtur, oruç bir görevdir, zekat, hac hepsi Allah'ın bize, bizi var etmesine karşılık dayattığı "borçları"dır. Kullar da bu "umumî borçları" ödemekle mükellef varlıklar!

İş böyle olunca, yani din, Allah'ın dayattığı, insanların da "Eh ne yapalım, mademki bizi yaratmış, yapalım bari..." dedikleri bir zemine oturtulunca gerçek anlamını yitirdi. Böylece din adeta insanlara dayatılmış ilahî bir *"sohra"* (*insanın korku veya utanma belasına kerhen yaptığı iş*) haline getirildi. Böylece insanlar da onu ihmal etmeyi, din vasıtasıyla bildirilen emir ve yasakları ihlal etmeyi bir tür özgürlük sandılar. Her fırsatta dini arkalarına attılar.

Tabi bu arada "sünnet"e yani insanın doğasına mutabık yaşama usulü, -bu kitabın konusu açısından bakıldığında- yani fıtrî yapıya uygun yeme içme kültürü de unutuldu gitti. Sonunda, Hz. Davut (as)'ın işaret ettiği gibi *yemek*, insanlar için "*bir ceza, bir tuzak, bir pranga*" oldu... Yeme içmenin maksat ve manası değiştirildi.

Tıpkı, neslin devamını sağlamak için Cenab-ı Hakk'ın kulunu teşvik babından var ettiği bir ön ücret olan şehevî lezzetin kullanımında olduğu gibi yemek de beslenmek ve yaşamı sürdürmek için başvurulan bir nimet olmaktan çıkarıldı. Seksin kendisi bir amaç haline getirildiği gibi yemek de damak zevki yaşamak için kullanılan bir araç haline dönüştürüldü. Böylece bedenimiz, sürekli çöp öğütmekle, mideye gönderilen ve çoğu tanımlanamayan yiyecekleri çürütmekle enerjisini harcar oldu.

Bu kadar tanımlanamayan ve bünyedeki mevcut enzimlerle parçalanıp hazmı yapılamayan "yiyecek"lerle şaşkına dönen vücudumuz, yakıp enerjiye ve vücudun kullanabileceği protein ve vitaminlere dönüştüremediği her şeyi köpüksü yağlara çevirip göbek kısmından başlayarak vücudun orasına burasına yığın halinde istif etmeye başlar. Ve artık o insan hastadır...

Sebebi ne?

Çok yemek!

İşte hastalıklar böyle başlıyor. Durum bu olunca da tüm hastalıkların temelinde *"tokluk"* yatıyor. Nitekim Peygamber Efendimiz (sav) de *"Her hastalığın temelinde tokluk vardır."* buyurarak uzun uzun izah ettiğimiz bu hakikati kısa ve veciz bir şekilde ifade buyurmuşlar.

Bir Türk atasözünde de "*Çok yeme ağacı diken adam, hastalık meyvesi toplar.*" denilmiş.

ÇOK YEMEK

Konuya bir soru ile başlayayım:

Bir insanın günlük yeme ihtiyacı ne kadardır dersiniz?

Cenab-ı Hak bu sorunun cevabını, vücudumuzun kendi içindeki oranlarla vermiş. Nasıl ki bir insanın boyu, iki kolunu yana açtığı uzunluktur ve sağlıklı bir insanda bulunan kan miktarı ağırlığının 1/13'ü kadardır... Aynı şekilde günlük yiyecek ölçüsünü belirleyen de insanın kendi yumruğudur.

Bir insanın günlük gıda ihtiyacı, kendi yumruğunun hacmi kadardır. Tabii ki alınan besinin, sağlıklı ve hakiki bir gıda olması şartıyla... O da yaklaşık, 250 gram ile 500 gram arasında değişir.

Kol işçisi olmayan bir insanın vücudu yeterli tüm enerjiyi 250-300 gramlık gerçek bir besinden elde edebiliyor. Gerisi fazlalıktır. Şayet bir insan kol gücünü kullanıyorsa bu miktar en fazla 500 gramdır. Üstelik bu miktar 24 saat için yetebilecek bir miktardır. Ama hiç kimsenin bununla yetindiği vaki değildir. Çünkü biz "beslenmek" değil, "lezzetlenmek" istiyoruz. Damağımızın keyfi için vücudumuza muazzam ağırlıklar yüklüyor ve motorumuzu miadı dolmadan devre dışı bırakıyoruz.

Motorlar ve insan vücudu ilişkisi, meseleyi izah açısından güzel bir temsil. Konumuzu izah etmek için sık sık başvuracağım bu temsili ilerleyen sayfalarda insan mizaçları ile ilgili bahiste daha da açacağım. Asıl o zaman vücudumuza ne kadar zulmettiğimizi anlayacak, insanın kendi fıtratına, bugünkü tanımlama ile söyleyecek olursak kan yapısına/grubuna göre yeme içmeye dikkat etmesinin ne kadar büyük ehemmiyeti olduğunu da anlayacağız.

Bir insanın günlük gıda ihtiyacı, kendi yumruğunun hacmi kadardır. Tabii ki alınan besinin, sağlıklı ve hakiki bir gıda olması şartıyla... O da yaklaşık, 250 gram ile 500 gram arasında değişir.

Yumruğumuz Yeme Ölçümüzdür

Bir insanın günlük yeme ihtiyacı yumruğu kadardır dedik. Şimdi bu yumruk kadar yiyeceğin bedende nasıl bir işlem gördüğünü ve hangi süreçlerden geçtiğini izlemeye çalışalım. Çalışalım diyorum çünkü bu çalışmayı yapmadığımız takdirde vücudumuza ne yaptığımızı, yeme usulümüzle kendimize nasıl bir zarar verdiğimizi de anlayamayız.

Efendim diyelim sabah kalktık ve kendimize şöyle mükellef bir sofra kurduk. O sofraya koyduklarımızın birbiri ile uyumlu olup olmadıklarına sonra temas edeceğiz. Şimdilik afiyetle yeme telaşındayız.

Gözümüz sofraya ilişir ilişmez, beyin masada kaç çeşit yiyecek/besin olduğunu analiz edip mideye durumu aktarır. Der ki şu, şu cinsten şeyler geliyor, hazırlığını yap.

Mide beynin bildirdiği yiyeceklere göre enzimlerini hazırlamaya başlar. İlk lokma vücutta öyle muazzam faaliyetlere sebep olur ki kişi eğer bu lokmanın değerini bilse her bir lokma için muhteşem bir seremoni düzenlerdi herhalde. Çünkü vücut en kıymetli maddelerini enzimlerin üretilmesi için harcar ki bu da tüm vücut organlarında müthiş bir faaliyete neden olur.

Ama biz şimdilik o faaliyetlere katılan en önemli organımız olan kalp üzerinden hazım meselesine bakalım. Sağlıklı bir insanın midesi ve sindirim sistemi, 250-300 gramlık yemeğin birinci hazmını; yani vücut tarafından kullanılabilir hale getirilmesini[8] -yenilen besinin ve kişinin hazım gü-

8 Hazım ağızda başlar. Ağızda besinler mekanik olarak parçalanır ve tükürükle karıştırılarak öğütülür. Ağza açılan tükürük guddelerinin ifrazatı içerisinde bulunan "amilaz" fermenti, karbonhidrat sindiriminde görevlidir. Sindirimin ağızda başlaması bu şekilde olmaktadır. Ağızda tükürükle karışarak öğütülen ve belli bir kıvama gelen besinler yutaktan yemek borusuna geçerler ve buradan da mideye ulaşırlar. Midede protein sindirimi başlar ve proteinler "pepsin" fermenti tarafından parçalanırlar.

cüne göre değişmekle birlikte- 3-4 saat içinde kolayca gerçekleştirebilir. Bu miktarda bir yiyeceği hazmetmek kalbimize ekstra bir güç de yüklemez üstelik. Kalp, vücudun sindirim için büyük bir devinim halinde olduğu ve aldıklarının yaklaşık %30-40'ını da sindirim işlemi için harcadığı esnada rahat çalışır, işini görür. Tabii kalpten muradımız da insanın motor gücüdür. Bir arabanın en randımanlı olabildiği hız ne kadarsa o hızda motor ne kadar rahat ise bu miktarda bir gıdanın hazmında da kalbimiz o kadar rahat olur.

Kişi hazmedilecek gıda miktarını iki katına çıkardığında kalp (motor) de iki kat çalışmış olmuyor. Kalp bir seferde alınmış 500 gramlık bir yiyeceği hazmetmek için, 250 gram-

---

Bu şekilde daha az sayıda amino asitten meydana gelmiş zincirler (peptonlar) oluşur. Pepsin fermentinin etkili olabilmesi için midenin asit salgısı gereklidir. Mide duvarındaki kasların hareketi, kısmen parçalanmış ve sindirilmiş besinleri homojen bir karışım haline getirir. Bu kıvamlı karışıma "kimus" adı verilir. Mide duvarındaki hücrelerin bazıları mukus denilen sümüksü maddeyi salgılar. Mukus bir tabaka halinde mide iç yüzeyini örterek mide asidi ve sindirim fermentlerinin midenin kendisini sindirmesini önler.

Midede yeterli basınç meydana gelince midenin alt ucundaki pilor bölgesi kasları gevşer ve kimusun bir kısmı ince barsağa geçer. Pilor bölgesinde kaslar bir çeşit valf, kapak vazifesi görecek şekilde toplanmışlardır. Normalde büzülmüş durumda bulunan bu kas topluluğuna "sfinkter" ismi verilir ve burası ancak mide içi basıncı belli bir seviyeye gelince açılabilir. Mide-barsak sistemi (hazım sistemi) boyunca belli yerlerde bu tip sfinkterler vardır; bunlar bir sonraki bölüme materyal geçişini kontrol ederler.

İnce barsaklar hazım işleminin en aktif, hareketli bölgesidir. Pankreastan ve ince barsak boyunca olan bezelerden gelen sindirim enzimleri ince barsağa dökülür. Barsak fermentleri bazik reaksiyonludur, böylece midenin asit ifrazatı ince barsağa geçer geçmez nötrleştirilir. Protein sindiriminin son kısmı ince barsakta yapılır ve peptonlar amino asitlere kadar parçalanırlar. Midede durmuş olan karbonhidrat sindirimi pankreas amilazının işe karışmasıyla yeniden başlar ve burada tamamlanır. Yine ince barsaklarda yağlar safra tuzları tarafından küçük parçalara ayrılır ve bir diğer pankreas fermenti lipaz ile yağ asitlerine kadar parçalanarak sindirilirler.

Sindirim işlemlerinin sonunda karbonhidratlar şekerlere, proteinler amino asitlere, yağlar da yağ asitleri ve gliserol (gliserin)e dönüşmüştür. Bu temel besin ögelerinin tamamına yakın kısmının emilme işi, ince barsağın orta parçasında olur. Şekerler ve amino asitler doğrudan kan dolaşımına katılırken yağlar önce lenf (akkan) sistemine girerler. Yağların dolaşıma katılmaları ana lenf kanalının boyun toplardamarlarına döküldüğü yerde olur. Kalın barsakta ince barsaktan gelen materyalin sıvı kısmı (suyu) emilir. Burada ayrıca çeşitli elektrolitlerin (Na, K, Cl gibi) emilimi de olur. Kalın barsak içindeki maddeler ritmik kasılmalar yardımıyla "rektum"a gelir. Burası kalın barsakların son parçası olup dışkıyı depolama görevini yapar. Belli bir miktara varan dışkı, refleksler yardımıyla dışkılama ihtiyacı hissini doğurur ve daha sonra dışarı atılır. (yenibilgiler.com'dan alıntı)

İlk lokma vücutta öyle muazzam faaliyetlere sebep olur ki kişi eğer bu lokmanın değerini bilse her bir lokma için muhteşem bir seremoni düzenlerdi herhalde. Yemeğe hangi lokma ile başladığımız tüm sindirimi etkiler.

lık yiyeceği hazmetmek için tükettiği enerji ve harcadığı gücün 4 ila 6 katını kullanmak zorunda kalır. Tıpkı kilo ve insülin salgısı arasındaki geometrik katlanma gibi kalbin çalışma temposu ve alınan gıda arasında da belli bir limit aşıldığında geometrik katlanmalar meydana gelmekte ve sindirim için harcanan motor enerjileri ile vücut bîtap düşmektedir.

Bu işlem sadece kalbi değil, besinleri hazmetmek, bir kısmını depolamak ve fazlalıkları vücudun dışına atmakla görevli tüm organlarımızı yorar.

Günde Üç Öğün Yeter Beladır!

Günde üç öğün ve her seferinde tıka basa yiyen bir insanın hali, 1025 kilogram kapasiteli bir kamyoneti, günde üç kere 3 ton yük atarak dik çakıl taşlı bir rampayı çıkmaya zorlayan adama benzer. O motor ne kadar dayanır dersiniz? Hele bir de -söz gelimi- motorinle çalışan o motora benzin koymuşsanız...

Evet her şey gibi kalbimizin atışları da sayılıdır (bir "*miktar*" yani bir "*kader*" iledir). Siz o atışları randımanlı kullanmazsanız, tıpkı kötü kullanımdan dolayı miadı dolmadan bozulan birçok alet gibi vücudunuzu da bozmuş olursunuz...

Gençlik yıllarında insanlar çok yemenin insanda nasıl bir tahribata sebebiyet verdiğini pek hissetmezler. Ama yaş 35-38'i buldu mu yavaş yavaş toksit birikim yapmış organlar da alarm vermeye, tehlike çanlarını çalmaya başlar. Hazımsızlık, tansiyon, baş dönmesi, kolesterol, trigiliserit, migren vs. gibi tamamen yanlış beslenmenin yan etkileri olan arazlar görülmeye başlar...

Vücut Depoları Dolunca...

Artık vücudun tüm depoları özellikle de kimyasal atık depomuz olan karaciğer atıklarla ve fazlalıklarla dolmuştur. Yeni atıkları depolayacak yer kalmadığı için karaciğer kandaki tüm zararlı atıkları olduğu gibi vücudumuza salar. Böylece atıklar kanla birlikte dolaşmaya başlar. Kan ağırlaşır. Dolaşım yavaşladığı için kan, atıkları deveran ettiremez. Atıklar damarlarda ufak ufak birikmeye ve zamanla damarları tıkamaya başlar.

Bu sefer başka bir sıkıntı baş gösterir: Daralan ve tıkanan damarlardaki kan, vücuda alınan yeni besinleri taşımada zorlanır. Organlardaki hücreler cidden acıkmaya başlar. Çünkü kan yeterli hızda değildir ve yeteri kadar besin taşıyamamaktadır.

Hücrelerin *"açız"* çığlıklarını beyin her seferinde işitir ve iştahlanmamızı; yeniden yeme ihtiyacı duymamızı sağlayacak enzimler salgılatır. Hücreler *"besin"* almazsa faaliyetleri ve hayatiyetleri tehlikeye girecektir. Böylece yeniden yemek yeme ihtiyacı duyar ve daha birinci hazım tamamlamadan ikinci öğünü yeriz.

Bu durum kanın daha da ağırlaşmasına yol açar. Kan ağırlaştıkça damarlar daha da daralır ve hücrelere daha da az gıda gideceği için açlık çağrıları gitgide artar. Bu kısır döngü sonunda insan, habire yiyen ama sürekli açlık hissi duyan bir obur haline gelir.

İş bununla kalsa iyi! Ardından vücudumuzdan daha mühim imdat çığlıkları gelmeye başlar. Kan aşırı derecede ağırlaştığından tansiyon yükselir. Çünkü ağır metaller ve asitler içerdiği için kan, normalden daha fazla ısınmaya başlamış, hacmi genişlemiş ve damarlarına sığmaz olmuştur!

Azaba Dönüşen Yemek

Tansiyon damarları zorladıkça vücuttaki her damar kanın hacminin genişlemesiyle oluşan bu yüksek iç basınca mukavemet edemez. Derken kılcal damarlarda çatlamalar meydana gelmeye başlar. Bu sıkıntı özellikle baş bölgesinde oluşursa alın size beyin kanaması ve Allah korusun felç!

Böylece gerçekten de yemek artık o insan için Hz. Davut (as)'ın söylediği gibi bir ceza haline gelmiştir. Tansiyonu çıkmıştır, kolesterolü artmıştır, vücudun bu temposuna yetişemeyen pankreas, şeker probleminin kapıda olduğunun işaretlerini verip durmaktadır. Öte yandan konsantrasyon zayıflamıştır, öğrenme yeteneği azalmıştır, dikkat dağınıklığı başlamıştır ve daha nice sıkıntı baş göstermiştir.

Biz zannediyoruz ki çok yemenin tek sonucu, şişmanlıktır. Şişmanlık bir sağlık sorunundan çok bir estetik unsur gibi sunulduğundan, yemenin beden açısından vahametini insanlara tam anlatmaya yetmiyor. Şişmanlık evet sıkıntılıdır ama çok yemenin daha ağır sonuçları vardır. Bünyede kalıcı ve ömür boyu kendisi ile mücadele etmek zorunda kalacağımız veya "Ne yapalım kader böyle imiş!" deyip bir de Cenab-ı Hakk'ı mesul tutacağımız hastalıklar şişmanlıktan da beterdir.

Oysa doğru bir beslenme disiplini ile kişi bunların hiçbirini yaşamadan, kaliteli bir hayat sürebilir. Yeterki iradesine hakim olsun!

Kilo da Zayıflık da Sıkıntı

Bazı insanlar ihtiyaçtan fazla yediğinde kilo alırlar. Daha doğrusu ya bedenleri yediklerini yağ olarak depolar veya bünyeye yediklerini hazmetme fırsatı tanımadıkları için fazlalıklar bağırsaklarda birikip tortulaşmaya başlar. Esasında bugün gördüğünüz şişman göbekli insanların yarı kilosu, bağırsaklarında birikmiş, katılaşmış ve artık vücudun normal boşaltım sistemi tarafından sökülüp atılamayacak kadar çoğalmış kalıntılardır! Çoğumuzun şişmanlık zannettiği barsaklarda birikmiş dışkıdır!

Bazı insanlar ise hiç kilo almazlar, çok yedikleri halde kilo almamakla övünürler. İnsanlar da onları sağlıklı zannederler. "Çok yiyorum ama bana bir şey olmuyor!" der dururlar. Ama aslında durum onların zannettiği gibi değil. İşte bu tür insanlar, kilo alanlara göre cidden daha hastadırlar ama farkında değiller.

> ✓ *Şişmanlık bir sağlık sorunundan çok bir estetik unsur gibi sunulduğundan, yemenin beden açısından vahametini insanlara tam anlatmaya yetmiyor. Şişmanlık evet sıkıntılıdır ama çok yemenin daha ağır sonuçları vardır.*

Bu duruma şöyle bir açıklık getirelim: Yediklerinden dolayı şişmanlamış bir insanın, vücudunun direnme kabiliyeti yüksek olduğu için tüm fazlalıkları yağa dönüştürüp depolayabiliyor ve bir parça kişiyi hastalıktan koruyabiliyor demektir. Atıklarını yağa dönüştüremeyen bünyelerde ise her şey olduğu gibi kanda deveran edip durmaktadır. Bir yandan da vücut bir şekilde bunları dışarı atmak için yol arar durur. Sebepsiz ateşlenmeler, öksürme, terleme, sık sık nezle olma, kusma, ishal, sivilce, çıban gibi yollarla içinde dolaşan atıkları dışarı atmaya çalışan kan, bu faaliyetlere mahal teşkil eden organlarda ciddi tahribatlar yapar.

Ne yapılsa atılamayan unsurlar ise eklemlerde, kaslarda ve organlarda depolanarak buralarda ağrıya, enfeksiyonlara, kistlere, tümörlere, genetik değişmelere ve dokusal mutasyonlara neden olur. Tabii bu insanlar aynı zamanda zayıf asabi tiplerdirler.

Şimdi gelin "*Yiyiniz, içiniz fakat israf etmeyiniz, çünkü Allah israf edeni sevmez.*" (Mü'min, 31) ayetine bir de bu pencereden bakın. Biz o ayete hep günah-sevap zaviyesinden bakmaya alıştığımız ve *"Allah'ın sevmemesi"*ni de sadece O'nun sevmemesi olarak algıladığımız için ayetin geri planda bize ne anlatmak istediğini tam kavrayamıyoruz. Şimdi bu ayette geçen "Allah'ın sevmesi" ifadesini "*asla hastalanmamak üzere tanzim edilmiş bir bedeninin hasta edilmesini istemez*" diye anla. Ozaman göreceksin ki, "Allah sevmez", demek aynı zamanda "Vücudun tabiatına uymaz, ona zarar verir!" demektir güzel kardeşim!

Ve şimdi şu hadisi dikkatle okuyun:

"Sizin Allah'a en sevimli olanınız, yemesi en az ve bedenen en hafif olanınızdır."

SIK YEMEK

Mucizevî bir yapı olan ve ancak uzun süren kötü çabalarla işleyişi bozulan bedenimizi sağlığından eden bir diğer konu da sık yemektir.

Çağımızın diyabet uzmanları, -insanı hayvan kategorisinde ele aldıkları için- hastalarına az ama sık sık yemeyi önerirler. Bu bilginin, *"az"* kısmı doğru ama *"sık sık yemek"* vurgusu beden açısından bir başka sıkıntıdır.

Bedenin, hazım mekanizmasının başlatılmasında, yenilen gıdanın az veya çok olması önemli değildir. Ağıza atılan bir fındık bile sindirim sistemini harekete geçirmeye yeter.

Tabii ki az yemek, rahat ve sıkıntısız bir sindirim sağlayacağı için bedeni daha az yorar fakat hazmın iyi olmasının bir diğer parametresi de yenilen gıdanın bünye ile uyumlu olup olmadığıdır. Birlikte alınan gıdaların, sindirilirken benzer veya farklı enzimler gerektirip gerektirmediği de önemlidir.

Bazı durumlarda, bir bardak suyun hazmı bile problem olabilir. Mesela diyelim bir bardak su içtiniz. Normal şartlarda su, mideye indikten ve vücut ısısına ulaştıktan hemen sonra bağırsaklara geçer. Ama siz tutup da henüz bu su vücut ısısına ulaşmadan ağzınıza bir iki fındık atıverseniz bakın neler olur: Mide, sindirim süresi olarak kendine gönderilenler arasında, en uzun hazım süresi gerekeni baz aldığı için normalde en geç 3-5 dakikada barsaklara göndereceği o suya da fındık muamelesi yapar! Yani sadece iki fındık yeseniz bile her şey suyla beraber fındığın hazım süresi kadar midede çalkalanıp durur. Düşünebiliyor musunuz, bir bardak su, iki fındık yüzünden bir saate yakın hazım işlemine tâbi tutuluyor. Bunu günde kaç kez yaptığınızı ve sisteminizi bu sebeple ne kadar yormuş olabileceğinizi bir hesap edin ve o fındığı ağzınıza ona göre atın derim ben.

✓ Çağımızın diyabet uzmanları, hastalarına az ama sık sık yemeyi önerirler. Bu bilginin, "az" kısmı doğru ama "sık sık yemek" vurgusu beden açısından bir başka sıkıntıdır.

İki Öğün Arası Süre Ne Kadar Olmalı?

Sık sık yemek, en az, çok yemek kadar beladır. Hatta daha da beterdir. Çünkü çok yeseniz ama sık yemeseniz, mesela iki öğün arasına -arada bir şeyler yememek şartıyla- beş saat bir ara koysanız vücut yine de onu hazmeder ve o gıdayı bir şekilde vücuda yararlı hale getirir. Ama siz sürekli yediğiniz takdirde, beden asla gerçek hazmı sağlayamaz, gerçek hazmı sağlayamadığı için de hücrelerin o besinden alacağı gıda, yerine varamaz.

İbn-i Sina'ya sormuşlar *"Hastalık nedir?"* diye. O da *"Bir önceki yediğini sindirmeden ikinci bir yemeği yemektir."* cevabını vermiş.

Tabii biz sindirmeyi, midemizdeki gıdaların öğütülüp bağırsaklara geçmesi olarak anlıyoruz. Hâlbuki asıl hazım ve sindirim ondan sonra başlıyor. Gerçek sindirim, yenilen gıdaların, ayrıştırılıp hücreler tarafından kullanılabilecek hale getirilmesidir ki o da asla 5-6 saatten önce gerçekleşmez.

Sık Yemek, Pişmiş Aşa Su Katmaya Benzer

Konuyu, ev hanımlarının iyi bildikleri bir yemek pişirme misali ışığında izah etmek isterim:

Diyelim ki etli sebzeli bir türlü yapıyorsunuz. Malzemeyi hazırlayıp tencereyi ateşe koydunuz. Ardından 10-15 dakika sonra hatırladınız ki yemeğe soğan koymayı unutmuşsunuz veya bir şeyler daha ilave etmek istediniz. Açtınız tencerenin ağzını bir soğan doğrayıp tekrar kapattınız. Sonra daha 5-10 dakika geçmeden, "Ya bunun biraz suya da ihtiyacı var!" dediniz ve bir bardak da soğuk su ilave ettiniz. Aradan fazla zaman geçmemişti ki başka bir şey daha eklemek istediniz ve hakeza. Yani o tencereyi ateşe koyduktan sonra en az üç beş kere açıp açıp başka başka malzemeler ilave ettiniz. Sorarım size: O yemek, yemek olur mu? Pişse bile ne kadar zaman alır ve ne hale gelir?

Veya kuru fasulye koydunuz ocağa. Aradan yarım saat geçti, açtınız kapağını bir avuç da nohut ilave ettiniz. Aradan bir müddet geçti bu kez de suyu azalmıştır diye su ilave ettiniz. O yemek pişer mi? Pişmez. Pişse bile başka başka malzemelerle tadsız bir hal alır. Yemesi sıkıntılı olur, tadlar açığa çıkamamış olur.

Hazım olayı da aynen bu duruma benzer. Çünkü her şeyin bir usulü ve programı var. Saatini kurup ateşe koyduğunuz ve artık ıslıklarla yemeği kaynatmaya başladığını gösteren düdüklü tencerenize, açıp başka ilaveler yapmanızın doğru olmaması gibi, bir program dahilinde çalışan midenin hazım sistemi de ara müdahaleleri kaldırmaz ve sağlıklı bulmaz.

Sindirim Sisteminin Programı Nasıl İşler?

Kabul etseniz de etmeseniz de sindirim sisteminin de tıpkı çamaşır makinenizdeki veya fırınınızdaki gibi dakik bir programı vardır ve bu kurallara göre çalışır.

Buna göre mesela 250 gramlık bir yiyecek, midede en az 2-3 saat kalır ve ancak o kadar süre sonra bağırsakların emilim yapabileceği bir kıvama erişir ki bu, daha birinci hazım safhasıdır. Bu süre bazen ye-

✓Gerçek sindirim yenilen gıdaların, ayrıştırılıp hücreler tarafından kullanılabilecek hale getirilmesidir ki o da asla 5-6 saatten önce gerçekleşmez. Yediklerimizin midede kalış süresi ise 1-2 saat arasında değişir.

nilen yiyeceklerin cinsine ve yapısına göre 6 saat hatta 8 saat sürebilir.

O işlemin ardından ikinci hazım süreci başlar. Yani vücuda yararlı mineral ve gıdaların bağırsaklardan emilip kana alınması ve oradan da karaciğere gidip şekere, yağa ve benzeri unsurlara dönüştürülmesi süreci... Ondan sonra da o gıdaların yine kan yoluyla taşınıp hücrelerde vücut için gerekli enerji ve onarım işlemi için kullanılması gelir.

Birinci hazım devam ederken yenen ufacık bir lokma dahi midenin hazım sürecini bozar. O yediğiniz lokma, önceki yemekle karıştığında hazmolunamayacağından mayalanmaya ve çürümeye bırakılır. Önceki yemeği de bozup çürüterek midede ekşimeye, yanmaya, gaz ve şişkinlik yapmaya neden olur.

Esasında insan dikkat edebilse, neyin midesini bozduğunu, yanma yahut ekşimenin nereden kaynaklandığını bilir. Ama insanlar yeme içme konusuna kafa yormadıkları için bunu düşünmezler. Oysa arabalarına koydukları yakıtın iyi mi kötü mü olduğu, motora uygun olup olmadığını hemen herkes bilir. O yüzden de arabasının huyunu öğrenmiş olan bir sürücü, her servisin yakıtını kullanmaz. Belli bir markası vardır, onu arar. Halbuki o da benzindir o da benzin ama bilen bilir ki durum hiç de göründüğü gibi değildir.

Daha sonraki sayfalarda size mizaçlara göre gıdaların bir tasnifini vereceğim. Neden gıda seçiminin en az arabanızın yakıt seçimi kadar önemli olduğunu fark edeceksiniz.

Üstelik çoğumuz bir sonraki öğünü, daha birinci hazmı tamamlamadan yeriz. İnsanın bir sonraki öğünü yeme zamanı, gerçek anlamda, yediğimiz gıdaların hücrelerde kullanılması süreci olan üçüncü hazımdan sonra olmalıdır. Fakat insanlar o kadar sabırlı olmadıkları için hâzık hekimler *"Bari birinci hazmın tamamlanmasını bekleyin..."* demişler ki o da en az evet en az (gıdanın cinsine göre değişmekle beraber) 2-3 saattir.

Cennet Halkı İki Öğün Yer

Son zamanlarda sözü edilen ve Türkiye'de de yaygınlaşmaya başlayan Metabolik Balans gibi yöntemler, *"birinci hazım tamamlanmadan asla bir şey yenilmemesi"* esasına dayanmaktadır.

Böyle olunca insan için günde en fazla iki kere yemek yeme şansı kalıyor. Veya kahvaltıyı çok erken yapmak kaydıyla en fazla üç... Eski İslam tababet kitaplarında *"Mümin, günde bir öğün, insan günde iki öğün, hayvan günde üç öğün yer."* diye bir hüküm sık sık vurgulanır.

Kur'an'ın tarif ettiği cennet ehli de günde iki kere yemek yerler: *"Orada boş sözler değil, sadece 'selam'* (esenlik/barış/huzur/hoşnutluk) *sözü işitirler. Ve sabah akşam rızıklarını hazır bulurlar."* (Meryem, 62)

Tabii biz cennet yurdunu yalnızca ölüm ötesinde bir mekân olarak tasavvur ettiğimiz için böyle bir yeme usulü ile buradaki hayatımızı da cennete dönüştürebileceğimizi aklımıza getirmeyiz. Oysa Kur'an, cennet hayatını değil, dünya hayatını tanzim etmek için bize gönderilmiştir. Cennet hayatını da biz ondan ibret alıp burada dahi ona benzer; rahat ve huzurlu bir hayat sürebilelim diye sık sık hatırlatır.

✓ *İnsanın bir sonraki öğünü yeme zamanı, gerçek anlamda, yediğimiz gıdaların hücrelerde kullanılması süreci olan üçüncü hazımdan sonra olmalıdır. Oysa çoğumuz daha birinci hazmı bitirmeden yeniden yemek yiyoruz.*

Bize bildirildiğine göre cennette hastalık yoktur, sıkıntı yoktur, yediklerimizin fazlalık yapıp vücudumuzdan kazurat olarak atılması yoktur. Orası bu yüzden cennettir zaten. Eğer biz, Kur'an'da tasvir edilen cennet ehlinin hallerini burada kendimize tatbik etsek, ebedî yaşama kabiliyetini elde edemeyiz ama mevcut ömrümüzü cennet hayatında olduğu gibi rahat, hastalıksız ve asude bir şekilde geçirebiliriz.

Ölüm "Takdir" Sağlık "Mukadderat"tır

Allah sağlığın kaderi ile ecelin kaderini (programını) birbirinden ayrı tutmuş. İnsanın sağlığı ile ecelinin birbirinden farklı olduğunun göstergeleri var: Mesela çok sağlıklı bir insan aniden ölebilirken sağlık problemleri olan biri, -belki de ölümü istediği halde- uzun süre o dertle birlikte hayatını sürdürebiliyor.

Çünkü *ölüm* bir *"takdir"*, *sağlık* bir *"mukadderat"*tır. Takdir'i değiştirmek, çekirdeğin içindeki genetik dizilime müdahale etmek kadar zordur. Ama mukadderata müdahale, iradenin kullanım sınırları içindedir. Yani sağlıklı olmak bir yığın şartlara bağlıdır ve insanın iradesini kullanmasını icap ettirir. Ama ömür öyle değil. Bir insanın yeryüzünde ne kadar kalacağına Cenab-ı Hak karar verir.

Yeryüzünde kalmanın dahi hikmetleri; yani uyulması gereken birtakım prensipleri vardır ki ömrü uzatır. Mesela sadaka onlardan biridir. Müstakim ve mutlu yaşamak onlardan biridir... Nitekim Allah, ölüm vaktini *"ecel"* kelimesi ile tanımlar. Ecel, *"tehir edilebilir, ertelenebilir"* anlamına gelir. Bu, çoğu insanın aslında bu bedeninin fıtrî miadını doldurmadan gittiği anlamına gelir. Nitekim bir ayette *"Allah alır o canları öldükleri zaman; ölmeyenleri de uyuduklarında. Sonra haklarında ölüm kararı verdiklerini alıkoyar, diğerlerini belirlenmiş bir süreye kadar* (miadının dolması zamanına kadar) *salıverir. Şüphesiz ki bunda düşünecek bir kavim için* (yani doğru yaşadığı takdirde ömrünü uzatabileceğini anlayan insanlar için) *deliller vardır."* (Zümer, 42) buyurur.

Mamafih Kur'an'ın telkinlerinden anladığımız kadarıyla en az üç çeşit ecel tanımı vardır. Bu tanımlama bize sağlıklı ve *"sünnetullah"*a uygun yaşamanın ömrü dahi uzatabileceğini gösteriyor. İşte bakın bundan 60-70 sene önce Türkiye'de ortalama ömür, 53 yıl civarında idi. Cenab-ı Allah *"Yoksa kötülük işleyenler* (icterahu's-seyyiati= vücutlarına cerahat dolduranlar), *kendilerini, inanıp salih amel işleyenler gibi* (sağlıklı yaşayanlar gibi) *kılacağımızı; hayatlarının ve ölümlerinin bir olacağını mı sanıyorlar? Ne kötü hüküm veriyorlar.* (Yanılıyorlar.) *Allah, gökleri ve yeri,* (sebep sonuç ilişkileri içinde) *hak ve hikmete uygun olarak, herkese kazandığının karşılığı verilecek şekilde yaratmıştır. Kimseye zulmedilmemiştir, edilmez."* (Casiye 21-22) buyurur.

İnsan Ölümsüz Değil

Şimdilerde ülkemiz insanının ortalama ömrü 65-70 yıl civarında. Bu süre Japonya'da 100'lere dayandı. Fakat bu demek değildir ki insan uygun yaşasa ölmeyecek. Her varlığın, bir de fıtrî son kullanım süresi vardır. Bizim burada bahsettiğimiz tedbirler, kendisine bir son kullanım vakti tayin edilmiş şu bedenin, bu süre içinde düzgün, işlevini yitirmeden, sağlıklı ve huzurlu biçimde kullanımını öngörür. Yoksa ölümsüzlüğü değil. Çünkü ölümü de aramızda takdir eden Allah'tır ve hiçbir varlık bu hükümden yakasını kurtaramaz. (Vakıa, 60)

Nuh tufanından bahsettiğimiz satırlarda, Cenab-ı Hakk'ın tufandan sonra insanların ömrünü sekiz yüzlü - dokuz yüzlü rakamlardan en fazla 120'li rakamlara çektiğini hatırlatmıştık. (Tevrat, *Tekvin* Bahsi)

Bir ağaç gibi, bir hayvan gibi, insanın da bir miadı vardır. Ama insanların yüzde 95'i miadını doldurmadan geçer giderler. Çünkü insanların ekserisi ya beslenmeyi bilmez, ya bedenini doğru kullanmayı... Böylece bu rahmanî ve mucizevî düzenekler bütünü olan bedeni, miadı dolmadan harap eder.

Demek ki insan pekala cennet hayatının usullerini burada da tatbik ederek ömrünün son demine kadar sağlıklı ve mutlu yaşayabilme imkânına sahiptir.

Yediklerimizle Beslenen Varlıklar

Bugün maalesef insanlar, -özellikle de kadınlar ve çocuklar- günün nerede ise tamamını sürekli bir şeyler çiğneyerek geçiriyorlar. Yürürken, otururken, konuşurken, sohbet ederken, film izlerken... her yerde ve her daim bir şeyler tıkıştırıp bedenlerini bir çöp öğütme kutusuna dönüştürüyorlar. Bu vücut, içine girenler konusunda sadece bir çöp öğütme kutusu olsaydı yine dert değildi. Ama yazık ki öyle değil.

O yediklerimiz dert, hastalık, huy oluyor ve sonunda da kadere dönüşüyor. Yediklerimizin, içtiklerimizin bünyemizde açığa çıkardıkları kokular ve bu kokuların bize musallat ettiği yaratıklar ise işin cabası...

Hatırlayın Peygamber Efendimiz (sav) *"Bana Cebrail gelmeseydi, sarımsak yerdim..."* buyurarak yediğimiz gıdaların, bizimle birlikte bulunan ve bizim sevk ve idaremize hizmet eden görünmeyen varlıkların üzerinde ne gibi etkiler yarattığını açıkça ifade etmektedir. Yani alelade bir sarımsağın Cebrail (as)'ı rahatsız ettiğini insan aklına bile getiremiyor. Öyle değil mi?

Şimdi dönün kendi yediklerinize bir bakın. Sonra düşünün sizinle birlikte yaşamak zorunda kalan melekler sizden neler çekiyor... İnsanların hiç de üzerinde durmadıkları ama başımıza gelen kaza ve belaların hak edişinde ciddi etkisi bulunan kokular meselesine "Kokular" bahsinde daha geniş temas edeceğim.

Âdem Olmak, Az Yemekledir

Şunu hepimiz biliyoruz, bütün temiz kalplilerin, *"ehlullah"* denilen ermişlerin ve velilerin o mertebelere varmalarının altında müthiş bir *riyazet disiplini* yatmaktadır. Çünkü şu insan denilen ve bir tür hayvan olan mahlukun *"Âdem"* denilen *"Yaratıcı'ya muhatap varlık"* mertebesine çıkması, imandan sonra ancak sıkı bir riyazetle mümkündür. Yani az yemekle. Demek ki az yemek, sadece sıhhat için değil, beşerî gözeneklerimizin açılması için de gereklidir. Çünkü *"tabiatı hayvan olan"* insanın nasiyeleri ve ilahî feyzi almak üzere var edilmiş gözenekleri, ancak açlıkla açılır ve temizlenir.

Tasavvuf, nefsin hallerinin Allah'ın rızasına uygun olarak düzenlenmesidir ki onun da ilk ve son basamağı riyazet ve az yemektir.

Evet *"Allah'ın rızası"* diye, daha çok ahiret hayatına bakan bir hakikat

> ✓ *Tasavvuf, nefsin hallerinin Allah'ın rızasına uygun olarak düzenlenmesidir ki onun da ilk ve son basamağı riyazet ve az yemektir. Riyazet, ciddi bir yeme içme disiplinidir.*

vardır. O *"rıza"*nın dünyaya bakan yüzü; yani *"Allah'ın rızası"* ifadesinin dünyadaki pratik hayatımıza bakan yüzü, ilahî usul ve esaslara -yani doğada geçerli usullere- uygun hareket etmekten doğan ve hayatı doğru tanzim etmemize hizmet eden iç huzur ve sevinçtir. Sünnetullah dediğimiz evrensel kurallara uyumluluktan doğan iç huzur ve sağlıklı yaşama sevinciyle taçlanmış bir yaşam, Allah'ın rızasına mazhariyetin dünyevî boyutudur. Yani Allah'ın rızasına ermiş insan, dünyada da keyifle yaşamayı bilen insandır bir anlamıyla.

Bir Sık Yeme Rahatsızlığı: Diyabet

İnsan vücudu en kıymetli maddelerini, iç salgı bezlerinin doğru çalışması için harcar. Vücudun günlük enerji üretiminin yüzde 30-40'ı hazım işlemlerini gerçekleştirmek için kullanılır. Bütün fonksiyonlarıyla beynimizin bu enerji üretimden kullandığı miktar ise sadece yüzde 20'dir. Yani düşünün ki hazım ve o hazım için gerekli enzimlerin üretilmesine harcanan enerji, beynimizin, tüm fonksiyonları için harcadığı -ki bunun içerisinde sindirim sistemini yönlendirme de var- kullandığı enerjinin iki katıdır.

Biz sürekli bir şeyler yiyerek, vücudumuzun başka alanlar için harcaması gereken enerjisini de hazım ve sindirim hizmetine yönlendirmiş oluruz. Bu durum, iç salgı bezlerimizin de dur durak bilmeden yeni enzim ve salgılar salgılamasına neden olur.

Sağlıklı olabilmek için, her şeyden önce kusursuz işleyen ve birbiriyle uyum içinde çalışan iç salgı sistemine sahip olmamız gerekiyor. Vücudun iç fonksiyonlarını düzenleyen iç sistemdeki bir arıza *"kelebek etkisi"* meydana getirir. Bilindiği gibi, bedenimizin ruhsal ve fiziksel fonksiyonlarının kontrol altında tutulması, sistemler ve organlar arası dengenin korunması, hücre faaliyetlerinin sevk ve idare edilmesi, dokuların beslenmesi, gerektiğinde yenilenmesi, vücuttaki yoğun faaliyet neticesinde oluşan hücre içi ve dışı atıkların vücuttan atılması ve bütün bu işlemlerin düzenli bir şekilde sürdürülmesi, enzimler ve hormonlar sayesindedir...

Ve bu enzim ve salgıları üreten bezlerimiz veya organlarımız, aşırı derecede alıngan ve hassastırlar. Mesela pankreas, insülin salınımını dengelemek için insan bir veya iki kere ilaç kullanacak olsa, derhal doğal ifrazatı bırakıp işleyişini haplara havale edebiliyor. Bir kere suni yoldan insülin almaya başlayan bir insan, ondan sonra dışarıdan insülin almaya mecbur kalır. Pankreasın insülin üretimini tekrar devreye sokması artık çok büyük bir çaba gerektirir.

Ve ilginçtir vücuttaki bir tek salgı bezinin işleyişinde meydana gelen aksaklık veya bozulma, diğer bütün bezlerin ve vücuttaki tüm işlemlerin dengesini etkilemekte veya bozmaktadır. Böbreküstü bezinin arıza yapmasından, prostat bezinin veya hipofiz bezinin etkilenmemesi imkansızdır. O yüzden de salt tek bir salgı bezinin düzeltilmesi ile uğraşmak -insülin salınımı için sadece pankreasın düzeltilmeye çalışılması gibi- boşunadır.

Zaten bir bütün olan vücut sisteminde böyle tekli bir tedavinin başarıya ulaştığı da vaki değildir. İşte şu kadar ilerlediği söylenen tıbbın, pankreasın bozulmasının bir neticesi olan şeker hastalığına bulabildiği yegâne çare, vücuda dışarıdan insülin enjekte etmektir, o kadar...

Biz sürekli bir şeyler yiyerek, vücudumuzun başka alanlar için harcaması gereken enerjisini sindirim hizmetine yönlendirmiş oluruz. Böylece iç salgı bezlerimiz dur durak bilmeden yeni enzimler salgılar.

Bugünün dünyasında diyabet ve onun sebep olduğu hastalıklardan ölüm, nerede ise toplam ölümlerin yarısına yakındır. 40 yaş altında kalp krizi sonucu hayatını kaybedenlerin yüzde 51'inin aynı zamanda şekerinin çok yüksek olduğu belirlenmiştir.

Şeker, vücudumuz için hayatî bir maddedir. Ne var ki karaciğerin ürettiği ve kan vasıtasıyla hücrelere ulaştırılan bu maddenin, hücre tarafından kabul edilmesi, sisteme dahil edilmesi zordur. Kandaki şekerin hücre tarafından emilip kullanılabilmesi için pankreasın ürettiği insülin hormonunun esaslı bir yardımına ihtiyaç vardır. Basitçe formüle edecek olursak insülin hormonunun en önemli işlevi; hücreyi, kan yolu ile gelen şekeri almaya ikna etmesidir. Kandaki şeker ile birleşip hücreye sinyal veren insülin, hücrenin kapılarını açmasını sağlar. *Bu süreç, karbonhidratların üçüncü hazım aşamasıdır.* Kapılarını açıp şekeri içeri alan hücre, onu enerji santrallerinde işleterek bünye için gerekli enerji ve hareketi meydana getirir. Böylece karbonhidratların dördüncü hazmı da tamamlanmış olur ve yediklerimiz bizim için enerji ve hayat olur...

Demek ki şeker hastalığı, karbonhidratların üçüncü aşamasındaki hazım probleminden ibarettir.

KARIŞIK YEMEK

Bedenin hastalanmasına yol açan alışkanlıklarımızdan biri de karışık yemektir. Sofrada çeşit sayısını fazla tutmak, günümüzün yaygın alışkanlıklarından biri olsa da bu, eski hekimlerce pek tavsiye edilen bir yeme usulü olmamıştır. *Tıbbu'n-Nebevî* diye anılan eski tababet kitaplarında, Peygamberimiz (sav)'in süt ile birlikte et, balık, yumurta ve ekşi yemediği haber verilir.

Esasında -ileride mizaçlar bahsinde detaylandıracağımız üzere- insanlar gibi hayvan ve gıdaların da farklı mizaçları vardır. Kimi gıdalar tekil olarak yendiklerinde insana ciddi fayda sağlarken bir başka gıda ile alındığında faydadan çok zarar verebilir.

Mesela süt ve süt ürünleri yalın olarak insan için çok faydalıdır. Keza yoğurt muhteşem bir gıdadır. Aynı şekilde et de insanoğlunun olmazsa olmaz gıdalarından biridir ve protein deposudur. Bunların her birini ayrı öğünler olarak yediğimizde büyük fayda verirken hepsini birlikte tükettiğimizde, değil fayda vermek başlı başına bir musibet kaynağına dönüşebiliyor ve birlikteliklerinden vücut için ciddi endikasyonlar doğabiliyor.

Keza *et ile ekmek* de öyledir. İbni Sina, et ürünleri ile süt ürünleri arasına en az sekiz saatlik bir zaman aralığı konulması gerektiğini vurgular. Bugün pek bilinmese ve uygulanmasa da aynı sakınca et ile ekmeğin birlikte yenmesinde de söz konusudur. Ancak, illa da et ekmekle yenilecekse, ekmeğin et suyuna batırılıp öyle yenmesi tavsiye edilmiştir. Ama işte insanoğlu, -ki bu ikisinin birlikte yenmesi özellikle bizim lezzet kültürümüzün temel taşlarından biridir- hep lezzeti sağlığına tercih edegelmiştir.

İbni Sina, et ürünleri ile süt ürünleri arasına en az sekiz saatlik bir zaman aralığı konulması gerektiğini vurgular. Bugün pek bilinmese ve uygulanmasa da aynı sakınca et ile ekmeğin birlikte yenmesinde de söz konusudur.

Endikasyon durumu, ilaçlarda da gözlemlenebilen bir etkidir. Mesela birbiri ile kullanılabilirliği test edilmiş iki ilaç vardır ki bazı bünyelerde umulmadık bir tepkimeye yol açar. Sık duyarsınız, filan ilacı alanlar greyfurt suyu içmesin diye…

Evet çünkü greyfurt sentetik/doğal olmayan ilaçların tesirini yok eden çözücü bir kimyaya sahiptir. Sentetik ilacın kendisi, vücut için bir tehdit olarak algılandığından, bir tür çözücü olan greyfurt, onun etkisini gidermek üzere harekete geçer. Bu da alınan ilacın etkisini notralize eden bir durum olduğundan sentetik ilaçların greyfurt ile alınmaması özellikle vurgulanır.

Köfte Kaşarlanırsa...

Yine süt ile balığın birlikte yenmemesi lazım geldiğini hepimiz biliriz. Balığa dair böyle yaygın bir kanaat sözkonusu iken kimse *et ile yoğurdun veya ayranın birlikte yenmesi*nin de sakıncalı olduğunu bilmez. Oysa bizden önceki şeriat olan Tevrat, et ile süt ürünlerini birlikte yemeyi haram kılmıştır. Mc Donald's bütün çabalarına rağmen İsrail'e hâlâ Cheezburger'i sokabilmiş değildir. Çünkü Cheezburger, peynir ile etin birlikte sunulduğu karışık bir hamburger türüdür. O yüzden de İsrail hükümetleri, bu Mc Donald's ürününü yasaklamış durumda.

Keza bizim meşhur *kaşarlı köftemiz* de insan sağlığına faydadan ziyade zarar vermektedir. Şimdilik örnek kabilinde verdiğimiz bu hususları, ileride yemekler bahsinde daha da detaylandıracağım.

Önceki bölümlerde değindiğim üzere, ilahî metinlerdeki emir ve yasaklar, özü itibariyle insanın doğası ile ilgilidir. Tevrat ve Kur'an gibi vahye dayalı kaynakların ihtiva ettikleri emir ve yasaklar, aynı zamanda evrensel kanunlar ile mutabıktırlar.

Mesela İsrailoğullarına başlangıçta her şey helaldi. Hz. Yakub (as)'ın riyazet için kendisine koyduğu şahsî yasaklar dışında her şeyi yiyebiliyorlardı. Kur'an da bize başlangıçta *"Beni İsrail'e tüm gıdaları helal kılmıştık."* (Ali İmran, 93) der. Bu açıklamalar gösteriyor ki, Hz. İbrahim'in soyundan gelenlerin; daha geniş bir yeme-içme listesine sahip **(B)** kan grubundan olma ihtimalleri yüksekti. Çünkü bu gruptakilerin yeme içme kodeksi çok geniştir. Fakat yine gelen ayetlerden anlıyoruz ki zaman içerisinde İsrail kavmi bu homojen kan yapısını (mizacını), farklı ırklarla karışarak heterojen bir hale getirmiş (büyük ihtimalle (A) grubu yoğunluk kazanmış). Konuyla ilgili bir sonraki ayet *"Sadece iç yağı ile kemik yağından başka her şeyi onlara haram kıldık."* (En'am, 146) diyerek, o kavmin -muhtemelen- diğer ırklarla karışmaları neticesindeki durumunun hükmünü açıklıyor. Çünkü "iç yağ ve kemik yağı"ndan başka et yenmemesi, kan grubu **A** olanlara uygun bir haldir. Yoksa Cenab-ı Hak durup dururken "Biz şunu helal ettik, bunu haram kıldık." diyerek keyfî muamelede bulunmaz. Bu değişikliğin olması için bir durum değişikliğinin de meydana gelmesi "sünnetullah"a uygundur.

Emredilen şeyde mutlak manada insana yarar, yasaklananda ise mutlak manada zarar vardır. Yoksa biz insanların, dinin herhangi bir emir veya yasağına uymamızda veya o yasağı ihlalimizde Cenab-ı Hakk'ın ilahlığına veya rububiyetine -haşa- bir kâr veya yarar sağlanıyor değildir...

Esasında insan basit mantıkla düşündüğünde de karışık yemenin kendisine ne gibi bir zarar verebileceğini rahatlıkla fark edebilir.

✓ *İlahî metinlerdeki emir ve yasaklar, özü itibariyle insanın doğası ile ilgilidir. Tevrat ve Kur'an gibi vahye dayalı kaynakların ihtiva ettikleri emir ve yasaklar, aynı zamanda evrensel kanunlar ile mutabıktırlar.*

Gıda Gibi Enzimler de Çeşitlidir

Önceki sayfalarda sindirim sisteminin de kendine göre bir yapısı ve programı olduğunu ifade etmiştik. Nitekim midemizin her bir gıdayı hazmetmek için ürettiği enzimler birbirinden farklıdır. Farklı enzimler gerektiren yiyecekler birlikte yenildiklerinde, midemiz ilk yenileni esas alan bir hazım programı başlatır ve onu hazmetmedikçe diğerine geçmez. Ama beklemeye alınan diğer gıda(lar) da bu süreçten etkilenerek mayalanmaya başlar. Bekletilen ve beklerken mayalanan gıda, ötekinin hazmedilme sürecini de bozarak gıdaların daha midede çürümesine ve asitlenmesine neden olur.

Diyelim ki karbonhidratlar ile proteinler (örneğin ekmekle et) birlikte yenildi. Bu durumda midenin hazım programı fesada uğrar. Çünkü proteinlerin midedeki hazım süreçleri 1.5 ila 2 saat arasında bir zaman gerektirir. Karbonhidratlar ise duruma göre 45 dakika ila 1 saat arasında midedeki hazım sürelerini tamamlayıp bağırsaklara geçerler. Ama ikisini birlikte yediğinizde mide, proteini (bu örnekte eti) esas alır ve en uzun hazım programını devreye sokar. Eti hazmetmek için harcadığı sürede karbonhidrat mayalanır ve şekere dönüşür. Bu durum tekrar edip durursa, zaman içerisinde pankreasın sistematiği bozulur.

Mide Çamaşır Makinesine Benzer

Yine özellikle hanımların iyi anlayabileceği bir misal verelim. Diyelim ki çamaşır yıkayacaksınız. Tülleriniz var, beyazlarınız var, bir de ağır kirlileriniz var. Ve siz ağır kirlileri, beyazları ve tülleri aynı programda yıkamak üzere birlikte makineye atıyorsunuz. Sonra da istiyorsunuz ki makineniz tülü tüle göre yıkasın, beyazların rengini bozmasın, ağır kirlileri de tertemiz etsin!

Hepimiz biliriz ki bu üç çamaşır türü, üç farklı program gerektirir. Mesela tüller, 30 derece sıcaklıkta, hassas programda yıkanır ve çoğu kere en düşük devirde sıkılır. Hatta bazen sıkılmaz bile. Eğer siz tülleri de ağır kirlilere uygulanan ön yıkamalı ve 1400 devirli sıkma programına bırakırsanız, o tülleri bir daha asamazsınız, çünkü topaç olurlar!

Bu arada beyazlarınız artık bir daha ilk beyazlığında olamayacak kadar kirlenir. Çünkü ağır kirlilerin saldığı kirler, onların rengini bozar!

Aynı bunun gibi, pek çoğumuz, midedeki hazım süreci 45 dakika ile 1 saat arasında değişen karbonhidratlar ile en az 1 saat 45 dakika gerektiren proteinleri aynı anda alıyoruz. Üzerine de yarım saat veya 45 dakika içinde hazmolunan meyve yendiğinde midenin hazım sistemi allak bullak olur. Midedeki bu duruma çoğumuz ekşime der geçeriz. Bu durumun teknik tanımı aslında şudur: Yediklerimizin hiçbirisi henüz hazmolunmamıştır, bu yüzden de midede tepkime ve asitlenme yapmıştır. Bu durum sık sık yaşanırsa, tıpkı mideniz fesada uğrayıp asitlendiği gibi kan da fesada uğrayıp asitlenecektir!

Çürütmek Hazım Değildir

Midemiz yediğimiz her bir şeyi önünde sonunda çürütüp mideden barsaklara gönderir. Tabii bu durumda yediklerimizin ciddi bir besin değeri de kalmaz. Güya besin değeri yüksek bir yemek yediğimizi zannederken aslında sadece kan renginde, besleyiciliği sıfıra yakın, zararı ise oldukça büyük bir maddeyi (asidi) damarlara zerketmiş oluruz.

Pek çoğumuz, midedeki hazım süreci 45 dakika ile 1 saat arasında değişen karbonhidratlar ile en az 1 saat 45 dakika gerektiren proteinleri aynı anda alıyoruz. Üzerine de yarım saat veya 45 dakika içinde hazmolunan meyve yendiğinde midenin hazım sistemi allak bullak olur.

İşte size her biri başlı başına besin kaynağı olan fakat birlikte yenildikleri takdirde mide fesadına sebep olacak yiyecek grupları:

Karbonhidratlar ile proteinler,

Süt ürünleri ile balık,

Süt ürünleri ile et,

Birkaç inekten veya mizaçları farklı hayvanlardan sağılan *karışık süt,*

Karışık et, (mesela aynı cinsten iki farklı hayvanın etinin karıştırılması, koyun eti ile inek etinin veya yağının karıştırması, kırmızı etle birlikte tavuk veya balık etinin yenilmesi veya aklınıza gelebilecek herhangi bir farklı et kombinasyonu... Midenizi bozduğunu fark etmeseniz bile bu karışımlar farklı enzimler gerektirdiği için midede çürümeye yol açar. Bu da kanın aside dönüşmesine sebep olur.)

Karışık yağlar, (koyun ile tavuk yahut inek yağı)

Katı yağ ile sıvı yağ gibi bileşkeler birbirine zıttır ve farklı enzimler gerektirdikleri için midede fesada uğrarlar. Bu da çürüme demektir. Unutmayalım ki hayvanların da farklı kan grupları vardır.

Farklı enzimler gerektiren yiyecekler birbiriyle yenildiği zaman, beyin hangi enzimi salgılatması gerektiğine ya karar veremez ya da hepsini birlikte salgılayarak o enzimlerin kimi durumda birbirini yok etmesine neden olur. -Tıp literatüründe bu tür mide fasadına *"çapraz gıda zehirlenmesi"* deniliyor.- Yukarıda verdiğimiz çamaşır makinesi örneğini hatırlayın.

Bir arkadaşınızın numarasını cep telefonunuza iki isimle kaydettiğinizi düşünün. Diyelim ki aynı numarayı telefonunuza hem M. Ali Bulut diye kaydetmişsiniz, hem de Mehmet Ali diye... Mehmet Ali Bulut sizi aradığında telefonunuz, hangi ismi getirmesi gerektiğini bilemediği için onu *"tanınmayan bir numara"* olarak ekranda gösterir. Oysa siz onun kayıtlı olduğunu bilirsiniz ve neden ismin görülmediğine şaşırırsınız.

Benzer bir sistem beynimizde de vardır. Mesela aynı öğünde hem dana eti yiyorsunuz, hem koyun eti... Beyin bunların hangisine öncelik vereceğini bazen kestiremeyebilir veya ikisi için birden enzim salgılar. Bunlar da farklı asitler ve içerikler oldukları için dana etini üretmek için salgılanan enzim, koyun etini; koyun eti için üretilen enzim dana etini çürütebilir.

Böylece iki gıda da bünyeniz açısından işlevsiz hale gelebilir Sonuçta mide onları sadece çalkalama ve sıkıştırıp bırakma usulüyle hazmetmeye çalışır. Bu da yiyeceklerin, doğal hazım sürelerinden daha uzun midede kalmalarına yol açar. Hazım tamamlanmadığı ve yiyecekler çürütülerek barsaklara geçecek hale getirildiği için, çürüme ve asitlenme barsaklarda da devam eder. Bu zehirli ve asitli atıklar, barsaklardaki emilim tüycüklerini yaktığı ve sinirleri tahrip ettiği için bağırsakların hareketini yavaşlatır.

> ✓ *Farklı enzimler gerektiren yiyecekler birbiriyle yenildiğinde, beyin hangi enzimi salgılatması gerektiğine ya karar veremez ya da hepsini birlikte salgılayarak o enzimlerin kimi durumda birbirini yok etmesine neden olur.*

Hazımsızlık: Kabızlığın İlk Sinyali

Köprü veya benzeri bir turnikeli geçişte, turnikelerin açılıp kapanma sürelerinde görülecek en ufak yavaşlama, nasıl ki geriye doğru trafiğin şişmesine ve uzun kuyrukların oluşmasına neden oluyorsa; aynı şekilde çürümüş, mayalanmış ve aside dönüştürülerek barsaklara salınmış yiyecekler de emilim tüycüklerinde tahribat yaptıkları için yavaşlamaya yol açar. Bu yavaşlama, kalıntıların barsaklardaki bekleme süresini uzatır. Böylece barsaklar kalınlaşır, kalıntıların büyük bir kısmı barsak büklümlerinde tortulaşmaya başlar ve sonunda öyle bir hal alır ki normal barsak hareketleri onları hareket ettiremez. Emilim süreci yavaşlayan barsaklarda geniş cepler oluşur ve bu ceplerde biriken ve barsak taşlarına dönüşen atıklar yıllarca hiç atılmadan orada kalabilirler.

Beslenmedeki hata devam ettikçe barsaklardaki yavaşlama da ziyadeleşir. Ve sonunda *kabızlık* dediğimiz kronik rahatsızlık meydana gelir. Kabızlık bir kere oluşmaya başladı mı artık barsaklar için tembellik doğal bir hal olarak tezahür eder. Barsakların duvarı, tıpkı kanalizasyon borularında olduğu gibi zehirli ve yağlı atıklarla kaplanır. Artık vücutta dolaşan kan, aynı zamanda bünye için bir beladır!

Bir müddet sonra bakarsınız ki işkembeniz kendini salıvermiş...

Ve yazık ki çoğumuz, kabızlık sonucu barsaklarımızda birikmeye başlamış bu kalıntıları göbek veya şişmanlık zannediyoruz. Oysa birçok kişideki bu hal, birikmiş ve artık katı stoklar halinde tutulan kazurattan başka bir şey değildir.

Böyle bir hale gelmiş vücut perişandır. Her gün vücuttaki toksin seviyesi biraz daha artar. Vücut direncini kaybeder, sık sık halsizleşir. Barsaklarda sürekli gaz oluşur. Uyku ve tembellik artar. Barsakların florası bozulduğu ve emilim layıkıyla yapılamadığı için, barsaklar vücuda yararlı gıdalarla birlikte zehirleri ve asitleri ayıklayamaz ve kana karıştırırlar.

Her Derdin Başlangıcı Kandaki Asit

Barsaklardan emilip karaciğere giden bu zehirli ve asitli kan, orada temizlenmeye, ayıklanmaya çalışılır. 35-40'lı yaşlara kadar, karaciğer yanlış beslenmenin neticesinde kana karışan atıkları ve zararlıları kendi depolarında biriktirir ve kanı temizler. Sonra depolar dolar ve karaciğerin, bu atıkları stoklayacak imkanı kalmaz, artık onları olduğu gibi bırakmaya, bunun neticesinde de o zehirler ve asitler vücuda yayılmaya başlar.

Asitli kan, damarlarda deveran eder. Kan damarları, kılcal damarlar, hücreler zehirlenmeye; orada burada biriken yağlarla tıkanmaya başlar. Barsaklardan sonra kan damarlarının içi de yağlanmaya ve tıkanmaya başlar. Artık tansiyon, kolesterol, kanda lipid değerlerin artması kaçınılmazdır. Bu durumun devam ettirilmesi halinde daha ileri safhada migren baş gösterir.

Diğer yandan bu asitli kan vücutta dolaşırken, göz retinasındaki hassas sinir uçlarını yakarak katarakta, böbreklerdeki süzme panellerini yakarak kireçlenmeye ve ardından böbrek taşlarının oluşmasına, safra kesesinde balçık ve taş oluşumuna sebebiyet verir. Bununla da kalmaz, vücudun salgı bezleri üzerinde de ciddi tahribatlar yapar.

Herhangi bir salgı bezi sistemi arızalandığında diğer tüm salgı bezlerini yavaş yavaş etkileyip bozar. Mesela safra kesesi yeterli salgı yapamaz, pankreas tanımlanamayan şekerler yüzünden insülin ifrazatında tereddüde düşer. Ya insülin üretmeyerek şeker hastalığına ya da çok üreterek hipoglisemiye neden olur.

Biyolojik arıtma sistemi bozulmuş bir kimya fabrikası düşünün ki fabrika atıklarını olduğu gibi bir dereye veya ırmağa boşaltıyor. O kimyasal atıklar zamanla o nehirdeki veya ırmaktaki tüm florayı imha edip ekolojik dengeyi altüst eder: O sulardan beslenen tarlalardaki tüm sebzeleri, meyveleri zehirler. Böylece sadece çevre değil, bu çevre içinde yaşayan tüm varlıklarda bu bozulmadan hissesini alır. Tıpkı bunun gibi barsaklardaki emilim sistemi bozulmuş ve/veya karaciğerde atıkları stoklama imkânı kalmamış bir vücutta dolaşan kan da vücudun bütüncül dengesini, sağlıklı döngüsünü alt üst edecektir.

Evet, maalesef midede çürütülüp barsaklara salıverilen yemek artıkları sadece dışkı olup dışarı atılmıyor. Barsakları da zehirliyor, onların da vazifelerini yapmasını önlüyor ve zamanla doğrudan kana karışıyor. Bu zehirler, kan vasıtasıyla bütün organlara ve hücrelere yayılarak tüm vücutta çeşit çeşit zehirlenmelere neden olduğu için hastalıklar zuhur etmeye başlıyor. Kanser, tümör, urlar böyle bir kanın eseridir; iltihaplar, damar tıkanıklıkları, kolesterol, safra kesesi taşları, böbrek taşları, pankreas tembelliği.... vs hepsi kanla gelen atıkların doğal neticesidir.

Tıkanan damarlar zamanla elastikiyetlerini de kaybederler. Zehirli atıklar damarlarda, eklemlerde ve organlarda birikmeye başlar. Damarlarda zar zor ilerleyen yoğun, koyu ve ağır kan, organları beslemekte yetersiz kalır. Bir öğünde size iki gün yetecek miktarda yemek yediğiniz halde, vücudun sindirim sistemi bozuk olduğu için kanda vücudun ihtiyacını karşılayacak oranda besleyici madde, demir, magnezyum vs. bulunmaz. Hücreler, açız diye feryat ederler. Bu çağrıyı duyan beyin, sizde yalancı bir iştah var ederek yeniden yemek yemenizi sağlar ve siz yine oturup bir yığın birbirine zıt yemeği beraber yiyerek aslında sadece bu kısır döngüyü beslersiniz!

Peki yiyeceklerimizi hangi sıra ile alacağız? Bu, sıralama bizde neleri etkiliyor? İşte şimdi de size onu anlatmaya çalışacağım!

YEME İÇMEDE SIRAYA RİAYET ETMEMEK

Yediklerimizden dolayı hastalanmamıza neden olan sebeplerden biri de yeme içmede neyin hangi sıra ile yenilmesi gerektiği bilgisine riayet etmemektir.

Nedir sıraya dikkat etmemek? Yemekte sıra ne demektir? Şimdiye dek kaçımız yemek yerken buna dikkat ettik?

Buraya kadar sık sık gıdaların hazım sürelerinden bahsettik. İşte yeme içmede sıraya riayet, bu hazım sürecini esas alarak bir beslenme programı takip etmek demektir.

Hazım açısından midede *en uzun* süre işlem gören gıdalar, *proteinler*dir. Proteinlerin hem hazmedilme zamanı uzundur hem de enzimleri farklıdır. Üstelik bir proteini hazmeden enzim, bir başka proteinin hazmı için zararlı olabilmektedir.

Mesela kırmızı eti hazmettiren enzimlerle beyaz eti hazmettirenler farklıdır. Araba örneğimiz üzerinden konuyu izah edecek olursak bu, esa-

> ✓ *Kırmızı eti hazmettiren enzimle beyaz eti hazmettiren enzimler birbirinden farklıdır. Her ikisini birlikte yemek, dizel çalışan motorun yakıtına benzin katmaya ve zamanla motoru bozmaya benzer.*

sında ikisi de benzinle çalışan iki motorun birisinin süper benzin, ötekinin kurşunsuz benzin gerektirmesine benzer. Kurşunsuz benzin kullanan motora süper benzin koysanız sisteme zarar verir. "Canım, ne olacak ki... İkisi de benzin!" diyemezsiniz. Belki motorunuz onunla da bir süre idare eder ama çok kısa bir süre içerisinde bu yakıt, mevcut motoru çalışmaz hale getirir. Dolayısıyla arabanız için "Kurşunsuz benzin bulamadım, bari normal benzin doldurayım bu seferlik..." demezsiniz. Arabanıza uygun yakıtı alırsınız, gerektiğinde deponuzda yedeklersiniz. Nasıl ki motorların yakıtı değişebiliyorsa insanların sindirim sistemleri de farklı yiyeceklere ihtiyaç duyar. Nasıl ki benzinin ve mazotun kullanılacakları motorlara göre değişiklik arz eden kıvamları ve tipleri varsa gıdalar da öyledir.

Eski tabipler insanları mizaçları itibarıyla dörde ayırmışlar ve insanların mizaçlarına uygun yiyecekler yemelerini önermişlerdir. İbni Sina, mizaçlar meselesinin üzerinde oldukça ayrıntılı biçimde duran hekimlerdendir. Belki kendi zamanlarında mizaçlar bahsini bir tedavi yöntemi olarak gördüklerinden belki bugün henüz bilemediğimiz başka sebeplerle bu konuya büyük ehemmiyet vermişlerdir. Esasında İbni Sina, insanların hazım sistemlerinin farklı olduğunu o çağda oldukça detaylı biçimde yazmış. Bugün bu konu, artık kan grupları ile izah edilen bir mesele olarak diyetisyenlerin de yoğun biçimde kullandığı bir yöntem.

Et ile Ekmek Arası Sekiz Saat

İbni Sina, besinlerin sıralı ve aralıklı alınması hususunu çok önemser. O, sabah ekmek yiyen kişinin ancak akşam yemeğinde et yemesinin uygun olabileceğini söyler.

Oysa biz, eti asla ekmeksiz yiyemeyen bir toplumuz. Bu yüzden de özellikle Sıfır (0) ve (B) kan grupları için en şifalı gıda olan et, ekmekle yendiği için hastalıkların kaynağı haline gelir.

Doktorlar, belli hastalıklar için hemen herkese benzer perhizi veriyorlar: Et yemeyin, kolestrolünüz var; et yemeyin, tansiyonunuz var; kırmızı eti yemeyin, kalbiniz var derler. Oysa mizaçlar açısından Sıfır ve B grupları için et, şifanın ta kendisidir.

Deseler ki eti asla ekmekle yemeyin anlayacağım. Fakat bizim sofra kültürümüz ikisini birlikte yeme üzerine inşa edildiği için etten zarar gören A grupları için de, etin kendisine fayda olduğu B ve sıfır grupları için de et problem haline geliyor.

MİZACA UYGUN GIDALAR ALMAK

Kan gruplarına bir de mizaçlar açısından bakıldığında mizaçlar ve kan grupları arasında bir paralellik olduğu görülecektir. Bilindiği gibi dört temel kan grubu vardır. Bunlar A, B, AB ve 0 kan gruplarıdır. Bunların negatif ve pozitifleri de dahil edilirse insanlar kan grupları itibariyle en az 8 gruptalar. Yani kaba tabirle sekiz çeşit motor var ve her birinin de kendine göre yakıtı vardır, olmalıdır. Nitekim burada vereceğimiz yöntemleri siz de kendinizde uyguladığınızda vücudunuza uygun yakıt vermenin olumlu etkisini kısa sürede müşahede edeceksiniz.

✔ *İbni Sina, besinlerin sıralı ve aralıklı alınması hususunu çok önemser. O, sabah ekmek yiyen kişinin ancak akşam yemeğinde et yemesinin uygun olabileceğini söyler.*

Tabii ki tüm insanları böyle temel 4 ana kategoriye indirgemek yanlıştır. Tıpkı her bir aracın kendi hassasiyetleri olması ve bunu araç sahibinin bilmesi ve biraz da ona göre araç kullanması gibi aynı kan grubundan insanlar arasında da farklılıklar olacaktır. Fakat temelde genel bir sınıflama vardır. Kişi, bu sınıflamalar içinde kendi bireysel hassasiyetlerini zamanla kendisi tartabilir ya da ayrıntılı tahlillerle enzimlerinin yapısını öğrenebilir.

Her Gıda Her Bünyeye Uymaz

Her gıda herkesin bünyesinde aynı sonuçları vermez. Nitekim son dönemlerde yapılan çalışmalarda, kan grupları farklı insanlarda farklı enzimler salgılandığı, bazılarında bazı enzimlerin bulunmadığı tesbit edilmiştir. Bugün bütün dünyada gıdaların kan gruplarına göre tasnifi hızla devam ediyor. Tıp bundan da öteye giderek her bünyenin tolere edebildiği ve edemediği gıdaları, belli kan tahlilleri ile saptıyor, ona göre kişiye özel beslenme programları çıkarıyor. Bugün artık beslenme uzmanlarının *"gıda intoleransı"* adını verdiği bir durum söz konusu ve bu, tam da ilk sayfalardan beri izah etmeye çalıştığımız hususu tıp diliyle anlatıyor: Bazı gıdalar, bazı bünyeler için, *"sindirilemez besin"* kategorisinde ise beslenme uzmanı, bunu yasaklayabiliyor. Her bir insanın kesinlikle diğerlerinden farklı olan bir enzim ve sindirim sistemi mevcut ve bu sebeple diyetisyen, her kişiye özel bir beslenme programı çıkarmalı.

Hikmet açısından düşünüldüğünde de bu durumu teyit eden açıklamalar getirebilir ve bu yöntemin yerinde bir tespit olduğunu söyleyebiliriz. Çünkü Allah "tek"tir ve sanatı da tektir. Hatta herhangi bir ağacın herhangi iki yaprağının bile mota mot benzer olmadığı artık ispat edilmiş ve kabul görmüş bir hakikattir.

Kainat sisteminin de bir tür işletim sistemi vardır ve bunun ana komutları olarak kabul edilen *"altı esması"* bulunmaktadır. Bu komutların en başında gelen, *"el-Ferdu"* ism-i celilidir. Yani evren ve içindeki her bir şey mutlak manada tektir, benzerlikten uzaktır. Çünkü Allah tektir ve tüm yarattıkları da tektir.

Dolayısıyla biz insanların tür olarak birbirimize benziyor olmamız, tam ve hiç farksız eşit olduğumuz anlamına gelmez. Her birimiz aynı "Usta"nın elinden çıktığımız halde, O'nun Ferdiyetini gösterir biçimde her birimiz yine kendi içimizde benzersizizdir. Benzemememiz, ilahî sanata daha uygundur. Her insanın parmak izi de tektir. Bu sebepledir ki baş parmağın izi, tüm dünyada kişinin kimlik bilgisi olarak kullanılmaktadır.

Madem ki gerçek budur, denilebilir ki her insanın sindirim sistemi, enzimleri, iç salgıları da kendine özgüdür. Kişiye özel beslenme programlarının çıkış noktası da budur: Her biri farklı ve tek olan kişinin, kan yapısı detaylıca analiz ediliyor, ardından hangi gıdaya nasıl bir tepki vereceği belirleniyor ve ona göre şahsa özel yeme-içme menüsü hazırlanıyor.

Siz o menüye uyduğunuz takdirde ayrıca bir şey yapmanıza gerek kalmadan hem vücudunuz hastalıklarından hem de fazlalıklarınızdan kurtarıyorsunuz. Böylece eksiklerinizi de ikmal ediyorsunuz.

✔ *Kan grubuna uygun bir beslenme usulüne uyduğunuz takdirde ayrıca bir şey yapmanıza gerek kalmadan, hem vücudunuz hastalıklarından kurtuluyor, hem de fazlalıklarınızdan kurtuluyor.*

YETERİNCE ÇİĞNEMEMEK

Yediklerimiz yüzünden hastalanmamıza neden olan sebeplerden biri de yeterli çiğnememektir.

Esasında, yemeği çiğnemenin, hazım olayından daha büyük gayeleri vardır. Nimetten şükre ve oradan saygıya giden his, çiğneme ile ortaya çıkar. Nitekim Budha, yüz lokma yerine on lokma yemeyi -ama yüz lokma yemeye ayrılacak zaman kadar çiğnemek şartıyla- tercih etmiştir. Çünkü çiğneme, nimetin tabiatındaki tüm enerjinin açığa çıkarılması işlevidir. Zira birçok gıdanın hazmı ağızda başlar. Karbonhidratlar, organik asitler ve tuzların hazmı, bol enzim içeren tükürükle başlar.

Çiğneme aynı zamanda bir tür analiz işlemidir. Ağızda dil ve dişler yardımıyla yemek evirilip çevrilirken ve enzimlerle ayrıştırılırken bir yandan da beynin istediği raporlar hazırlanır. Beyin çiğneme sırasında açığa çıkan verileri esas alarak yemekle ilgili kimyasal bir analiz yapar ve mideye, gelecek olan lokma ile ilgili yeni talimatlar verir.

Nitekim bazen bir şeyi görüntüsüne bakıp ağzımıza atarız. Ağızda yapılan kısa bir analiz sonucu, sindirim sistemimiz tarafından istenmeyen bir şey olduğu tespit edilir edilmez beyin ani bir refleksle onu tükürüp atmamızı sağlar.

Bir lokma ne kadar iyi ve uzun çiğnenirse, beyin o yemeğin analizini o kadar iyi yapar. Yemekle ilgili elde ettiği detaylı analiz, sindirim sisteminin de en iyi şekilde hazırlanmasını sağlar.

Bir Lokma En Az 16 Kez Çiğnenmeli

En az 16 defa çiğnenmemiş bir lokma hemen hemen hiç çiğnenmemiş gibidir. Budha her lokmanın 45-60 kez çiğnenmesini tavsiye eder. Hadi o işin felsefesindedir diyelim, ama lazımdır ki her lokma çiğnenerek kimus haline gelsin. Yenilen lokmanın ağızda kimus (boza kıvamı) haline gelmesi, aldığımız besinin mahiyetine göre en az 16 ve 45 arası çiğneme ile mümkün olabiliyor.

Çiğneme, sadece hazma hazırlık veya hazmı kolaylaştırmak da değildir. Aynı zamanda vücudun sağlığına katkı yapmaktır. Akupunkturcuların iyi bildiği gibi her diş kökünde en az iki akupunktur noktası vardır. Çiğneme sırasında dişlere yapılan baskı diş tarafından olduğu gibi o noktalara yansıtılır. Bu noktaların her biri vücudun bir organını doğrudan uyarır. Nitekim insanda acı yükseldiği zaman insan dişlerini şiddetle sıkar. Böylece o akupunktur noktalarına çok yüksek oranlı bir baskı uygulayarak vücudun dayanma gücünü arttırır.

Ayrıca ağzımızın içinde, bedenin enerji kaynaklarıyla doğrudan bağlantılı acil kanallar mevcuttur. Acil durumlarda dil altı hapının kullanılması mantığı da bu düzeneğin varlığı sayesindedir. Aynı şekilde, çiğneme esnasında besinlerden ayrılan enerji, bu akupunktur noktaları sayesinde vücudun genel enerji dolaşımına karışır. İnsanın ağzına attığı bir yiyecekten ferahlık duyması, daha hazım olayına girmeden insana ferahlık vermesi,

> ✓ *En az 16 defa çiğnenmemiş bir lokma hemen hemen hiç çiğnenmemiş gibidir. Yenilen lokmanın ağızda kimus (boza kıvamı) haline gelmesi, aldığımız besinin mahiyetine göre en az 16 ve 45 arası çiğneme ile mümkün olabiliyor.*

ağızda açığa çıkan enerjinin akupunktur noktaları sayesinde hemen vücudun genel enerji akımına katılması sebebiyledir.

Midemizin Dişleri Yoktur!

Yemeği, küçük lokmalar ve küçük yudumlarla almak ve yeterince çiğnemek çok önemlidir. Alınan yiyecekler yeterince çiğnenmedi mi sindirim süreci daha baştan sekteye uğradı demektir. Midemizin dişlerinin olmadığını unutmayalım. Çiğnenmeden alınan gıdanın yükü, mideye düşecek, o da bu eksiği telafi edemediği takdirde karaciğere ağır yük binecek. Onun, kan içinde tanımlayamadığı maddeleri stokladığı depoda yer kalmamışsa olduğu gibi vücuda salacak ve böylece vücuttu hastalık çanları çalmaya başlayacak!

Çiğnemenin yeterli yapılmasının bir diğer pratik faydası da az yemektir. Lokmaları yeterince çiğneyen insan, ağızdan vücuda akan enerji sayesinde yemeğin sağlayacağı enerjiden çok erken yararlananır. Çiğneme, besinlerdeki tüm enerjinin açığa çıkmasını sağladığı için, asıl problem olan çok yeme hissinden de insanı kurtarır. Doyma hissi midemizin dolması ile ilgili değil, besinlerin ağızda tutulma süresi ile ilgilidir ve sanıldığının aksine mideden değil, beyinden gelen bir sinyal doyma hissini verir. Bu doyma hissinin verilmesinde, besinin ağızda kalacağı süre çok mühimdir. Bir besin ağızda ne kadar uzun tutuluyorsa beyin de doyma hissine o kadar hızlı ulaşıyor ve kişi böylece daha az yiyor.

Hızlı yiyen ve yeterince çiğnemeyen insan çok yemeğe mecbur olur. Çünkü vücut, besinlerdeki enerjiyi bu akupunktur noktaları vasıtasıyla almayı başaramaz, sadece kimyasal bağlantıları çözme işlemi sonucunda açığa çıkan enerjiden yararlanabilir. O da besinin üçte ikisinin boşa gitmesi demektir.

Mide, iyice parçalanmamış kütle ve parça halinde gelen yiyecekleri hazmedemez, çürütür. Mide öğütme yeri değildir. Midenin dişleri yoktur. Öğütme dişlerin işidir ve onu da bol enzim içeren tükürük sayesinde yapar. Mide onu alır ve enzimlerle, salgılarla, barsakta emilecek kıvama getirir. O yüzden mide, kütle halinde gelen şeyleri hazmedemez ve çürütür.

Bu açıdan *sıcak ekmek* mutlaka çok çok iyi çiğnenmelidir. Çok iyi çiğnenmezse hamur kütlesi halinde mideye iner. Bu, özellikle Sıfır (0) grupları için tam bir beladır. Hele bir de içine ne katıldığı belli olmayan beyaz undan yapılmışsa... Bela dememin sebebi, o kütlenin olduğu gibi çürüyüp aside dönüşeceğindendir. Çünkü midenin hazmedemediği için çürüttüğü gıda kadar bedene zarar veren ve hastalık yapan başka bir faktör yoktur.

Vücuttaki Yalancı Savaş

A grupları için de iyi çiğnenmemiş et parçaları beladır. Zaten kırmızı eti eritecek enzimleri olmayan A grupları bir de eti iyice çiğneyip ağızda ilk hazmı sağlamadan yiyorlarsa, al sana kolesterol, al sana trigliserit, gut, tansiyon, migren... Çünkü midede sindirilemediği için çürüyen besinler o haliyle barsaklara salınır. Orada da çürüme devam eder. Bu çürümeden dolayı emme kabiliyeti zarar gören tüycükler, gıdalarla birlikte zararlı parçacıkları da salıverirler. Kanda lökosit oranı artar. Kanda lökosit oranı artınca, vücut da yabancı düş-

✓ Mide, iyice parçalanmamış kütle ve parça halinde gelen yiyecekleri hazmedemez, çürütür. Mide öğütme yeri değildir. Öğütme dişlerin işidir ve onu da bol enzim içeren tükürük sayesinde yapar.

manlara karşı kendini savunmak için harekete geçer. Vücutta sürekli bir yalancı savaş yaşanır ve sonunda sindirim sisteminin savunma mekanizmaları çöker.

Özellikle atıştırma alışkanlığı olan ve abur cubur yiyenlerde mide fesadı sık görülür. Mide fesadıyla hastaneye kaldırılan kişinin kanında lökosit oranının yükseldiği gözlemlenir. Kanda lökosit gören bir doktor, ilk olarak enfeksiyondan şüphelenir. Oysa sebep daha basittir: barsaklardaki emilim süzgeçlerinin bozulmuş olması...

İyi çiğnenmemiş ve bu şekilde mideye gönderilmiş bir besinin burada çürütülüp barsaklara salıverilmesinin ne tür sonuçlar doğurduğunu insan bilse, inanın her lokmayı 30-40 kere çiğnemeden yutmazdı.

Meyve ve sebzelerin hazmı nispeten kolaydır. Gerçi onları da iyi çiğnemekte yarar var. Bugün *"Raw Food"* denilen bir beslenme yöntemi var ki tamamen, çiğ besin tüketimini (temelde sebze ve meyve yemeyi) esas alır. Çünkü çiğ yemeklerde güneş enerjisi olduğu gibi durmaktadır. Pişirilen sebze ve meyve, içindeki yararlı öz ve enerjinin yüzde 65'ini salıveriyor. Pişirme süresi arttıkça bu oran daha da artar. Hatta bazı durumlarda çok pişirilmiş bir sebzeyi yememek, yemekten daha iyidir. Çünkü içinde ancak enzimlerle parçalanacak kimyasallardan başka bir şey kalmamıştır.

Barsaklarımızdaki İşçiler

Midedeki sindirim süreci daha kısa olsa da sebze ve meyveler de dahil genel anlamda alınan besinleri iyi çiğnemek gerekir. Ayrıca sebze ve meyvelerdeki lifler, barsak florasının güçlendirilmesi açısından çok faydalıdır.

Barsak florası demişken, -anlatış tarzım size biraz fantastik gelebilir belki ama - şunu da ifade etmeliyim: İnsanın barsaklarında sindirim hizmetlerine yardımcı olmak için 200 çeşit işçi çalışıyor. İşte oradaki popülasyon çeşitliliğine tıp dilinde *"vücut veya barsak florası"* deniliyor. Bu *"biyotik yaratık"*lar, güya orada yaşar ve hayatlarını sürdürürler ama aynı zamanda yenilen içilen besinlerin vücut tarafından kullanılabilir hale getirilmesine ciddi katkı sağlarlar.

Midenin çürüterek barsaklara gönderdiği yiyecekler maalesef o yaratıklara da büyük zararlar vermektedir. Yukarıdan beri dile getirdiğimiz yanlış beslenme ve bunun sonucu olan yanlış sindirimle, barsaklarımızda da her seferinde büyük bir katliam yaşanmaktadır. Bu katliamın en büyüğü ise antibiyotiklerle gerçekleştirilir.

Kitabımızın baş tarafında savunma sistemlerinden söz ederken barsaktaki bakterilerden de söz etmiştik. İşte çocukluğumuzdan itibaren barsaklarımızda oluşan ve sürekli orada yaşamaya başlayan bakteriler, zamanla bizim barsak floramızı meydana getirirler. Bu floranın mahiyeti de kişiden kişiye değişir. Nitekim o yüzdendir ki aynı kan grubundan oldukları halde, bir gıda birine fayda verir, ötekine tam vermez.

Evet hepimizin barsaklarında en az 200 çeşit bakteri yaşamaktadır ki ben bunlara *"sigortasız hizmetkarlarımız"* diyorum. İşte çürütülerek barsaklara gönderilen yiyeceklerden, bu mikro dünyanın mensupları da nasiplerini alıyor ve kitle halinde ölüyorlar.

> ✓ *Barsak florasını en hızlı ve etkili düzelten besinlerin başında hurma ve sarımsak gelmektedir. Bunun için sarımsağı ezmeden yutmak, hurmayı yıkamadan yemek gerekir.*

Onlar öldüğünde ve tüyler de asitten yandığında artık beden için hazımsızlık bir problem haline geliyor. O florayı yeniden yeşertmek, o bakterileri yeniden çoğaltmak için meyve ve sebze lifleri çok mühimdir. Ve tabi bir-iki diş sarımsak yutmayı adet edinmek de...

Barsak florasını en hızlı ve etkili düzelten besinlerin başında hurma ve sarımsak gelmektedir. Hurmanın dış yüzeyindeki doğal bakterileri mide florası ile çok benzer bir yapı arzettiği için hurmayı, yıkamadan yemek oldukça gerekiyor. Florası zedelenmiş barsakları en hızlı şekilde tedavi eden bir diğer yöntem ise her gün sabah akşam üç beş diş sarımsak yutmaktır. Sarımsak hapı filan değil doğrudan sarımsak yutmak! Sadece kabuğunu soyarak, ezmeden, parçalamadan yutulan bu sarımsak dişleri, antibiyotik kullanımı ve beslenme kaynaklı barsak arazlarını en etkili ve en kestirme yoldan gideren tedavi yöntemidir.

İyi Çiğnemenin Yararları

✓ Yemeği iyi çiğneyen, az çiğneyene göre daha az yer içer. Çünkü yediği yemeğin enerjisini eksiksiz kullanmış olur.

✓ Karışık yemekten kaynaklanan zararlar azalır.

✓ Hazım süreci kısalır.

✓ Mide, pankreas, karaciğer ve barsakların işi kolaylaşır.

✓ Başta insülin olmak üzere çok daha az enzim harcanır. (Unutmayın vücut, enerjisinin en çoğunu -yüzde 30-40'ını- hazım yapmak için harcar.) Enzim üretimi vücut için hayatî öneme sahiptir. Vücut en kıymetli maddelerini, enzim üretmek için harcar. Çünkü en zor onu üretir.

- ✓ Çiğneme; mide, barsak, karaciğer, pankreas, bağışıklık sistemi, diyabet, tümör, kanser, alerji, diş çürümesi, sinir ve ruh hastalıklarından korunmak için de ilk ve en önemli işlevlerden biridir.
- ✓ Var olan hastalıklar hafifler.
- ✓ İyi çiğnemeyi alışkanlık haline getiren ve bunu disiplinli bir şekilde sürdüren insan, şişmanlıktan da kurtulur; zamanla kendi doğal ağırlığına kavuşur.
- ✓ Ruhsal rahatsızlıklar, alışkanlıklar, tiryakilikler ve benzeri hallerin, yemeği iyi çiğnemeyenlerde, çiğneyenlere oranla daha fazla görüldüğü tespit edilmiştir.
- ✓ Geleneksel tıbbın büyük üstatları, uyuşturucu, sigara, alkol bağımlılığı gibi eğilimlerin altında iyi çiğnememekten kaynaklanan açlığın yattığını, psikolojik rahatsızlıkların temelinde de iyi çiğnememe realitesinin yattığında hemfikirdir.
- ✓ İyi çiğnenmemiş yemek, karaciğer, dalak, safra ve kalbe büyük bir ağırlık yükler. Bu merkezler de o tür hastalıkların kaynağıdır zaten. Çünkü bu organların durumu ruhsal dengeyi doğrudan etkiliyor. Çoğu insanın cinnî sandığı birçok hastalığın, ağır kan deveranından kaynaklandığını eski tabipler sık sık vurgulamışlardır.
- ✓ İyi çiğneme sağlığın temelidir. İyi çiğneme ile kötü bir besinin zararlarından kurtulmak dahi mümkündür. Hatta birçok İslam tıp alimi, sadece iyi çiğnemekle, hazımsızlık, yüksek kan şekeri, mide, barsak, karaciğer, dalak rahatsızlıklarından kurtulmanın mümkün olduğunu ifade etmişlerdir.

BOŞALTIM SİSTEMİNİN SAĞLIKLI ÇALIŞMAMASI

Buraya kadar aktardığımız bilgilerden artık şunu net anladık ki sağlıklı bir yaşam için mutlaka bünyemizin rahat hazmedeceği besinler almamız gerekiyor.

Sağlıklı bir yaşam, uygun gıdalar yemekten geçiyor. Evet bu doğru ama en az onun kadar önemli bir husus daha var ki o da, sindirim sisteminin, özünü alıp kenara attığı posaların en kısa yoldan sistemden atılmasıdır.

Eğer yediklerimizin posalarını vaktinde atamıyorsak bu da sağlık açısından çok ciddi tehlikeler oluşturur. Nitekim eski tabipler ısrarla "Büyük abdestinizi yapmadan asla bir sonraki öğünü yemeyin!" demişlerdir. Ama bugünün insanı aceleci ve gıdalar da kolay hazmedilir türden değil. O yüzden de barsaklarımızdaki artıklar çok zararlı maddelere dönüşüyor.

Bir bedenin sağlıklı olup olmadığının bir ölçüsü de büyük abdestinin niteliğidir. Eski Çin tıbbında hastalıklar büyük abdestin incelenmesi ile teşhis edilirdi. Bugün özellikle büyük ülkelerin siyasî liderleri, bir başka ülkeye gittiklerinde, yanlarında özel tuvalet sistemi de götürüyorlar ki -varsa- rahatsızlıkları bu yolla teşhis edilmesin. Hatırlarsanız eski Suriye devlet başkanı Hafız Esad'ın kanser olduğunu Amerika böyle teşhis etmiş ve Suriye siyasetini ona göre yeniden şekillendirmişti.

Hani halk arasında bir deyişimiz var *"Ne kokar ne bulaşır"* diye. Daha çok cimri ve kimseye faydası dokunmayan kimseler için söylenir. İşte o söz, büyük abdesttin incelenmesiyle hastalığı teşhis eden o eski tıp geleneğinden gelmektedir. Yani insanın büyük abdesti kokmuyor ve bulaşmıyorsa, vücut yediğini tamamen sindirmiş ve içinden alınması gereken her bir şeyi almış demektir. Geride kalan, artık tamamen tortu ve beden için zararlı atıklardır. Daha o dışkıda vücuda yarayacak hiçbir şey kalmamıştır demektir ki bu da vücudun sağlıklı olduğunun işaretidir. Sağlıklı bir bünyenin dışkısı kokmaz ve bulaşmaz. Sahibinin de sağlıklı olduğunu haber verir.

Bir bünyede kabızlık varsa, sindirim sistemi kötüdür demektir. Sindirim sistemi kötü ise sağlıklı bir hazım ve emilim yoktur. Bu da zaten daha önceki sayfalarımızda da temas ettiğimiz gibi hastalıkların çıkış noktasıdır.

Kabız Olmamak İçin

Öyleyse insan kabız olmamak için tedbir almalı.

Kabız olmamanın;

- ✓ B**irinci adımı**, kan grubuna yani mizacına -insan zaman içinde, kendisine neyin yarayıp yaramadığını de tecrübe edebiliyor nitekim- uygun yemek yemeyle başlar.
- ✓ **İkinci adım**, az yemektir.
- ✓ **Üçüncü adım** iyi çiğneyerek mide ve barsakların işini en baştan kolaylamaktır.
- ✓ **Dördüncü adım**, yemeğin hemen öncesinde ve beraberinde ve yemek yedikten sonra en az iki sat geçmeden su içmemektir.
- ✓ **Beşinci adım,** karışık yani hazım süreleri farklı ve tabiatları birbirine uymayan gıdaları birlikte yememektir.

✓ Yediklerimizi vaktinde atamazsak bu da sağlık açısından tehlike oluşturur. O yüzden eski tabipler "Yediklerinizi atmadan bir sonraki öğünü yemeyin." demişlerdir.

- ✓ **Altıncı adım** her gün düzenli ve yeterli miktarda yürümektir.
- ✓ **Yedinci adım**, büyük abdesti gelmeden ikinci bir yemek yememektir.

Evet, sıhhatli olmak isteyen büyük abdesti gelmeden yemek yememelidir. (Tabii karpuz, incir, greyfurt, üzüm gibi bağırsakları rahatlatıcı meyveler ve yeşil yapraklı sebzeler hariç. İnsan bunları her daim yiyebilir…)

Kabızlıktan kaynaklanan sindirim sıkıntıları için zaman zaman lavman yapılabilir, mizacınıza uygun doğal müshiller kullanılabilirsiniz.

Lavman

Kitabın çeşitli bölümlerin de, barsakların emilim kabiliyetlerini yitirmeleri nispetinde, besinlerin barsaklarda kalış süresinin uzadığını, bunun da tortu birikimine ve barsakların tembelleşmesine sebep olduğunu söyledik.

Sindirim demek, yenilen besinlerin midede vaktinde sindirilip barsaklara aktarılması, bağırsağa geçen besinlerin emilip kana karışması, oradan da karaciğere gidip hücrelerde yakılacak hale gelmesidir ama bunun bir de boşaltımı söz konusudur. Sindirim sisteminin bir aşaması da vücuda yarayacak kısımları emilip alınmış besin atıklarının dışkı halinde vücuttan atılmasıdır. Vaktinde yapılamayan bir boşaltım, kabızlık göstergesidir; bu işlemin vaktinde gerçekleşmemesi kabızlığın sebeplerindendir. Vücutta uzun süre kalan atıklar, bir yandan işkembenin büyümesine sebep olurken, bir yandan da zehirli atıkların kana karışmasına neden olur.

Barsaklarda biriken atıklar vaktinde atılamadığı ve daha büyük abdest yapılmadan yeniden yemek yendiği için zamanla barsaklar bombeler ve odalar oluşturur. Beden sağlıklı boşaltım yapamadığı takdirde, insanın sağlığı bozulmaya başlar.

Dolayısıyla sağlıklı bir yaşam için, sağlıklı beslenmek kadar, atıkların vaktinde boşaltılması da önemlidir. Fakat bu her zaman kolaylıkla mümkün olmaz. O yüzden de eskiler, *lavman* adını verdikleri bir yöntem geliştirmişler. Lavman, vücudun kendiliğinden vaktinde atamadığı atıkları suni bir şekilde vücuttan atma işlemidir.

Bugün daha çok ameliyat ve doğum öncesinde yapılan lavman esasında sağlıklı bir sindirim için zaman zaman başvurulması gereken bir yöntemdir.

Sağlıklı bir insan her öğünden sonra büyük abdest çıkarır. Sindirim sistemini 5 saatte terk eden gıda atıklarının da 18 saat içinde vücuttan tasfiyesi gerekir. Eğer vücut bunu atamamışsa zaten problem var demektir. Yazık ki insanların büyük çoğunluğu günde bir kere bile büyük abdestini yapamıyor. Çünkü o kadar sık yiyoruz ki vücut ne onları sindirmeye yetişebiliyor ne de vaktinde atmaya... Sonuçta vücutta gereğinden fazla kalan bu atıklar zamanla bize hastalık olarak dönüyor.

Bu problemden kurtulmanın en etkili yolu, ayda bir kere lavman yapmaktır. Bu, hem bizi *"sanal şişmanlık"*tan kurtaracak, hem de boşu boşuna taşıdığımız o ağırlıklardan kurtulmamıza hizmet edecektir.

✔ *Vücut artıklarını 18 saat içinde bünyeden uzaklaştırmalıdır. Kabızlık probleminin yıkıcı etkilerinden korunmak için ayda en az bir kez lavman yapmakta büyük fayda var.*

Lavman işlemi için günümüzde eczanelerde "lavman seti" satılmakta. Bu setin içerisindeki kimyasal yağ yerine kendinizin hazırladığı doğal bir sıvıyı kullanmamız daha uygundur. Bunun için bir tutam papatya ile bir tutam ısırganın 800 gr. sıcak suda çay gibi demlenip ılıtılması ile hazırlanmış karışımı 100 gram zeytin yağı ilavesiyle kullanabilirsiniz.

Böylece bağırsaklarda biriken atıklar sebebiyle olan rahatsızlıkları da bertaraf etmiş olursunuz.

Cennette Gıdaların Atığı Yoktur

Bilindiği gibi cennette, insanın yediklerinden ve içtiklerinden sonra dışkı çıkarmasının olmayacağı haber verilmiş. İnsanlar bu durumu akıllarına sığdıramıyorlar. Oysa bunun örnekleri günümüzde uygulanmakta. İnsan hayatının bir safhası olan anne karnındaki yaşam buna güzel bir örnek. Esasında kullandığımız gıdaların posası olmasa ve vücut aldığını hakiki manada yakabiliyor olsa bu durum, dünya hayatında da gerçekleşebiliyor. Sözgelimi bugün bu tür gıdalar uzay araçları için kullanılmaktadır.

Nitekim sağlıklı bir bünye ve sindirim sisteminin esasları tam belirlenmiş bir insana uygun gıdalar verildiğinde posa atımı, yüzde 60-70 oranında azalır. Sık sık acıkıp da gerçekte ihtiyacı yokken yemesine gerek kalmaz.

Fakat biz sindirim sistemimizin imkânlarını tam bilemediğimiz ve sindirim sistemimize uygun gıdalar yemediğimiz için vücut, yenilen birçok şeyi çürütüyor; bu haliyle barsaklara atıyor. Mide tarafından çürütülüp emilmek üzere bağırsalara gönderilen besinler çok miktarda zehir ve asit içerdiği için bu asitler barsakların emme sistemini yakıyor, tahrip ediyor sağlıklı bir emilim gerçekleşmesini imkânsız kılıyor ve yavaşlıyor. Besinlerin bağırsakta bekleme süreci uzuyor. Daha bağırsaklardaki besinin emilimi tamamlanmadan yeni bir yemek yediğimiz için, bu kere sistem, mevcudu ya bağırsaklarda ve karaciğerde stokluyor ya da kullanmadan dışarı atıyor.

Eğer uygun besinleri birbirine karıştırmadan yesek, her öğünde sadece bir veya en fazla birbiriyle uyumlu iki çeşit gıda alsak, hem vücudumuz yorulmayacak, hem aldığımız gıdayı son kertesine kadar kullanmış olacağız. Fakat yazık ki bu mümkün olmuyor. Çünkü günümüz insanı, sağlık esaslı bir beslenme değil, haz ve damak zevki esaslı bir beslenme derdinde. Esasında çoğumuz *"beslenmek"* için değil, *"lezzet almak için"* yiyoruz. Böyle olunca da yediklerimizi, bize yararlı mı zararlı mı perspektifinden değil, damağımızda bıraktığı tad esasına göre tercih ediyoruz. Bu da sağlık için tek başına yeterli tehdit ve zarardır.

Bu ifadelerden, kimseye damak zevkinden vaz geçmesini söylediğimiz de çıkarılmasın. Vurgumuz, tadı hoşunuza gidiyor diye her şeyi birlikte yeme alışkanlığından vazgeçmek. Karışık yenecekse bile birlikte alınan bu gıdaların mizaçlarını ve hazım sürelerini de göz önünde bulundurarak hareket etmek gerek.

YEMEKLE BİRLİKTE ÇOK SU İÇMEK

Yemekle birlikte su içmek ise bir başka sıkıntıya; sağlığın bozulması ve yanında mide hacminin büyümesine sebep olur. Çünkü yemekle birlikte alınan su, midede besinin bir parçası olarak işlem görecektir ve onu da yenilen yemeğin cinsi enzimlerle işleme tâbi tutar. Elbette katı gıdalar ye-

✓Yemekle birlikte içilen su, yemeğin hemen üzerine yenilen meyve, midede hazım sırasını beklerken fermente olur ve alkole dönüşür. Bu da alkol almadan siroz olmaya neden olur.

niliyorsa onu yumuşatmak babından ve tabii içerdeki enzim ve asit oranını bozmaya fırsat vermeyecek miktarda su içmek gerekebilir. Bu durumda da suyun, sindirim enzimleri ile yeterince karılması için ağızda uzun uzun tutularak içilmesi önerilir. Ama unutmayınız ki yemekle aldığınız suyu, mide su değil yemek kabul edecektir.

Dolayısıyla mümkün mertebe yemekle birlikte ve yemekten hemen sonra midedeki hazım sürecini etkileyecek oranda su içmemek gerekir. Yemeğin üzerine su içmek için en uygun bekleme vakti, en az iki - iki buçuk saat olmalıdır. Hele yemekten kısa bir süre sonra su içmek, pişmiş aşa soğuk su katmak gibidir.

Besinleri hazım sürelerine riayet etmeden yemek en azından karışık ve çok yemek kadar sağlığa zarar verir. Zamansız içilen su ise bu zararı daha da çoğaltır.

Kabızlık Su İçme Usulünüzle Başlar

Yemek mi yemek istiyorsunuz buyurun! Ama önce en hızlı hazmolunandan başlayın. Sonra sırayla, hazım süresi en uzun olanı en sona bırakarak yemeyi sürdürün.

Yemek aralarında içeceğiniz suyu, yemekten önce alın ve yemek sırasında içmemeye özen gösterin. Çünkü su, midede vücut sıcaklığına ulaşır ulaşmaz barsaklara geçer. Onun için en iyi su içme zamanı, yemek yemeden 15-20 dakika öncedir. Veya en azından ne yiyeceğinizi bilmeden, sofrada sizi bekleyen yemekleri görmeden suyunuzu için.

Peki, neden ne yiyeceğinizi görmeden suyunuzu içiniz diyoruz?

Şundan!

İnsan ne yiyeceğini görür görmez, beyin hemen mideye emir veriyor ve diyor ki, "Sofrada şu, şu ve şu gıdalar var!" Bu komutu alan mide hemen gerekli asit, enzim ve salgıları hazır ediyor ve midede bekletiyor. Tabii midemiz, ilk ne ile başlanacağını örfen bildiği için, ilk yiyeceğiniz gıdanın enzimlerine öncelik veriyor. Onları midede hazır ediyor.

Su Siroza Yol Açar mı?

Diyelim ki siz sofraya oturur oturmaz, alıyor bir bardak suyu içiyorsunuz. Birkaç dakika geçmeden de yemek yiyorsunuz. Bunu alışkanlık halinde sürdürüyorsunuz. Şimdi ondan sonra olacakları izleyin:

Siz bir bardak suyu içince, o su midede vücut sıcaklığına ulaşır ulaşmaz, midenin yemek için hazırladığı tüm enzim, asit ve salgıları da beraberinde sürükleyerek barsaklara geçer.

Su ile birlikte barsaklara geçen ve aslında yemeğin hazmı için kullanılacağı öngörülmüş o asitler bütün keskinliği ve yakıcılığı ile boş barsaklara girince, barsak mukozasında var olan ve gıdaların emilimini sağlayan tüycükleri ve uzantıları yakar. Tıpkı ateşe verilen bir orman gibi cayır cayır, barsak florasını ateşe vermiş oluruz.

Öte yandan, midede hiç enzim, asit ve salgı kalmadığı için, mide ağızda çiğnenip kendisine iletilen besinleri nasıl parçalayıp hazmedeceğini bilemez. Çünkü midedeki salgı ve enzimler gitmiştir ya da çok yetersiz seviyeye düşmüştür!

Bu sefer mide başlar kas gücüyle gelen besini eritmeye, çürütmeye. Çok az miktarda kalan enzimler ve salgılarla, belki de haddinden fazla miktarda ve az çiğneyerek yenilen yemeği hazmetmek için saatlerce uğraşır. Midenin besin alımından önce gıdaların cinsine göre hazırladığı enzimler de kullanılmadan barsaklara geçtiği için mide, mevcut stoku eritmek için en yüksek asidi kullanır. Bu da ekşimeye, çürümeye ve mayalanmaya neden olur. Hele siz o yemeğin üstüne bir de meyve yemişseniz, o meyve midede *"hamr"* denilen türden bir mayalanmaya da yol açar ve sonunda aldığınız gıdayı midede mayalamak suretiyle alkole dönüştürür. Siz alkollü içecek tüketmediğiniz halde, bedeninizdeki etkileri açısından içen biri gibi muamele görürsünüz ve ağzınıza bir damla içki koymadığınız halde siroz hastalığına tutulabilirsiniz! Allah korusun!

İşte vakitsiz içilen suyun ve sırasız yenilen yemeğin yaptıkları! Demek ki suyu, mutlaka ne yiyeceğimizi görmeden önce içmemiz gerekir. Ne yiyeceğimizi öğrendikten sonra su içmek beladır.

Sıralama olarak yemekten önce içilen bir suyu, tatlılar ve meyveler takip etmeli. Tabi aralarına, her birinin mideden barsaklara geçişi için gereken vakit kadar fasılalar konularak... Çünkü tatlı ve meyve ile beraber su almak da kanı bozar.

Eğer yemekle ara verilmeden tatlı yahut meyve yenilecekse bunu yemeğin hemen üstüne yemektense su mideyi terk ettikten sonra, yemeğin öncesinde yemekte fayda var. Zira tatlıların ve meyvenin midede kalma zamanı, yemeğe oranla daha kısadır; en fazla 40-45 dakika içinde hazmolunurlar. Üstelik tatlı ve meyvenin birinci hazmı midede tamamlanır. Barsaklardan direk kana geçerler.

Tatlı veya meyveyi çorba yahut salata takip etmeli; ardından yemeğe geçilmeli.

İnsan birden fazla çeşit yemek yiyecekse bu sıraya uymalı. Daima sulu yemek önce alınmalı, katı sonraya bırakılmalı. Eğer tatlıyı yahut meyveyi yemekten sonra yemeyi tercih edenlerden iseniz, o takdirde yemekle tatlı / meyve arasında, ilk hazım süresi kadar bir ara vermek icap eder. Yani ilk yediklerinizin mideyi terk etmesini beklemeniz gerekir. Suyu yemekten önce veya sonra besinlerin mideyi terk ediş vaktini hesaplayıp içmek gerekir.

Kur'an-ı Kerim'de tasvir edilen cennet hallerinde de (Vakıa, 20-21) benzer bir sıraya riayet edildiğini görüyoruz. Ayette cennet halkına önce meyve ve ardından et verildiği hatırlatılır.

'TEMİZ' GIDALAR TÜKETMEK

Günümüzde temiz gıda ile beslenmek artık her zamankinden daha büyük bir önemi haiz. Çünkü bugün gıdaların temizliği sadece dış yapılarıyla ilgili değil genetik yapısı ve ne tür kimyasal ilaçlar kullanıldığıyla da ilgilidir.

Genetik yapının değiştirilmesini ifade eden GM, İngilizce *"genetically modified"* kelimelerinin baş harflerinden ibaret bir kısaltmadır. Bu ibare, bir şeyin genetik yapısının yani Allah'ın ezelde takdir ettiği şeklinin bilinçli bir şekilde değiştirilmesi işlemini anlatır. Hani Nisa Suresi'nin 118 ve 119. ayetlerinde temas edilen, Şeytan'ın Allah'a and içerek, insanı yoldan çıkaracağını, yaratma usulünü değiştireceğini söylediği şeytanî operasyondur. O ayette şöyle der Şeytan:

"....Onlara emredeceğim, Allah'ın yarattığını değiştirecekler."

İşte *"Genetically Modified"* denilen ve Türkçeye *"genetik yapısı yeniden şekillendirilmiş" (Genetiği Değiştirilmiş Organizmalar= GDO)* olarak aktarılan bu ifade, ayette bahsi geçen ve *"onlara emredeceğim senin yarattığını değiştirecekler"* iddiasının teknik izahından başka bir şey değildir.

Cenab-ı Hakk'ın eşyayı nasıl var ettiği, onların birbirinden farklı olmaları için genetik diziliminde nasıl bir takdirde bulunduğu, o eşyayı neden o şekilde tasarladığı bizce meçhuldür ama insanoğlu artık, farklılıkların nasıl yaratıldığını anlamış durumda. Genetik sarmalın içindeki sıralamayı değiştirdiğinde neler elde edebileceğinin ve bu yapının nasıl yap boz gibi şekillendirileceğinin farkında. Zaten genetik çalışma dediğimiz şey de budur.

GM teknolojisi, herhangi bir organizmaya tek bir gen veya gen grubunun eklenmesi veya çıkarılması ile yapısının değiştirilmesini esas alır. Yahut iki ve daha çok türün genlerini birleştirip yeni bir tür -mesela tüysüz şeftali ve nektarin gibi- elde etmeyi planlar. Genetik mühendisliği denilen bu yeni bilim dalı, insanlığa yeni hizmetler ve tadlar sunmak gibi bir iyi niyet temeline oturuyor görünse de esasında insanlığı felakete götürecek yolun kapısını da aralamıştır. Bu mühendisliğin temelinde, organizmalar arası gen taşınması ve yeni türler elde edilmesi hedeflenir. Nasıl ki çimento bulunduktan sonra insanlık betonarme dediğimiz nisbeten sağlam ve yüksek ama hiç de sıhhatli olmayan bir bina şekliyle tanışmışsa, nasıl güçlü çelikler elde edildikten sonra gökdelenler var edilmişse, genetik buluşların da en az onlar kadar masum ve faydalı olacağı sanılıyor ama öyle değil.

Çünkü türler arası gen transferinin nerede duracağı bilinmemektedir. Elbette, *"Şeytan ancak onlara kuruntudan ibaret bir gurur verebilir."* (Nisa, 120) diyerek Cenab-ı Hak kendi yarattıklarının yapısını muhafaza edeceğine dair bir umut verse de insanoğlu, bu çalışmaların kendi türüne ne kadar büyük zararlar verdiğini görünceye kadar birçok nesil telef olup gidecek ve insanlığın başına görülmedik mikroplar, kolay kolay yok edilemeyecek virüsler, kendisini antilerine karşı yenileyebilen bakteriler üretilecektir.

Şimdilik sanayi ürünü olan gıdaların hemen hepsinde GM çalışmalarının izleri vardır. Etlerde, meyvelerde ve gıdalarda farklı genlerin transfer edilmesiyle istenilen renk, tad, koku, şekil, sertlik ve yumuşaklık ve dayanıklılık sağlanabilmektedir. Bunları sağlamak için gıdalara katılan katkı maddeleri tek başına besinleri belaya dönüştürebilmektedir.

Domatese Balık, Patatese Akrep Geni

Bugün dünya genelinde -özellikle de türler cenneti ülkemizde- genetik yapısı üzerinde oynanmamış tohum nerede ise kalmamış durumda. Halk tarımda kullanılan GM tohumlarının niteliği ile ilgili bilgiye sahip değil. Hatta çoğu durumda onu alıp eken çiftçi dahi bilmez ki o tohum ebterdir. Halbuki uzun zamandan beri Türkiye GM tohumlarını kullanmaktadır. En masumu hibrittir. Hibrit, kısır tohumdur. Kendisi kısır olduğu gibi onu yiyenleri de bir süre sonra kısırlaştırmaktadır. Katır da bir hibrit olduğu için Peygam-

✓ Günümüzün "temiz gıda" tanımı, besinlerin sadece hijyenik temizliğini değil aynı zamanda genetik yapısının temizliğini de kapsayan daha karmaşık ve dikkat gerektiren bir süreç.

berimiz tarafından üretimi yasaklanmıştır. Bugün pamuk, buğday, pirinç, soya, mısır, ayçiçeği, şeker pancarı, patates, ıspanak, soğan, sarımsak, karpuz, kavun, elma, roka gibi sık tüketilen tüm tahıl ve sebzeler, yeniden yapılandırılmış tohumlardan üretilmektedir.

Domates, dayanıklı ve kütür kütür bir sebze olsun diye köpek balığı geni ile takviye edilmiştir. Keza patatesin baş belası olan bir bakteriye karşı korunması için genetik yapısına akrep geni ilave edilmiştir ki o zararlı haşerat patatese yanaşmasın.

Doğada türler arasında kendi aralarında döllenebilme geçişkenliği (transgen) kısmen vardır ama bu türler, aynı zamanda yapı itibariyle birbirine yakındır. Oysa transgenetik çalışmalarda, yiyecek olarak takdir edilmemiş yani Cenab-ı Hakk'ın yenilmesini murat etmediği organizmaların genleri, yenilecek ürünlerin genleriyle buluşturuluyor ve onlara mevcut halinden farklı bir dayanıklılık, görünüm ve tad kazandırılıyor.

Bu tür yapısı bozulmuş yiyeceklerin ve hayvanların insan sağlığını ve neslini nasıl etkileyeceğini henüz bilmiyoruz, çünkü bu çalışmaların üzerinden, bunların etkilerini görebileceğimiz kadar bir süre geçmedi. Fakat bu çalışmaların, Allah'ın yaratma usulünü değiştirme faaliyeti olduğunu akıldan çıkarmamak gerekir. Bu evren için Allah lafzı, aynı zamanda eşyada sünnetullaha uygunluğu ifade eder. Bu açıdan bakıldığında Allah'ın yarattığını değiştirmek, maksada, sünnnetullaha ve insanın tabiatına uygun olmayan bir şeyi icat etmek demektir ki esasında *Dabbetü'l-Arz* denilen ve insanlığın başına bela olacağı haber verilen canlının dahi bu tür çalışmalar sonucunda ortaya çıkacağını tahmin etmek güç değil.[9]

9 Genetik çalışmalar ve beslenme konusunda daha kapsamlı bilgi edinmek için Kemal Özer'in *Deccal Tabakta,* ve *"Yediklerimizde N(E) Var"* adlı çalışması okunabilir.

VÜCUDUN BAĞIŞIKLIK SİSTEMİNİ ÇÖKERTMEK

Vücudumuzun bağışıklık sistemini anlattığımız bölümde, vücudumuzun, son derece iyi korunan muhteşem bir şehir/kaleye benzediğini belirtmiştik. İşte o savunma sistemi ve taktiklerinin tümüne birden tıpta *"bağışıklık sistemi"* adı verilmiş. Bağışıklık sistemi, vücudu, ona zarar verebilecek her şeyden korumayı amaçlayan, her şart ve gelişmeye göre taktik geliştirebilen, bir yandan düşman kuvvetlere karşı mücadele ederken öbür yandan da düşman tarafından tahrip edilen organları yeniden tamir etme işlevi üstlenmiş son derece disiplinli bir sistemdir.

Bu sistem; vücudu toksinler, kimyasallar, ilaçlar ve genel anlamda vücudun savunma sistemi tarafından *"yabancı"* diye tanımlanan tüm cansız maddelere; virüs, mantar ve bakteriler gibi canlı antijenlere karşı korur. Bu canlı veya cansız maddeler, bir şekilde vücudun dış bariyerlerini aşıp içeri girmeye başlar başlamaz, vücudun bağışıklık sistemi devreye girer ve onları yakalayıp imha eder.

Daha önce de ifade ettiğimiz gibi dış bariyerler; deri, ağız-burun mukozası, mide asidi, öksürük, hapşırma, gözyaşı enzimleri ve terdir. Sağlıklı ve doğru beslenen bir vücutta zararlı maddeler dış bariyerler tarafından tutulur; içeri sızmalarına izin verilmez. Antijenler (virüs, bakteri gibi canlı düşmanlar) dış bariyeri geçmeyi başarırsa savunma sisteminin iç bariyerleri (iç orduları) devreye girer ve düşman yakalanarak imha edilir.

Her vücudun savunma sistemi farklı farklıdır; daha doğrusu kendisine özeldir. Bilindiği gibi çocuk nispeten steril doğar, anne sütüyle beslendiği süreç de nispeten bu anne karnındaki steril ortamın bir uzantısıdır beslenme açısından. Doğduğunda henüz ne barsak florası gelişmiştir ne de savunma sistemi tam oturmuştur. Çocuk 6 aylık olunca (bazen bir yaşında başlar) vücut antijenlerle tanışmaya başlar. Esasında bu mikrop saldırıları, son derece yararlıdır. Çünkü vücut karşılaştığı antijenlere karşı savunma taktikleri geliştirir ve onları nasıl yok edebileceğini erken bir dönemde öğrenir. Bu, yeni doğmuş bir yırtıcı hayvanın, nasıl avlanacağını öğrenmesine benzer doğal bir gelişmedir. O yavrunun hangi avla nasıl baş edeceğini çevre faktörleri belirler çünkü.

Aşırı Steril Ortamın Zararları

Çoğu aile, çocuklarının bu doğal düşmanları ile zamanında tanışmasına fırsat vermezler. Bu, sağlıklı bir durum değildir. Çünkü çocuğun savunma kalkanı, onlara göre şekillenecektir. Aşırı steril ortamlarda yetişmiş çocuklar bu sebeple en küçük faktörle hastalanmaya daha yatkındır. Mamafih, çocukların aşılanması, aslında vücudun, yapay olarak düşmanla karşılaştırılması olayıdır. Güya zayıflatılmış antijenler vücuda bırakılarak, sistemin onlara karşı savunma geliştirmesi sağlanmak istenir ama maalesef bu yöntem, her zaman istenilen neticeyi vermez. Çünkü doğal ortamdaki karşılaşmalara benzemez bu durum. Bu sebeple çoğu kere çok steril yetiştirilmiş bir çocuk, aşı süreçlerinden sonra ciddi rahatsızlıklar geçirebilir.

İşte her bireyin kendi şahsına münhasır öğrenilmiş bu bağışıklık sistemine *"kazanılan bağışıklık sistemi"* denir. Kazanılmış bağışıklık sistemi, lenfosit adlı beyaz kan hücrelerinin kabiliyetleri üzerinden oluşur. Çünkü antijenlere karşı antikor üreten, bu lenfositlerdir. Bu lenfositler, gidip o düşmanlara tutunurlar ve onları güçsüz düşürüp kolay parçalanır hale getirirler. Kandaki lökositler de gelip zayıf düşürülmüş o antijenleri yok ederler.

Lenfositler her zaman yardımcı kuvvet gibi çalışmazlar. Bazen onlar da antijenlere doğrudan saldırıp imha ederler. Ve bir lenfosit, bir kere bir antijen ile baş etti mi, onu nasıl yok edeceği bilgisini asla unutmaz. Yani o taktiği yıllarca saklar. Böylece vücut o antijenle bir kere daha karşılaştığında çok daha kısa zamanda onu yok edebilir. Nasıl ki bir ordunun savaşma taktiği, her zorluğun üstesinden gelme başarısı, çokça eğitim ve fiili tecrübelere bağlıdır. Vücudun bağışıklık sistemi de onu steril ortamlarda korumaktan ziyade, her türlü şartlarda sağlıklı beslenmeye muhtaçtır.

Vücudun antijenlere karşı savunması (yani bağışıklık sistemi) güçlü ise, insan her türlü hastalıkla daha rahat baş edebilir. Fakat biz vücudumuzu sürekli yanlış besler ve dayanma noktalarını zorla yıkarsak, o da yeterince savunma yapamaz.

HASTALIĞA YOL AÇAN DİĞER FAKTÖRLER

Bir insanın hastalanması, sadece yeme içme kaynaklı değildir. Başka bir dizi faktör daha bu sürece etki eder. Ancak bu çalışmanın kapsamı beslenme olduğu için konuya hep bu perspektiften yaklaşıyoruz. Dolayısıyla zehirli gazlar, dumanlar, deterjanlar, tozlar, temizlikte kullanılan kimyasallar, ziraat ilaçları vs. kaynaklı hastalanmalar üzerinde durmuyoruz. Biz daha çok yanlış beslenmenin, daha doğrusu bünyeye uygun beslenmemenin getirdiği sakıncaları tahlil edeceğiz. Beslenme faktörünün, vücudun savunma sistemini en hızlı etkileyen süreç olduğunu da aklımızdan çıkarmadan...

Zehirler, kimyasallar ve hormon içeren suni gübrelerle yetiştirilmiş meyve ve sebzeler de sağlık için ciddi tehdit içerirler. Yediklerimiz ve içtiklerimizle vücudumuza giren bu kimyasallar ve hormonlar, vücudumuzdaki yararlı flora ve bakterilere, hatta hücrelerimize karşı savaş başlatırlar ama temelde vücut iç kaynakları itibariyle zayıf düşürülmeden hastalıklara yakalanmaz. Nitekim malumdur ki her türlü virüs ve bakteri her vücutta potansiyel olarak vardır. Bağışıklık sistemi zayıf düşmedikçe de aktive olmazlar.

Bir yandan karışık beslenmenin ve iyi çiğnememenin mide ve barsaklarda sebep olduğu sürekli çürüme ve mayalanmalar, öte yandan aldığımız sağlıksız gıdaların sürekli tüketimi sonunda sindirim sistemindeki savunma kalkanı zedelenir. Kana karışmaması gereken toksinler, asitler, mikroplar ve virüsler olduğu gibi kana geçer. Kana karışıp kanla taşınan bu atıklar dokularda birikmeye başlar. Dokularda biriken atıklar arttıkça, iltihaplanmaya ve çöplüklerde olduğu gibi gaz oluşturmaya ve yanmaya başlar. Oluşan bu yakıcı madde ve gazlar, zamanla dokularda ağrı, sızı, iltihap ve mutasyonlara yol açar. Bu hal devam ettikçe yavaş yavaş hastalıklar zuhur etmeye başlar.

Vücudun Ateşlenmesi

Kişinin bağışıklık sistemi bu duruma, daha başından itibaren müdahale eder. Kanda müthiş bir savaş başlar ve bu savaş dışarıya *"ateş"* olarak yansır. Ateş, esasında vücudun bir imdat çığlığıdır. Vücut hal diliyle sahibine "Sen ne yapıyorsun ki beni böyle ateşe veriyorsun, dikkat et!" demektedir.

Ateş kanı ısıtır; nefesi, kalp atışlarını ve kan dolaşımını hızlandırır. Isınan kanda, dokuları temizlemekle görevli mikroplar çoğalır. Çoğalan vazifeli mikroplar ve ısınan kan, kandaki zehirli maddeleri ve atıkları eritir. Vücut bu eriyen zararlı maddelerden ve savaşta çarpışarak ölen mikrop ve antijenlerden iltihaplanan bademciklerle, iltihaplanmalarla, balgamlı öksürüklerle, burun akıntılarıyla, terleme yoluyla, alerji ve sivilcelerle kurtulmaya çalışır.

Bizim hastalık zannettiğimiz bu neticeler özü itibariyle vücudumuzun iyi bir savunma yaptığının işaretleridir. Dolayısıyla ateşi düşürmek, öksürüğü engellemek, balgam çıkarımına mani olmak, burun akıntısını durdurmaya çalışmak, hele hele yerli yersiz antibiyotik kullanmak, sık sık iltihaplanıyor diye bademcikleri aldırmak vücuda karşı yapılan haksızlık ve zulümdür.

Beslenmiyoruz, Kendimizi Öldürüyoruz

Bugün yapılan istatistiklere göre -ülkeden ülkeye değişmekle birlikte- Türkiye'de insanlar en çok trafik kazasından ölüyor. Gelişmiş ülkelerde ölüme en çok neden olan unsur ise kanser. Afrika ülkelerinde ise yetersiz beslenme ve açlık. Kanserin dahi -kalıtımsal yatkınlıkla birlikte- büyük oranda yanlış beslenmeden kaynaklanan bir hücre mutasyonu olduğu artık kabul edilmekte. Bugün, daha önceki asırlarda karşılaşılmamış envai türlü hastalıkların görülmesi, ruh ve sinir hastalıkları gibi sıkıntıların çoğalması, hep bu asrın getirdiği yanlış yaşam tarzıdır ve büyük oranda *"gıda olmayan yiyecekler"*den kaynaklanan sıkıntılardır.

> ✓ *Bizim hastalık dediğimiz kimi neticeler özü itibariyle vücudumuzun iyi bir savunma yaptığının işaretleridir. Bu belirtiler için sık sık antibiyotik kullanmak da vücudu hasta etmekte.*

Dünyanın hiçbir döneminde bu kadar bol ve zararlı gıda bir arada bulunmamıştır. Sanayi ürünü olan bu besinlerin büyük bir kısmı da maalesef ticarî kaygıyla üretilmiş, tatları alışkanlık yapacak şekilde tasarlanmış yiyeceklerdir. Vücudun hazmedip etmeyeceği hiç göze alınmadan üretilen her türlü fabrikasyon tüketim malzemeleri[10], sofralarımızın baş köşesinde, hayatımızın vazgeçilmesi olarak yerlerini almaktalar. O yüzden de insanlarımızın çoğunun karaciğeri çöplüğe dönmüş. Vücut ise başta tansiyon, kolesterol, şeker, kanser, diyabet, depresyon vs. gibi akla hayale gelmeyecek hastalıkların kaynağı olmuş.

Vücudun hazmetmesi imkânsız gıdalar bugün hepimizin hayatında. Katkılı yiyecek ve içecekler, genetiği ile oynanmış tahıl ve sebzeler, meyveler, vücutta zehir etkisi yapan tarımsal ilaçlar ve gübreler ve bunlarla yetiştirilmiş sebze ve meyveler, tıbbî ilaçların yüzde 99'u, vücut bakım ürünleri ve deterjanlar -ki bunlar da deri yoluyla vücudumuza girip zarar vererek bir tür gıda kategorisine giriyorlar- doğrudan bu bünyeye zarar veren unsurlar. Sırf içerdikleri suni tatlar yüzünden tüketmeyi alışkanlık haline getirdikleri ile günümüz insanı, yediklerinin esiri oluyor.

Bunun tek çaresi ile boğazımızdan geçen birçok şeye "STOP!" demeyi öğrenmektir. Her önümüze gelen gıdaya "Buyurun geçin" dememektir!

10 Özellikle "malzeme" kelimesini kullandım. Çünkü sanayide üretilen tüketim malzemelerinin büyük bir kısmı, ihtiva ettikleri katkı malzemeleri yüzünden vücut sağlığı için ciddi risk içermiyorlar.

4. Bölüm

Doğru Beslenme Doğru Yaşama Kılavuzu

Baştan beri anlatageldiklerimiz gösteriyor ki sağlıklı bir yaşam *doğru ve doğal beslenmekten* geçiyor.

Cenab-ı Hak sık sık, *helal ve temiz olanları yememizi* tavsiye eder. (Bakara, 168; Maide, 88). Yani yiyeceklerimizin sadece helal olmasına değil, aynı zamanda temiz olması gerektiğine de dikkat çeker. Helal dairesi geniştir ama her helal yiyecek, herkese uygun olmayabilir. Mesela Kur'an, *"tüm deniz avlarının helal"* olduğunu bildirmiştir (Maide, 96) ama bazı fakihler tabiatı bizi iten, görünümü rahatsızlık veren veya beslenme biçimleri ağır metaller içeren deniz hayvanları hususunda bazen *"mekruh"*, bazen *"tahrimen mekruh"* hükmü koyarak, *"Helal olanların da temiz olanlarının tercih edilmesini tavsiye etmişlerdir*. Nitekim balıklar dışındaki yenilebilir deniz hayvanları (kalamar, midye, istiridye, ıstakoz vs.) bazı kan grupları açısından hazmı oldukça zor etlerdir.

SAĞLIKLI OLMAK İLAHÎ BİR EMİRDİR

Cenab-ı Hak *"Her şeyden önce insan yediğine baksın!"* (Abese, 24) diye uyarır. Bu ikaz, hem o nimetin nasıl bir macera ile size ulaştığını bilip takdir etmeyi, hem o nimeti doğru yollardan edinmeyi hem de insanın neler yediğine dikkat etmesi gerektiğini ihtar eder. Nitekim akıbetler ve başa gelenler noktasında da insanın yediklerine dikkat etmesi çok önemlidir...

Hani bir deyiş vardır *"Düşüncelerine dikkat et, sözlere dönüşüyorlar. Sözlerine dikkat et, eyleme dönüşüyorlar. Eylemlerine dikkat et, ... Kişiliğine dikkat et ki kişiliğin kaderin oluyor!"* diye. Bana göre böylesi bir ikazı gerektiren ilk ve en önemli husus, yiyip içtiklerimizdir. Çünkü gerçekten yiyip içtiklerimiz kaderimiz oluyor. Genler birtakım amino asitlerden ibarettir ve o da bizim yediklerimizden ve içtiklerimizden hayat bulur.

Doğru yemeyi bilmeyen, doğru ve yanlışı da ayırt edemez, edemiyor. Salih amel işleyemez, işleyemiyor. *"Sabah namazına nasıl kalkılır?"* diye eserler yazılıyor, günümüz Müslümanlarını sabah erken uyandırabilmek için. Oysa doğru ve sünnete uygun yenilip içilse, o saatte yatakta kalabilmenin imkânı kalmaz. Ama tok ve hazmedilmemiş bir mide ile yattığınız gecenin sabahına her kalkış bir ızdıraba dönüşür. Hiçbirimizin, bize emanet verilmiş şu bedenimize bu eziyeti yapmaya hakkımız yoktur.

Yahya Kemal'in dediği gibi *"Frenk gecesinden Müslüman sabahına uyanmak"* kolay değildir. Bu kitabın konusu ekseninden bakınca ben Yahya Kemal'in *"Frenk gecesi"* ifadesinden, karışık yemeklerle tıka basa doldurulmuş ve hazmedilmeden yatılmış bir mide ile sabah erken uyanmaya çalışmasını anlıyorum. Zaten de uyanılamıyor… Oysa Müslümanın günü "yatsı namazı" ile biter; sabahın ilk ışıklarıyla güne başlamak için bu saatten sonrası uykuya ayrılır.

Damağındaki lezzet kapıcısına söz geçiremeyen bir insan nefsine nasıl söz geçirecek ki onu sabah erken yataktan kaldırabilsin? Eskiler, marifetten söz etmede önce doğru yiyip içmeyi salık verirlerdi.

Demek ki hem *"salih" ameller yapabilmek hem de sağlıklı yaşayabilmek için neyi, ne kadar, ne zaman, ne ile yiyebileceğimizi öğrenmemiz gerekiyor.* Bu, her ferdin edinmesi icap eden bir *"hayat" bilgisi"*dir.

Temiz Yemek Salih Ameldir

Cenab-ı Hakk'ın *"Temiz olan şeylerden yiyiniz ve salih ameller işleyiniz."* (Müminun, 51) ilahî emri; vücudu kirletecek, yoracak ve hasta edecek gıdaları yemenin bir nevi haram olduğunu tazammun ediyor. Çünkü helal dairesinde olsa bile kişinin kendisine zarar verecek şeyi yemesi doğru değildir.

Bu ayette daha ilginç olan ise *"temiz yiyecek"* ile *"salih amel"* arasında ilişki kurulmasıdır. Ve hem de yeme içmeyi iyi iş yapmaktan önce sayarak ifade etmekle yiyecek ile amel arasında sıkı bir ilişki olduğunu belirtiyor. Eskiler bu hakikati, *"Kursağında haram lokma barındıran insanın hayırlı iş yapma ihtimali azdır."* diyerek özetlemişler.

Kötü beslenmeden dolayı kanı kirlenmiş, aldığı aşırı kilolardan dolayı nefes alıp vermesi bile işkence halini almış, hantallaşmış bir insanın sağlıklı ibadet etmesini beklemek mümkün değildir.

Dinin insana yüklediği ve yapmasını istediği ibadetlerin büyük bir kısmı beden, ruh ve akıl sağlığının yerinde olmasını gerektiren ibadetlerdir. Hastalıklardan ve acılardan kıvranan bir insanın layıkıyla amel işlemesi de mümkün değildir. Kötü beslenmeden dolayı kanı kirlenmiş, aldığı aşırı kilolardan dolayı nefes alıp vermesi bile işkence halini almış, bedenin tüm fonksiyonları hantallaşmış bir insanın sağlıklı ibadet etmesini beklemek mümkün değildir. Akşamdan yedikleri hâlâ hazmedilmemiş vaziyette midesinde duran ve işkembesi büyümüş bir insanın, sabah erken saatlerde sağlıklı ve rahat uyanmasının imkanı yoktur ki bir de kalksın da gönül hoşluğu ile ibadet etsin. İşte bu yüzdendir ki Cenab-ı Hak, salih amelden önce temiz ve doğru gıdalarla beslenmeyi kuluna emretmiştir.

Üç Öğün Yemek İsraftır

Bizler, Cenab-ı Hakk'ın *"'Yiyiniz, içiniz, israf etmeyiniz"* buyruğundan, *"tabakta yemek bırakmama"*yı anlıyoruz. Yahut da aşırı ve karışık (abur cubur) beslenmesinden dolayı artık iştahını kaybetmiş, yemek seçen çocuğumuza *"Bunu bulamayanlar da var..."* uyarısında bulunmayı....

Elbette tabakta yemek bırakmamamız gerekiyor ama doyabileceğiniz kadarını aldığınız takdirde tabakta yemek bırakmak israf olur. Oysa ondan daha büyük israf, çok yiyerek bu bünyenin sağlığını tehlikeye atmaktır.

Tabaktakini bitirmek *"sünnet"*tir belki ama az yiyerek sağlığı korumak *"farz"*dır. Çünkü bizim sofralarımızın kendisi, bizatihi israf üzerine kuruludur. Bir sofrada üç dört çeşit yemek bulunuyor ve çoğu kere de tabiatı birbirine zıt yemekleri bir arada yiyoruz.

Peygamber Efendimiz (sav), *"Gündüz beyazlığı ve gece karanlığında ikişer kere yemek ve içmek israftır."* buyuruyor. Demek ki neymiş yemekte israf: Gece karanlığında ve gündüz aydınlığında iki kere yemek yemek.

Yani sabah güneş doğmadan kahvaltı yapmışsanız, gün batmadan da akşam yemeğinizi yiyin buyuruyor Peygamberimiz (sav). Bu demektir ki bir insan hem kahvaltı, hem öğle yemeği hem de akşam yemeği yiyorsa zaten yeterince israf etmiş oluyor! Çünkü insanın gündelik yiyecek ihtiyacı ortalama 300-500 gram arasıyken her birimiz bir oturuşta bir kilo gıda tüketebiliyoruz.

Bu yaklaşıma göre 300-500 gramın üstündeki tüm yemeler israf kategorisinde değerlendirilebilir.

BESLENME DİSİPLİN İŞİDİR

Yemek ve sağlık gerçekten de insanoğlunun en önemli iki nimetidir. Bu ikisi birbirini besler. Sağlıklı bir beden, yediğini iyi hazmeder; yaşamaktan ve yediklerinden lezzet alır. Düzgün yiyen ve yediğinin hakkını veren de sağlıklı yaşar. Bu döngü, birbirini besleyerek ilerler.

İyi ve doğru *"beslenmek"* bir *"disiplin"* işidir. Öyle olmasaydı, cennette *"yasak meyve"* olmazdı. İnsan disiplinsizlik yüzünden yasak meyveyi yedi ve cennetten sürüldü. Bu sembolik seremoni, bize şunu anlatmak istiyor: İnsanın başına ne gelirse yeme içme konusundaki disiplinsizlikten gelecek.

Evet kötü ahlakı ve davranışları ortaya çıkaran, tüm hastalıkların kaynağı olan, insana maksadını unutturan; onu mutsuzluğa, bıkkınlığa, iştahsızlığa sürükleyen, sonunda bedenimizin hastalıklar torbası haline gelmesine yol açan aşırı ve karışık yeme hırsı ve alışkanlığıdır.

Bugün yeme içmeyi bir lezzet ve haz aracı kılan insanlık, yeniden "doğru beslenmenin değerini" keşfetmeye ve beslenmenin özünü tekrar hayatında ikame etmeye çalışıyor. Beslenme, doğru yaşama yöntemidir. İnsanın dünyası ve ahireti için gerekli işleri düzgün görebilmesinin bir yoludur. Bugünün insanı bu hakikati ıskaladığı için "Ne yapayım seviyorum, yiyorum...", "Ne yapayım çocuğum bunu çok seviyor..." gibi haz eksenli yaklaşımlarla yedikleriyle hayatı kendine ve sevdiklerine "zehir" edebiliyor!

Elbette bu kitap bir vaaz kitabı değildir. Nefsine zarar vermek isteyeni kimse ondan alıkoyamaz. Bizim bu kitabı yazmaktaki maksadımız, beslenme ve yeme içme konusunda doğruyu arayanlara yardımcı olacak bir anlayış geliştirmektir, sözün özünü anlayacak kalplere bir uyarı verebilmektir. Ta ki yenilen içilenlerin de bir tabiatı, ecri, sevabı, günahı (sıkıntısı) olduğu ve her yiyeceğin -helal dairede olsa dahi- herkes için aynı faydayı sağlamayacağı, anlaşılsın.

Irsiyet Kader Değildir

İnsanlar sıklıkla kendilerinde karar kılmış olan pek çok hastalığı genetik aktarımla izah ederler. Babam da şöyleydi, annemde de bu vardı, deyip kendilerinde görülen hastalığın tamamen genetik ve kaderî bir mesele olduğunu zannederler. Hiç kimse aklına getirmez ki *"Ben de babam gibi besleniyorum. Ben de annemin menüsünü takip ediyorum da o yüzden babamda görülen arazlar bende de görülüyor. Onun yaptığı disiplinsiz beslenme tarzını ben de devam ettiriyorum da o yüzden hepimizde aynı sıkıntılar çıkıyor..."* Oysa babanız kelse siz de kel olmak zorunda değilsiniz!

Elbette her insan, annesinin ve babasının kan grubundan birini taşır ya da onların bileşkelerinden meydana gelir. Ve tabii içinde yetiştiği ortam icabı beslenme kültürü ve alışkanlıkları da büyük oranda onlarınkine benzer. Böyle olunca da onların beslenme tarzının onlarda ne gibi hastalıklara sebep olduğuna bakıp beslenme tarzını değiştireceğine; tıpkı onlar gibi beslenip sonunda onlar gibi hastalanmayı ve bunu da kader (genetik akibet) saymayı tercih eder.

Kişi, sosyal hayatın ve çevrenin dayattığı yanlışlardan sıyrılıp beslenme alışkanlığını yeniden ve kan grubuna (kendi mizaç özelliklerine) göre tanzim etse belki hiç de saçı dökülmeyecek, tansiyon hastası olmayacak veya annesi gibi migreni tutmayacak...

Hepimiz fizikteki *"Aynı sebepler aynı neticeleri doğurur."* hükmünü biliriz de bunun yeme içme konusunda da aynı sonuçları verebileceğini aklımıza getirmeyiz. Oysa beslenme de fizik kanunları gibi bir *"sebep-sonuç"* ilişkisini doğurur; insan yediğinden inşa edilen bir varlıktır çünkü. İnşaat malzemenizi değiştirdiğinizde ya da kendi zemininize uygun hale getirdiğinizde yapınız (sağlığınız) da ona göre sağlamlık-zayıflık kazanır.

Konuya böyle bakıldığında görülecektir ki kişi beslenme alışkanlığını değiştirmeden, sağlıklı yaşam disiplini oluşturmadan hastalıklardan kurtulamaz. Perhizin gayesi de budur: Zaten bu sebepten dolayıdır ki birçok hastalıkta doktorlar *"Zinhar şunu yemeyeceksin, şundan şundan uzak duracaksın ki iyileşme olsun!"* derler.

> ✓ *Beslenme fizik kanunları gibi bir "sebep-sonuç" ilişkisini doğurur; insan yediğinden inşa edilen bir varlıktır çünkü. Kendi zemininize uygun hale getirdiğinizde yapınız (sağlığınız) da ona göre sağlamlık-zayıflık kazanır.*

Hastalanmak Uzun Bir Çaba Gerektirir

Peki doktorun dayattığı perhizi makul bulan insan hastalanmamak için aynı titizliği göstermesi gerektiğini neden kabullenemez? Oysa mizacına uygun ve az yiyerek beslense belki de hiç o hastalığa yakalanmayacak. Hatırlayınız, Peygamber Efendimiz, Mukavkıs'ın gönderdiği doktora *"Ben ve ashabım hasta olmayız!"* demişti. Bir peygamber nasıl bu kadar emin konuşabilir dersiniz? Demek ki hakikatin farkında. İnsanın beden yapısının ve işleyişinin farkında. Az yendiği, doğru ve doğal beslenildiği takdirde bu bedenin hasta olmayacağını biliyor. Nitekim bugün uzmanlar, bir muazzam sistem olan şu insan bedeninin hastalanması için, kişinin maksatlı ve uzun süreli çabasının gerektiğini söylüyorlar. O yüzden de bir bünyeye en uygun yiyeceklerin verilmesi ile onun tedavi edilebileceği fikrin yaygınlık kazanıyor.

Beslenme alışkanlığı değiştirilmeden, verilen perhize sıkı sıkıya uyulmadan hastalık düzeltilemez. Beslenme alışkanlığını değiştirmeyen hasta bir yandan tedavi olurken, diğer yandan o hastalığın ortaya çıkmasına ve azmasına neden olan bu durumu sürdürürse tedaviden bir netice alınamaz. Sonunda hastalık bir kısır döngü şeklini alır ki buna tıpta "kronik" denilen.

YANLIŞ BESLENME ALIŞKANLIKLARINDAN KURTULMAK

Bu fasit daireye düşmemek için önce beslenme alışkanlığımızı değiştirmemiz gerekiyor, bunu biliyoruz. Peki beslenme gibi çok yerleşik ve içinde yaşadığımız ortamla çok ilintili bir alışkanlık nasıl değiştirilir? Bunun için nasıl bir yöntem takip edilmeli?

- ✓ Öncelikle *zararı zaten belli bir kısım yiyecek-içecekleri* (kola, cips, hazır çorbalar, beyaz şeker, beyaz un vs) *soframızdan ayıklayacağız.*
- ✓ Ardından yukarıdan beri izah ettiğimiz genel anlamdaki *zararlı bileşkeleri* (yoğurt-et, ekmek-et, karışık etler vs.) *eleyip* mümkün mertebe mizaçları *birbiriyle uyumlu* yiyecekleri tercih edeceğiz ve soframızda (bir öğünde) *az çeşit* bulunduracağız.
- ✓ Kendi kan grubumuz ve mizacımız için zararlı ve yararlı olan yiyecekler listesini oluşturacağız. (Kitabın sonunda kapsamlı bir liste bulacaksınız.)
- ✓ Pişmiş yemekleri azaltıp çiğ ya da az pişmiş yiyecek oranımızı yükselteceğiz. Pişmiş olanları da bol yeşillikle tüketeceğiz. Sağlıklı bir menüde, bir günde tüketilen gıdanın yüzde 40'ı pişmiş -ekmek dahil-, yüzde 60'ı da çiğ yiyeceklerden oluşmalıdır. Şeker hastaları buna özellikle dikkat etmelidir.
- ✓ Yediğimiz her bir lokmayı iyice çiğneyip midedeki hazım sürecine yardımcı olacağız. Bunun için her lokmayı -mahiyetine göre- 16 ila 40 kez çiğnemeye özen göstereceğiz.
- ✓ Günlük yiyecek içecek miktarımızı, fıtrî ihtiyacımıza göre yeniden düzenleyeceğiz, öğün sayısını ve günlük yiyecek miktarımızı azaltacağız.
- ✓ Acıkmadan yemeyeceğiz. Peygamberimiz (sav)'in de vurguladığı temel düsturlardan biri budur.

> ✓ *Beslenme alışkanlığını değiştirmeyen hasta bir yandan tedavi olurken bir yandan da hastalığına yol açan yeme içme şeklini sürdürürse sağlığına kavuşamaz.*

Saat 21.00'de Sindirim İşlemi Durur

Burada çok **dikkat edilmesi gereken bir kural** vardır ki o da insanın vücudunun, mahalli (güneş) saate göre 21'den itibaren sindirim işlemini, daha doğrusu sindirim için gerekli enzimleri salgılamayı tamamen durdurduğu gerçeğidir. O saatten sonra yenilenlerin hepsi, midede işlem görmek için vücudun sindirim saatinin çalacağı vakti (sabahın erken saatlerini) bekler. 21'den sonra yeme alışkanlığı olanların ilk önce o alışkanlığı terk etmeleri gerekir.

Yemenin miktarı da çok önemlidir. Vücudun günlük ihtiyacının 250-300 gram arasında olduğunu, ağır kol işçilerinde bunun 500 gram civarına çıkabileceğini ifade etmiştik. Bunu sağlamak için, öğle yemeğini ya tamamen iptal etmek gerekiyor veya meyve ve salatalarla geçiştirmek gerekiyor. Akşam yemeğini de mümkünse saat 18 civarında yemek faydalıdır.

Su ve Hazım İlişkisi

Sofraya oturur oturmaz su içmenin zararını hatırlatmıştık. İnsanların büyük çoğunluğu, sofraya oturur oturmaz -yani ne yiyeceğini gördükten sonra- su içmekten dolayı kendilerini hasta ediyorlar. Ne yiyeceğini gören insanın midesi gerekli enzimleri hemen salgılar. Su içilince o enzimler su ile birlikte barsaklara geçeceği için mide, yenilenleri hazmedemez. O yüzden de yemekten önce en fazla iki üç yudum su içilebilir. O da yavaş yavaş içilmek şartıyla...

Yemekle birlikte içilen su da zararlıdır. Çünkü yemekle birlikte su içmek, çiğneme sırasında tükürük enzimleriyle ağızda başlayan hazım işlemine zarar verir. Tükürük üretimini azaltır. Oysa tükürük, hazım için vücudun kullandığı ilk ve en kıymetli enzimdir. Su alındığında ekmek su ile yumuşayacağı için, tükürük üretimi azalır. Böylece tükürükle yumuşatılması ve karıştırılması gereken lokma su ile ıslatılmış olur. Bu da başta mide olmak üzere barsak ve karaciğerlerin işini zorlaştırır.

Yemekten sonra su içmeye gelince... Yemekten sonra çok ihtiyaç duyuluyorsa birkaç yudum su içilebilir. Fakat unutmamak gerekir ki yemekten sonra içilen suyu mide, su olarak kabul etmez, karıştığı yemeğin cinsinden sayar, yemeğin tâbi olacağı tüm sindirim sürecinden o da geçer. Böylece vücut, bu sudan dolayı gereksiz yere yorulur. Aynı zamanda bu, zamanla midemizin büyümesine ve genişlemesine yol açar. Büyüyen mide, bir sonraki öğünde ihtiyaçtan fazla yemek yememize neden olur. Yani birkaç bardak su deyip geçmeyelim: Vakitsiz alınan su, sindirim sisteminin mekanizmasını bozmuş olur.

Dolayısıyla saat 21.00 yakın saatlerden yemek yeme zorunda kalanlar özellikle su içme konusuna dikkat etmeli.

Mide Fesadının Sebebi

Yemekten sonra içilen su mide fesadının temel sebeplerinden biridir. Hele yemekten hemen sonra meyve suyu veya benzeri, yemeğe zıt karakterde olan bir sıvı içmek çok daha vahim neticeler doğurur.

Temel bir kural olarak, yemek yendikten sonra en az 2 saat asla bir şey yiyip içmemek mide sağlığı açısından en eslem yol. Bu prensibe uyulduğu takdirde, karışık yemiş olmanın sakıncaları dahi azaltılabilir. Hazım kolaylaşır, boşaltım kolaylaşır, kabızlık önlenir... *Su ve çay içmenin, meyve yemenin en ideal zamanı, yemekten 2-2,5 saat sonrasıdır.* Dolayısıyla öğün aralarında ikide bir atıştırma yapmayacağız, abur cubur yemeyeceğiz. Bilhassa çocuk büyüten anne-babaların atıştırma konusuna özellikle dikkat etmesi gerekir. Zira çoğu kere ağlamasın diye çocuğun eline tutuşturduğumuz bir bisküvinin, bir çikletin, bir hazır dondurmanın ona ne kadar zarar verdiğini bilmiyoruz. Bugün çocuklarımızın büyük ekseriyeti ve anneler, sadece abur cubur yemekten dolayı hastalar ve perişan durumdadırlar. İnsanlar -özellikle öğün arası atıştırmayı seven kadınlar- yanlış beslenme alışkanlıkları sebebiyle genç yaşta fazla kilolarının esiri oluyorlar. **Belki size tuhaf gelecek ama ruhî hastalıklarımızın büyük bir kısmının altında dahi yanlış ve karışık beslenme yatmaktadır maalesef.**

Artık Can Boğazdan Gelmiyor

İnanın çoğu kere mide, dalak ve barsakların bozulan fonksiyonlarını düzeltebilmek, sadece yeme içmede sıraya riayet etmekle ve alınan yiyecekleri bolca çiğnemekle dahi mümkün olabilmektedir.

Bazı diyabetçilerde ve halk arasında var olan inanışa göre sağlıklı olmak için bol ve çok çeşitli yiyecekler yemek gerekiyor. *"Can boğazdan gelir."* diyerek bol miktarda protein, vitamin ve mineral içeren yiyecekleri sürekli tüketmenin insanı güçlü ve hastalıklara karşı dirençli kılacağını sanıyorlar ama durum zannedildiği gibi fayda değil, karışık beslenmekten dolayı zarar verebiliyor. Yani "boğazdan gelen" canın bağazımıza hakim olamamaktan dolayı çıktığını da bilmek zorundayız artık.

Günümüz insanı bir günde dört beş kişiyi doyuracak miktarda yiyecek tüketiyor. Bir oturuşta iki kişiye yirmi dört saat yetebilecek gıda alıyor. O yüzen de nerede ise toplumda sağlıklı insan kalmamıştır.

Hayvanlar üzerinde yapılan bir çalışmada az yiyen hayvanların aynı şartlarda çok yiyen hemcinslerinden daha uzun yaşadıkları tespit edilmiştir. Bilim adamları bir hayvana, normalde tükettiği miktarın yüzde 70'i verilerek, ömrünü, yüzde 20-30 oranında uzatmanın mümkün olduğunu ispat ettiler.

Sağlıklı bir gelecek ve *erzel-i ömür* denilen düşmüşlükten uzak olabilmek, salim bir hayat sürebilmek için de mümkün mertebe az ve doğru gıdalarla beslenmek gerekmektedir . Zaten *"Sünnete uygun yaşamak Resulullah gibi az ve sade yemek hayatın ta kendisidir."*

DÜZENLİ ORUÇLAR TUTMAK

İnsan sünnete uygun yaşadığı, harama helale riayet ettiği (yani temiz ve bünyesine uygun gıdaları yemeye özen gösterdiği) halde yine de bünyesine uygun olmayan besinler almış, kanını kirletmiş, kolesterol ve tansiyon gibi beslenme kaynaklı problemlerin, bedeni istila etmesine yol açmış olabilir. Bunlar da yaşama kalitemizi ciddi anlamda düşürür.

Dolaşım sistemi sağlıklı bir beden, her bir ağacının altına su şebekesi götürülmüş bir bahçeye benzer. Su şebekesinin sağlıklı olması ve temiz su taşıması nasıl bahçenin de sağlıklı ve gür olmasına yol açıyorsa, aynı şekilde damarlarımızın açık ve kanımızın temiz olması da bedenimizin öyle sağlıklı olmasına yarıyor. Sağlıklı bir bünye, sağlıklı çalışan dolaşım sistemiyle mümkündür.

Dolaşım sisteminin düzenli olması da damarlarda dolaşan kanın, kılcal damarları tıkayacak yoğunlukta olmamasıyla mümkündür. Temiz kan, damarlarda tortu ve birikim

✔İnsan vücudundaki kan (sıvı) deveranı ile Ay'ın menzil ve hareketlerinin tuhaf bir ilintisi olduğu eskiden beri bilinmektedir. Eski tabipler tedavide bu takvime dikkat ederdi.

bırakmaz. İçinde tortu, yağ, kolesterol barındıran kan, muhakkak bir şekilde kan damarlarını tıkayacaktır.

Bilerek bilmeyerek damarlarımızın tıkanmasına neden olan bu yanlış beslenmenin kötü sonuçlarından vücudu korumak için, vücuda, zaman zaman sistemini tasfiye ve temizleme fırsatı vermek gerekiyor. Bu da ancak, sindirim sistemini uzun bir süre dinlendirmekle yani 24 saati aşan uzun soluklu oruçlarla mümkündür.

Yıllık Oruç:

Vücudu Yıllık Tatile Alma Operasyonu

Esasında dinin emrettiği oruç, tam da buna hizmet etmek için konulmuş bir talimattır. Biz insanlar, maalesef uyku saati dışında sürekli bir şeyler atıştırarak, vücudumuzu sürekli bir şeyleri hazmetmekle meşgul ediyoruz.

Bir ev düşünün, her gün değişen ve her gün yeniden çarşafların ve bulaşıkların yıkanmasını, yemeklerin yapılmasını gerektiren yoğun bir misafir trafiği var. Acaba o evin hanımları bu trafiğe ne kadar dayanabilirler?

Ben diyeyim bir hafta siz deyin 15 gün.

Sonra?

Sonra herkesin vücudu ve sabrı iflas eder. Eşiniz size "İnsaf et, bana iki gün fırsat ver de bari evin köşe bucağını, mutfağın sağını solunu temizleyebileyim!" uyarısında bulunur haklı olarak.

Peki, siz, 365 gün 24 saat uğraşıp duran midenize, damarlarınıza, vücudunuza, kendi atıklarını temizleme, fırsatı vermezseniz, bu vücut hanesi, kendisini nasıl tamir etsin, kirini pasını nasıl temizlesin?

İşte yıllık oruç, Cenab-ı Allah'ın vücuttaki organlara verdiği zorunlu *"paydos"* saatidir. Çoğumuz bu uyarıya da uymuyoruz. O zaman bu hane (beden) kendisini ne zaman temizleyecek?

Esasında, günde sadece iki öğün ve 300-500 gram yiyerek vücudumuzun hızlı kirlenmesini önleyebiliriz ama bunun pratikte mümkün olmadığını, alışkanlıklarından vazgeçemeyen hepimiz biliriz. O yüzden vücudumuza, her ay üç gün kendisini temizleme fırsatı vermek gerekiyor. **Ayda bir, üç gün iftarsız oruç tutan bir insan, her ay vücudunu adeta rektefe etmiş olur.**

İnsan vücudundaki kan (sıvı) deveranı ile Ay'ın menzil ve hareketlerinin tuhaf bir ilintisi olduğu eskiden beri bilinmektedir. Modern tıp bu alanlarla ilgilenmemiştir ama eski tıb ilmi, ay ile insan vücudu arasında muazzam ilintiler kurmuş, vücudun ve kanın temizlenmesini Ay'ın durumuna göre belirlemiştir.

Nitekim Ay takvimine göre tanzim edilen oruç ibadeti, her yıl 10 gün öne alınarak, 33 yılda insana, senenin bütün günlerinde bir kere tatil yapma hakkı vermiş olur. Bu da sağlık için son derece önemlidir.

Aylık Oruçlar

Vücudun kendini dinlenmeye almasını bir yıl beklemeden her ay belli günler oruç tutarak aylık kısa bakımlar da yapılabilir. Böylece vücudun kendisini tamir etmesi, köşe bucak temizlik yapması, damarların, tıkanmasına ve elastikiyetlerini kaybetmesine neden olan kirlerinden temizlenmesi için, sindirim sistemine 36, 72, 240 saatlik tatiller verilebilir.

Esasında şu süreler kadar vücudu gıda almaktan alıkoymak, bünyemize musallat olan birtakım virüs ve bakterilerin yok edilmesi açısından da çok faydalıdır. Çünkü vücudumuza zararlı bakteri ve virüslerin bir kısmı 11 saat, bir kısmı 17 saat, bir kısmı 27 saat (ve hakeza) süren açlıklar sonucu ölebiliyorlar.

Hatta insan bu açlık süresini, 5-7 güne kadar ulaştırsa, vücudun, sağlıksız hücrelerinden kurtulmasına bile hizmet etmiş olur.

Bugün açlıkla tedavi hızla yaygınlaşmaktadır. İnsanın, en iyi, açlıkla tedavi edilebileceği gerçeği Doğu tıbbına ait bir bilgi olmasına rağmen, bu yöntemin çağımızda yeniden hayat bulması Amerikalı doktorlar sayesinde olmuştur. 1940'lı yılların başında Amerika'da bazı doktorlar fark ediyorlar ki insan vücudu bir süre aç bırakılırsa vücuttaki bazı mekanizmalar kendisini tamir ediyor.

Bunların başında, *Oruçla Yeniden Sağlığa Kavuşma ve Gençleşme* kitabının yazarı *Prof. Dr. A. Ehret* gelir. Fakat bu konuyu disipline eden ve uygulanabilir bir yöntem haline getiren ve çalışmalarını *Oruç Tutmak Hayatınızı Kurtarır* adlı eserle dünyaya duyuran *Prof. Dr. H. M. Shelton*'dur.

Bu iş daha sonra zaten klinik anlamda tatbik edilebilen bir sağlık sektörü oldu. Bizler ise, atalarımızın bir yöntemi olan *"Oruç tut sıhhat bul"* geleneğini onlardan öğrenmeye başladık.

Bize emanet edilen vücudumuzun, ona sorumsuzca ihanetimizden dolayı, vaktinden önce yaşam enerjisini ve ona bağlı olarak da gençlik taravetini kaybetmesini istemiyorsak, vücudumuzu uzun soluklu açlıklarla ferahlatmamız gerekir.

36 Saatlik Açlıklar

Bunun için 12 ay içerisinde yılın bir ayı oruca ayrıldığı gibi her ay içerisinde de belli günler oruç tutulabilir. Nasıl ki 360 günün 30 günü oruçlu geçiriliyor ise benzer bir oranlama ile 30 günlük bir ayın da üç gününü düzenli olarak oruçlu geçirmek, sağlık açısından, son derece faydalıdır. Eğer yapabilirseniz ayda bir (hicri ayların 13,14,15. günleri) üç gün oruç tutun. Bünyeniz dayanabilirse bu oruçların iftarlarını sadece suyla açabilirsiniz. Bunu yapamasanız bile haftada bir (veya Pazartesi ve Perşembe olmak üzere 2 gün), 36 saat kendinizi aç bırakın.

36 saatlik açlıkları nasıl uygulayabilirsiniz? Bunun için pratik bir yöntem verelim:

Diyelim ki Pazartesi günü oruç tutacaksınız. Bunun için Pazar akşamı en geç saat 19.00'da hafif bir yemek yiyin. Sindirim sisteminizi tam olarak boşaltmak için yatmadan önce bünyenize uygun bir müshil de alabilirsiniz. Pazartesi gününü normal bir oruçlu gibi geçirebilir ve iftarda ihtiyaç duyarsanız sadece orucunuzu açmak için birkaç yudum su içebilirsiniz. Böylece Pazartesi akşamı ve gecesini bir şey yemeden geçirin. Salı sabah saat 07.00'ye kadar bir şey yemeyin. Sabah ilk olarak bir ya da iki bardak suya bir limon sıkın. Bunu yavaş yavaş için. Salı günü öğlen meyve akşam hafif ve az tuzlu bir yemeğe geçebilirsiniz... Bu şekilde zaman zaman sindirim sistemini rolanyite almak, herkes için büyük faydadır.

✓ Bize emanet edilen vücudumuzun kendi dikkatsizliğimizden dolayı, vaktinden önce yaşam enerjisini ve gençlik taravetini kaybetmesini istemiyorsak, vücudumuza uzun soluklu açlıklarla ferahlatmamız gerekir.

DÜZENLİ ARALIKLARLA KANIN TEMİZLENMESİ:

HACAMAT

"Düzenli Oruçlar Tutmak" başlıklı bölümün başında değindiğimiz gibi, insan ne kadar dikkat ederse etsin, illa da kanı kirlenebiliyor. Kirlenen kan, kılcal damarları tıkar. **"Kılcal damarları tıkanmış bir vücut, şebeke sistemi bozulmuş bir bahçeye benzer"** demiştik. Siz farkına varmazsınız ama bir de bakarsınız ki bahçenizin bir yanı kuruyuvermiş. O zaman anlarsınız ki şebeke bozulmuş ve onu tamir etmek gerekiyor. Bu usul, ihmalkâr insanların usulüdür.

Bir tür insan da var ki, her yıl, çitinin, çatısının, sobasının, kombisinin veya kalorifer kazanının bakımını yaptırır. Varsa bahçesinin su şebekesini sık sık kontrol ederek, arızalı kısımlarını vaktinden önce tamir eder. Damlama sistemle bahçesini suluyorsa tıkanan su yollarının açılması, her bir ağacın dibine suyun ulaşması için sistemi gözden geçirir ve böylece, yıkım gelmeden, sistemini tamir eder. **İşte hacamat dediğimiz Nebevi yöntem böyle bir şey!**

Mukavkıs'ın doktoruna verdiği cevapta Peygamberimiz (sav) ne buyurmuşlardı:

"Biz acıkmadan yemeyiz, yediğimiz zaman tıka basa midemizi doldurmayız ve senede bir hacamat yaparız."

İşte hacamat, her şeye rağmen yediklerimiz ve içtiklerimizden dolayı tıkanmış olan kan damarlarının açılması, temiz kanın yeniden her uzva yeterli miktarda ulaşabilmesi için yapılan bir işlemdir ve "sünnet"tir.

Her bahar ve sonbaharda hacamat yaptırmak Peygamberimiz (sav)'in tavsiyesidir. 35-40 yaşına gelip de hiç hacamat yaptırmamış bir insanın, kanını temizlemesi için en az 4-5 **tarama hacamatı** yapması gerekir ki *"kan temizlensin"*. Tabii bu arada beslenme şeklini de değiştirmek gerekir ki *"kan temiz kalsın"*. Yoksa bir taraftan hacamat yaptırıp diğer taraftan yine kanı kirletmeye devam etmek fazla bir fayda sağlamaz.

Hacamat, yanlış beslenme ve yaşam tarzından kaynaklanan sebeplerle tıkanmış, kanın vücutta sağlıklı dolaşmasına imkân tanımayan damarların açılması için yapılan bir operasyondur. Bu işlemi uzman birilerine yaptırmanız gerekir. Çünkü hangi hastalık için vücudun hangi bölgesinden nasıl hacamat yapılması gerektiğini tarama hacamatı için hangi bölgelerden kan alınması gerektiğini ancak işin uzmanları bilir. Ayrıca hacamat yaptırdığınız zamanların uygun tarihler ve günler olup olmadığına dikkat edin.

KOKULAR BAHSİ

Kan gruplarına uygun beslenmeyi esas alan böyle bir eserde kokular konusuna ayrı bir bahis açmamız size tuhaf gelebilir.

Doğru yaşam ile çok ilintili olduğuna emin olduğum kokuların sağlık açısından önemini size anlatabilmek için nasıl bir yol takip etmem gerektiği hususunda ben de bocaladım. Çünkü tamamen nesnel düşünmeye alışmış günümüz ihsanına, böyle biraz sübjektif görünen bir konuyu anlatabilmek de zor.

Bilindiği gibi kokular, aynı zamanda varlıklar ve türler arası ilişkilerin

> ✔ *İlkbahar ve sonbaharda hacamat yaptırmak Peygamberimiz (sav)'in tavsiyesidir. 35-40 yaşına gelip de hiç hacamat yaptırmamış bir insanın kanını temizlemesi için en az 4-5 tarama hacamatı yapması gerekir.*

de konusudur. Sevme veya nefret etme duygusunu, gönüllü veya zorunlu itaat ve bağlılığı hepimiz biliriz. Ama bunu sadece sevgi ve korku ile izah eder geçeriz. O sevginin kalpte nasıl ve niçin oluştuğu, nasıl bir mekanizmayı harekete geçirdiği konusunda fazla zihin yormayız. Büyüğümüze itaat ederiz; annemize, babamıza, hocamıza, patronumuza ve hiç de bu kategoriye girmeyen bir dizi insan, nesne, varlık vardır ki onlara dair yüreğimizde sevgi oluşur.

İnsanoğlunun tabiatı, fıtraten üç şeye gönüllü itaat etmeye eğilimlidir: Biri *menfaat*, diğeri *güzellik*, bir diğeri *kemal* yani *olgunluk, mükemmellik* ve *ehil olmak*…

İnsan, çıkarı için birine itaat edebilir. İnsan, güzel olan şeyi sever ve kâmil (yani olgun ve işinde yetkin) insanlara itaat etmekten yüksünmez.

Menfaatin gerekçesi, kendi çıkarımızdır. Nefs, kendi çıkarını sevecek şekilde var edilmiş. Ve doğal olarak bir şeyde çıkarı varsa onu sever ve ona itaat eder.

Güzelliğe karşı sevginin varlığı da yaratılışımızın bir gereğidir. Yani bu beden dediğimiz düzenekler bütünü, güzel olan şeye fıtrî bir ilgi gösterir. Onun tabiatında güzelliğe karşı bir perestiş ve itaat etme mekanizması vardır. Ve tabii güzel huy, davranış ve bilgelik de insanı kendisine bağlar.

Bütün bunları biliyoruz ve yaşıyoruz. Ama neden filanı seviyoruz da feşmekânı sevmiyoruz? Neden X ile karşılaştığımızda yüreğimizde bir coşku kabarır da Y ile karşılaşmamak için yolumuzu dahi değiştiririz?

Bazı renkler, ortamlar ve şahıslar üzerimizde derin etki bırakır. Ama bu etkinin nasıl oluştuğunu, niçin kalbimizin veya bedenimizin o etkiye o tepkiyi verdiğini düşünmeyiz.

Arıları, Kraliçe Arıya İtaat Ettiren Nedir?

On binlerce arıyı, bir kraliçe arının etrafında kenetlenmeye sevk eden (belki zorlayan demek gerekir) güç nedir? Kraliçe Arı nasıl bir güç veya yöntem kullanıyor ki tüm o arılar kayıtsız şartsız kendisine itaat ediyor ve onun kolonisinden ayrılmıyorlar?

Korku mu, çıkar mı, güzellik mi? Yahut ne?

Ben kendi bireysel tecrübelerimle biliyorum ki o arıları kovanın kraliçe arısına itaat etmeye sevkeden güç; ne korku ne menfaat ne çıkar ne de güzelliktir. Belki Allah öyle yaratmış deyip geçebiliriz. Ama Kur'an dahi sık sık bu tabiat olaylarına dikkatlerimizi çeker; yerleri, gökleri ve içindekileri tefekkür gözü ile değerlendirmemizi bekler ve sık sık da *"Hiç düşünmezler mi/akletmezler mi?"* uyarısıyla etrafımızda olup bitenlere karşı zihinlerimizi açmaya davet eder.

Güneş ve dünya arasındaki çekim kanunu vardır. Biz bunu bir fizik kanunu olarak açıklar geçeriz. İşte benzer bir durum arılar ve kraliçe arı arasında var. O çekimi sağlayan kokudur.

Elime Toplanan Arılar

Konuyla ilgili olarak, çocukluğumda yaşadığım bir hadiseyi aktaracağım… Çocukluğumda evimizin bal ihtiyacını karşılayan birkaç kovanımız vardı. Bir gün bir kovan oğul verdi. Arılar kovandan çıkmıştı ama kovanın kapısından öteye gitmiyorlardı! Kovanın üstünde adeta minik ve siyah bir bulut parçası gibi dönüp duruyorlardı.

> ✓ *İnsanoğlunun tabiatı, fıtraten üç şeye gönüllü itaat etmeye eğilimlidir: Biri menfaat, diğeri güzellik, bir diğeri kemal yani olgunluk, mükemmellik ve ehil olmak…*

"Galiba 'kraliçe arı' çıkamıyor." diyerek uygun şeyler giyinip kovana yaklaştım, kovanın içine baktım. Evet, o arıların etrafında toplandığı kraliçe arının bir ayağı hâlâ mumun içindeydi. Ayağını kurtaramıyordu. Ben onu kurtarayım diyerek iki parmağımla usulca onu tutup çıkarmak istedim. Sonra düşündüm ki çekersem ayağı kopabilir. Başka bir tedbir bulayım diye düşünerek elimi kovandan çıkardım.

Elimi kovandan çıkarmamla o havada uçuşan arıların parmak uçlarıma üşüşmeleri bir oldu. Bir anda elimde koca bir arı yumağı oluşmuştu! Korkudan öyle bir çığlık atmışım ki köyün tüm vadisinde yankılandı. Allahtan babam yetişti de *"Korkma sana zarar vermezler. Kraliçe arının kokusu ellerine bulaştığı için parmaklarına üşüşüyorlar. Seni kraliçeleri zannediyorlar..."* diyerek korkumu giderdi. Sonra beyi çıkardı ve bir kovaya koydu. Tüm arılar, yeniden onun etrafında toplaştılar.

Ben o gün kokuların ne menem bir şey olduğunu anladım ama bu mekanizmaların aslında tüm varlıklarda mevcut olduğunu çok sonraları farkettim. Sonraki yıllarda anladım ve bildim ki Cenab-ı Hak, eşyayı ve tüm yaratıkları böylesi görünmez bağlarla birbirine raptetmiş. (Tabi ki en dipte O'nun Zati muhabbeti vardır amma bilene...)

Kumanda Televizyon İlişkisi

Kumanda ve televizyon ilişkisini bir düşünün. Bir salonda bir milyon televizyon var ve hepsinin frekansı aynı kumandaya yönlendirilmiş diyelim. Bir çocuk tüm o televizyonları bir düğmeye dokunarak açar, kapatır, kanallarını değiştirir, renk ve ses ayarlarını yapar... Fakat hemen yanıbaşında duran ama kumandası farklı bir televizyona hükmedemez.

Aynı şekilde Cenab-ı Hak, türlerin kendi içindeki koordinasyonu, sevk ve idaresi veya bir kitle halinde hareket edip kendilerinden beklenen fonksiyonları yapabilmeleri için önce onların içinden farklı donanımlı bir bey, kraliçe veya lider yaratır. Ona, diğerlerinin kayıtsız şartsız itaat edecekleri bir kumanda gücü verir. Diğerlerine de o kumandadan etkilenecek düzenekler bütününü...

İşte canlılar arasındaki bu iletişim ve etkileşimi sağlayan sırlı güçlerden biri dew kokudur. Cansız varlıkların bir arada bulunmalarını (mesela atom zerrelerinin bir araya gelip molekülleri, moleküllerin birleşip hücreleri, hücrelerin birleşip dokuları, dokuların organları meydana getirmeleri gibi...) ise çekim denilen bir sır ile sağlamıştır.

Koku hem iletişimi sağlar hem de itaati. Yine kokuların etkisine dair çocukluğumdan kalma bir gözlemim var. Bunu herhalde keçi besleyen herkes biliyordur. Koç katımı zamanı (keçilerin döllenme mevsimi) geldiğinde, tekeler bir iki hafta evde tutulur ve sürüye salınmaz. Bundan maksat, keçilerin, aynı zaman dilimi içinde döllenmesini sağlamaktır. Ta ki oğlakların doğumları da aynı döneme denk gelsin ve bakıcı rahat etsin...

Arı beyinin binlerce arıyı, karınca kraliçesinin binlerce karıncayı sevk ve idare etmesi biraz da yaydıkları koku iledir. Koku, bir tür kumanda mekanizmasıdır.

Bu bekleme döneminde teke, sürekli idrarıyla tüylerini ıslatır. Ve sonunda civarını öyle bir koku kaplar ki -çok terlemiş ve etrafına keskin bir ter kokusu yayan insanlara "Teke gibi kokuyorsun!" diye hakaret edildiğini biliriz- döllenme zamanı gelmiş dişi keçiler, adeta kelebeklerin ışığa üşüştüğü gibi ona yönelirler.

Parfüm Etkisi

Bugün koku mekanizması aynısıyla insanlar için de kullanılmaktadır. Yüksek dişilik hormonu içeren parfümler, yüksek erillik özü hormonu taşıyan parfümlerle insanların birbirini etkilemesi veya sanal hormonlarla takviye edilmiş koku yayıcılarla güya hoş, çekici ve ferah ortamlar var edilmek istenmektir. Aynı şey çamaşır sularında ve yumuşatıcılarda da kullanılmaktadır. Bu sentetik ve sanal kokular, sayesinde insanlar, birbirini kendilerine ait olmayan kokularla anlamaya çalışıyorlar.

Elbette başlangıçta koku sürünmek, başkalarını rahatsız etmemek amaçlıydı. Bugün ise bu amacının çok ötesinde fonksiyonlar da icra diyor parfümler.

İş salt bu boyutuyla kalsa, koku bahsi yine de bu kitabın konusu olmayabilirdi. Çünkü artık koku mekanizmaları, çok farklı ürünlerde hiç de masum olmayan amaçlarla kullanılmaktadır. Gıda sektörü de bunların başında gelmekte ve insanlar gıdalarda kullanılan değişik kokularla adeta "avlanmakta" ve bazı yiyeceklere bağımlı hale getirilmektedir.

Size yine bir örnek vereceğim. Mesela ortalıkta bırakılmış bir kesme şeker o ortamda var olan tüm karıncaları çeken. Öyle ki o kadar kısa zamanda bunca karıncanın nereden çıkıp geldiğini anlayamazsınız.

Eğer bir yerlere yağ dökülmüşse emin olabilirsiniz ki oraya hemen karasinekler hücum edecek! Şayet bal dökülmüşse bu sefer de müşteri bal arısı, yaban arısı ve bir parça da karıncalar olur.

Ama eğer ortalıkta bir parça et bırakmışsanız, önce eşek arısı ve yaban arısı gelir. Biraz daha bekleyip de et kokmaya başlayınca, sarı sırt denilen zırhlı sinekler üşüşmeye başlar. Biraz daha koktuğunda ise zırhlı sinekler gelir. Daha koktuğunda değişik sinekler ve uçucular gelip üzerine larvalarını bırakırlar.

Her Kokunun Farklı Müşterileri Vardır

Görüyorsunuz ki her kokunun farklı müşterileri vardır. Ve her varlığın, her nesnenin; taşın, toprağın, ıslak taşın, havanın, suyun, sadece kendisine ait doğal bir kokusu vardır ve bu aynı zamanda onu evrendeki diğer tüm türdaşlarından ve diğer yaratıklardan ayırt eden **mümeyyiz vasfıdır**. Ve her kokunun da bir müşterisi vardır. Halk arasında derler ya *"Topal eşeğin kör alıcısı olur."* veya *"Bitli baklanın kör alıcısı olur."* diye... İşte Allah da her bir kokunun müşterisini, daha doğrusu mekanizması o kokudan etkilenen birini var etmiştir.

Tıpkı bunlar gibi her insanın da tamamen kendine özgü bir kokusu vardır. Ve o kokunun doğal olarak etkilediği insanlar da vardır. İnsan kendi öz kokusunu değiştirmedikçe müşterilerinin halinde de değişiklik olmaz.

Kokuların Evlenmedeki Rolü

Zaman zaman yeni evlenecek çiftlere bu konuyu açıyorum: *"Sizi birbirinize çeken, yani; bir yığın başka alternatif varken birbirinizi tercih etmenize sebep olan sırrı kaybetmeyin..."* tavsiyesinde bulunuyorum. *"Kokunuzu değiştirmezseniz, yaşlandığınızda da en az bugünkü kadar ve hatta daha fazla birbirinizi seversiniz."* diyorum.

Evet, gerçekten bir genç kız, kendisini asla terk etmeyecek biri tarafından sevilmesini istiyorsa yalnızca kendi

Bir genç kız, kendisini asla terk etmeyecek biri tarafından sevilmesini istiyorsa yalnızca kendi özgün kokusunu yaymayı sürdürmeli. Ta ki gerçekten o kokuyu sevecek olan müşterisi gelsin, başkaları gelmesin...

özgün kokusunu yaymayı sürdürmeli. Ta ki gerçekten o kokuyu sevecek olan müşterisi gelsin. Siz kokunuzu bozar, değiştirirseniz, o kokuyu seven müşteriler gelir ama onlar genellikle size sıkıntı verirler. Çünkü onlar gerçek bağlılarınız/bağımlılarınız olamazlar.

Siz kendiniz kaldıkça, sade ve düzgün yaşadıkça kokunuz da kendinize özgü kalır. O özgün kokunuzun gerçekten etkilediği insan gelip sizi bulur. Siz ya da muhatabınız yaydığınız o kokunuzu bozup değiştirmedikçe yaşadığınız olaylar, sıkıntılar ve tasalar sizi birbirinizden ayıramaz.

Ama siz gerek yeme içme kültürünüzü değiştirerek, gerek davranışlarınızda farklılaşarak veya Yaratıcı'nın insana teklif ettiği sorumlulukları yerine getirmeyerek kokunuzun rengini ve değiştirirseniz, bir de bakarsınız ki sizi seven o "müşteriniz"/aşığınız/sevgiliniz/eşiniz artık sizi sevmez olmuş! Veya siz artık onu cezbetmiyorsunuz...

Cenab-ı Hak *"Allah'a ve Resûlüne itaat edin ve birbirinizle çekişmeyin. Sonra birbirinizden ayrılırsınız ve kokunuz gidiverir."* (Enfal, 46) buyurarak bize, itaat etmek, iyi geçinmek, ayrılmak gibi konular ile koku arasında açık bir münasebete olduğuna işaret ediyor.

Ayette geçen *"Resule itaat edin!"* buyruğu, esasında müminin, her davranışında Hz. Peygamber (sav)'i model alması gerektiğini ve yaşamın tüm hallerinde (yeme içme, uyuma, çevresiyle münasebet vs.) onun örnek alınması gerektiğini bildirir. *"Allah'a itaat"*ten maksat ise daha önceki sayfalarda da temas ettiğimiz gibi *"sünnetullah"* denilen evrensel kurallara uyumlu yaşamaktan ibarettir.

Dolayısıyla şu ayeti *"Yeme içmenizde ve ilişkilerinizde doğadaki ilahî/evrensel kurallara uyunuz. Size helal kılınanları yiyin, haram kılınanlardan uzak durunuz. Peygamberin yaşadığı gibi yaşayın. Böyle yaşamazsanız, çözülürsünüz; sizi birbirinize sevdiren, birinizi ötekine sevimli kılan bağınız, kokunuz dağılıverir ve birbirinizi sevmezsiniz."* şeklinde tefsir etmemiz de mümkündür.

Koku ve Sağlık İlişkisi

Şimdi kokuların bu kitabımızı ilgilendiren kısmına geliyorum.

Peygamber Efendimiz (sav)'in Mescid'e giderken soğan ve sarımsak gibi başkalarını rahatsız edecek yiyecekleri yemediğini biliyoruz. Bu tavrıyla temiz ruhların temiz kokuyu sevdiğini, kimsenin kimseyi rahatsız etmemesi gerektiğini ümmetine telkin etmiştir.

Öte yandan sarımsak ve soğan yemenin insan sağlığı açısından faydasını vurgulamak için de *"Bana Cebrail gelmeseydi ben de sarımsak yerdim."* dediğini de biliyoruz.

Demek ki öyle yiyecekler var ki insan onu yediğinde melekler rahatsız olup o kişiden uzak duruyorlar. Bazı melekler var ki insanların yaydığı kokuya tahammül dahi edemiyorlar.

Peki, size bir soru:

İnsanla birlikte, insanın kendi bedenini ve varlığını sürdürebilmesi için ona yardımcı olan kaç melek vardır?

Bir tahminde bulunun: Bir üç beş on... Daha da fazlası... Bizimle beraber yaşayan, vücudumuzdaki fonksiyonları sevk ve idare eden, sayısız görevli melek var. Bir ayette *"İnsanı önünden ve ardından takip eden melekler vardır. Allah'ın emriyle onu korurlar. Şüphesiz ki bir kavim kendi durumunu değiştirmedikçe Allah onların durumunu değiştirmez..."* (Rad, 11) buyrulur.

Biz bu ayeti yediklerimiz ve içtiklerimizle, siz eğer *"Sizi olaylardan, belalardan, hastalıklardan ve sıkıntılardan korumakla görevli yardımcılarınızı kendinizden uzaklaştırıp koruma kalkanınızı yok etmezseniz Allah size dert, sıkıntı, keder vermez."* şeklinde anlayabiliriz. Yahut bu ayette geçen *"Bir kavim kendi durumunu değiştirmedikçe Allah onların durumunu değiştirmez."* hükmünü, "Cenab-ı Hakk'ın bedenimiz etrafında ve içinde var ettiği koruma duvarlarını -her türlü savunma sistemlerini- biz kendi inatçı çabalarımızla yıkmazsak o sisteme nüfuz edip bozacak hiçbir kuvvet yoktur." şeklinde anlayabiliriz. (Vücudumuzun savunma sistemi bölümüne bakınız!)

Tabii bizimle yaşayan varlıklar sadece meleklerden de ibaret değil. Hatırlarsanız, insan vücudu, etrafı sayısız düşmanlarla çevrelenmiş müstahkem ve muhkem bir kale gibidir demiştik. İşte ayette de işaret edilen, onu koruyan mekanizmalar ve varlıklar kadar, onu yıkacak düşmanlar ve varlıklar da bulunmaktadır. Dinî literatürde cinnî, şeytanî, habis ruhlar adı verilen bu varlıklar, bir boyutuyla kanımızda deveran edip duran muzur hücresel varlıklara, tıp diliyle ifade edecek olursak virüs, bakteri, antijen adını verdiğimiz zararlılara benzetilebilir. Tüm bu varlıklar, sistemimize dahil olup tıpkı cep telefonumuza bluetooth ve benzeri kablosuz bağlantılarla sinyal atılması gibi bize sinyal atıp düzenimizi bozarlar. Kur'anî tabirle, meleklerle birlikte etrafımızda bir yığın habis ruh, cin ve şeytan da mevcuttur. Şunlar (şeytanlar ve habis ruhlar) bizi yıkmaya ve yoldan çıkarmaya, ötekiler (melekler) bizi ayakta ve istikamet üzerinde tutmaya çalışırlar.

Bütün bu varlıkları lehimizde ve aleyhimizde hareket etmeye sevk eden temel mekanizma, esasında yaydığımız kokulardır. Nasıl ki et koktukça, ona gelen sineklerin şekli ve türü de değişiyorsa, insanoğlu da yaydığı habis kokuları çoğalttığı zaman ona habis ruhlar musallat oluyor. Onlar bir kere insanı elegeçirdilermi kolay kolay iyi ruhların insana yanaşmasına müsaade etmiyorlar.

Bu hakikati bize hissettiren bir ayette Allah *"Rahman'ın uyarısını görmezden gelmeyi* (evrensel uyuma aykırı yaşamayı) *tercih eden kimseye gelince... Biz onun içine, öteki kişiliğini oluşturmak üzere* (kalıcı) *bir şeytanî dürtü yerleştiririz."* (Zuhruf, 36) buyuruyor.

Demek ki biz yaydığımız kötü, ağır ve itici kokularla melekleri kendimizden uzaklaştırdığımızda, bizim öteki kişiliğimizi (yani hastalıklı ve bezgin halimizi) öne çıkarsınlar diye cin, şeytan, habis ruh ve hastalık yapıcı varlıklar (kanın içinde deveran eden bakteri, virüs gibi muzır hücresel yaratıklar) bizimle temas kurmaya başlarlar. Biz mevcut koruma kalkanlarımızı (vücut savunma sistemlerimiz) nefsimizin haz ve lezzet müptelalığıyla yıkıp yok etmezsek, hiçbir zararlı varlığın ve hastalık yapıcı unsurun vücudumuza hulul etmesine imkân yoktur.

Ama biz, haram helal demeden, ilahî tasarım olmayan (Geni Yeniden Yapılandırılmış (GM) tahıl, meyve ve sebzeleri, Nisa suresinin 118-120 ayetlerinde sözü edilen Şeytanın *"Ben insanlara emredeceğim, Allah'ın yarattığını değiştirecekler."* dediği hükmün altına giren) gıdaları tüketerek koruma kalkanımızı yıkıyor, meleklerin bizi terk edip hastalık yapıcı cin ve şeytanların bedenimizi istila etmesine sebep oluyoruz. Bu varlıkları kendimize çeken ya da onları bizlerden uzaklaştıran en temel unsurların başında, yediklerimiz ve içtiklerimizle yaydığımız kokular gelmektedir. Dolayısıyla civarımızda hangi varlıkların bulunmasını istiyorsak o kokuları yayacak gıdalarla beslenmeliyiz.

Kokular, kapsamlı bir konudur. Biz, burada kendi konumuzla ilintisine değinmekle yetiniyor ve artık kan gruplarına göre ne yenilip yenilmemesi gerektiği hususuna geçiyoruz.

5. Bölüm

Temel Yiyecekler

Kur'an bize *"Yiyiniz, içiniz, israf etmeyiniz."* (Araf, 31) tavsiyesinde bulunuyor. Biz bu emri, çoğunlukla çok tüketmemek, tüketirken israf etmemek şeklinde anlıyoruz. Elbette ayetin bu manası açıktır. Fakat bu emrin dikkatimizi çektiği bir başka husus, yerken içerken bedenin ihtiyacı olan fıtrî miktara riayet etmemizdir.

Daha önce de ifade ettiğimiz gibi normal bir insanın günlük gıda ihtiyacı kendi yumruğu kadardır. Beslenmek için yeterli gıda miktarı budur. Bunun üstündeki tüm miktar, hem israf hem de vücut için yüktür, hastalıktır.

Günümüz insanı, değil gündelik olarak, her öğünde bir günlük ihtiyacının en az üç dört katını tüketiyor. Bu da zamanla ona maraz ve musibet olarak dönüyor. Ve böylece kişi zannediyor ki şu yasağa uymamanın cezası ahirette çekilecek. Muhakkak ki dinin emir ve yasaklarına uymamanın uhrevî karşılığı da var. Fakat emin olun yaptığımız hataların karşılığının büyük bir kısmını burada da ödüyoruz. Bu eserimde bu boyuta dikkatinizi çekmek istiyorum. Çünkü bu bedenin kullanımı ile ilgili emirlere itaatsizliğin neticelerini insanoğlu ağrılar, sızılar, hastalıklar, kalitesiz bir yaşama mahkum edilmek suretiyle burada da defalarca ödüyor. Üstelik bu ayetin, *"iki arada bir derede kalmışlığı"* ifade eden *Araf* suresinde anılmış olması da ilginçtir. Gerçekten de sağlığı bozulmuş insan bir tür araftadır. Dünya hayatını sürdürmektedir ama ne sağlıklı insan gibi keyif sürebiliyor ne de ölüyor ki kurtulabilsin bu çileli yaşamdan...

Keza Kur'an bize, *"helal kılınmış* (yani yenilebilir) *gıdaların içinden de temiz olanlarının tercih edilmesini"* tavsiye ediyor (Bakara, 168). Bu ayetin, gerçek anlamda, tam olarak neyi ifade ettiğini günümüze gelinceye kadar tam anlayamadık. Zannettik ki sadece hijyenik boyutta bir temizlik kastediliyor. Bu anlamı zaten var ve hijyen anlamındaki temizlik hayatın her alanının olmazsa olmazı olarak, hatta *"imandan bir parça"* olarak hadisle de vurgulanan bir durum. Oysa bugün "temiz" kavramının çok daha geniş anlamları var. Çünkü artık suni etlerden tutun da genetik yapısıyla yahut üreme mekanizmasıyla oynanmış (hibrit) tohum ve sebze-meyvelere varıncaya kadar birçok şeyin bizatihi *"iç yapısı"* kirletilmekte, insanı mutasyona uğratan yiyecekler üretilmektedir. Aynı surenin 175. ayetinde ise Allah *"Kitap'ta yazılı olanların"* ve tabi gıdaların ta ezelde takdir edilmiş halini bozup yiyenleri, adeta kanlarını ateşle dolduranlara benzetiyor ve bundan sakınmamızı söylüyor.

Nitekim bugün siz aldığınız şeyi pekala et sanıyorsunuz et değil, yağ sanıyorsunuz yağ değil. Bugün sıvı yağlar diye topluma dayatılmış yağların hiçbiri, insan vücudunun ısısı olan 35-36 derecede çözünebilir nitelikte, vücutla uyumlu (fıtrî) değildir. Özellikle sağlıklı diye bize dayatılan sıvı yağların yüzde 85-90'lık kısmı, ancak 45-50 santigrat derecede çözülebilen palmiye veya benzeri yağlardan hazırlanmaktadır. Bu yağları tüketenlerin damarları tıpkı aspiratörlerdeki gibi yapış yapış yağ kalıntıları ile tıkanmış vaziyettedir.

Ve yine Cenab-ı Allah bizlere, *"Üzerine benim adım anılmamış gıdayı yemeyin."* (Enam, 118) buyuruyor. Biz bunu da sadece, hayvanlarımızı keserken veya yemeğe başlarken Allah'ı anmak şeklinde anlamışız. Ama bugün bu ayeti, *"Eti, sebzeyi ve meyveyi ancak benim yarattığım yapılarıyla tüketin. Yapıları üzerinde oynanmış ve benim yarattığım yapıdan çıkarılmış olanlarını yemeyin."* şeklinde tefsir etmek ayetin ruhuna çok daha uygun olur.

"Nimetler ve gıdalar" anlamına gelen *"Enam"* suresinin *"Üzerine Allah'ın adı anılmamış gıdayı yemeyin."* şeklindeki 118. ayetini nasıl anlamamız gerektiğini ise, bu sureden iki sıra önce gelen ve doğurganlığı ifade eden *Nisa (Kadın)* suresinin 118-119. ayeti izah ediyor:

"Allah, o şeytana lânet etti ve o da, 'Andolsun ki senin kullarından elbette belirli bir pay alacağım.' dedi. 'Onları kesinlikle saptıracağım, mutlaka onları kuruntulara sokacağım ve onlara emredeceğim de hayvanların kulaklarını yaracaklar. Yine onlara emredeceğim de Allah'ın yarattığını değiştirecekler.' Kim Allah'ı bırakıp da şeytanı (yani aslı bozulmuş, yapısından taşırılmış gıdaları, usulleri) dost edinir/benimserse, şüphesiz o apaçık bir hüsrana düşmüştür."

Hayvanların kulaklarının yarılması ifadesinin, genetik faaliyetlere işaret ettiğini artık biliyoruz. Klonlama ve kopyalama işlemleri için en uygun

✓ Cenab-ı Allah "Üzerine benim adım anılmamış gıdayı tüketmeyin." diyor. Biz bunu sadece, yemeğin başlangıcında Allah'ı anmak şeklinde anlamışız. Oysa bu, "Eti, sebzeyi ve meyveyi ancak benim yarattığım yapılarıyla tüketin." anlamına da gelir.

hücrenin, kulak arkasındaki hücreler olduğu tespit edilmiştir. Keza, Allah'ın yaratma usulünün değiştirilmesi dahi gerçekleşmiştir. Gıdaların, meyvelerin, sebze ve tahılların tohumları ve genetik yapılarıyla oynanarak kabak karpuza dönüştürülebiliyor, soya nerede ise et haline getirilebiliyor artık. Ve maalesef insanlık bugün büyük miktarda, üzerine Allah'ın adı anılmayan kirli gıdalarla besleniyor. Bu da vücudu hasta ediyor...

Bugün maalesef Peygamberimiz (sav)'in *"Dünya ve ahiretin en iyi içeceği"* diye övdüğü suyun bile yapısı bozuldu. Şişe sularının büyük bir kısmı tad öncelikli sıvılar haline getirilmek için çeşitli işlemlere tâbi tutuluyor. Kimi durumlarda atık sular alınıp işlenerek içinde hiçbir mineral ve fayda barındırmayan salt bir sıvı haline dönüştürmektedir. Tıpkı kullanılmış yağların, toplanıp basit bir işlemden geçirilmek suretiyle tekrar kullanıma sunulması gibi...

SU

Su, insanın olmazsa olmazıdır. Su, *"can"* dediğimiz *"hayatın arşı"*dır. Allah her şeyi onunla diriltmiştir. Bu sebeple, metabolizmamızın sağlıklı çalışması, sadece buz yapılı su ile yani hafif su ile mümkündür. Vücut tüm işlemlerini, yegâne eritici olan su sayesinde gerçekleştirir.[11]

Vücut neminin dengede tutulması, yiyeceklerin hazmedilmesi, besin maddelerinin emilmesi, emilen bu gıdaların hücrelere taşınması, vücuttaki fazlalıkların ve zehirli maddelerin eritilerek dışarı atılması hep su ile gerçekleştirilen

11 Gelişme çağında olan çocuklara kireçli olmayan su fayda vermez. Bileme taşı olan yerlerdeki sulardan kireç bulunmaz. Kireçsiz su insanı kısa zamanda acıktırır.

işlemlerdir. Hatta protein moleküllerini insan vücudunda birleştirerek bir arada tutan şey dahi bu hafif, buz yapılı (strüktürlü) sudur.

Su hayattır. Nitekim Cenab-ı Hak, *"Her şeyi su ile hayatlı kıldım."* (Enbiya 30) buyurur. Ve yine Kur'an *"O'nun arşı su üzerindedir."* (Hud, 7) diyerek insanın hayatının en temelinde su bulunduğunu bildirir. Hiçbir şey insan sağlığı açısından temiz sudan daha önemli değildir. Esasında su, en temel yapı taşımızdır. Bir binanın yapısında çimentonun kalitesi ve kıvamı ne anlama geliyorsa temiz ve sağlıklı su da insan bünyesi için o anlama gelir. Çimentosu sağlam ve kaliteli bina nasıl uzun ömürlü ve dayanıklı olursa temiz su ile beslenen vücut da öyle sağlıklı ve uzun ömürlü olur.

Demek ki sağlığımız açısından en çok dikkat etmemiz gereken en temel gıda sudur. Dolayısıyla kullanılan suyun temiz ve bozulmamış olması çok önemlidir. Bilimsel araştırmalar, kullanılan suların bedensel, ruhsal ve zihinsel sağlığı doğrudan etkilediğini ortaya koymuştur. Yukarıda aktardığımız *"O'nun arşı su üzerinedir."* (Hud, 7) ayeti bize gösteriyor ki su insan için her şeydir. Ondan etkilenmeyecek tek hücremiz yoktur.

Diri Su - Ölü Su

Su da bir canlıdır ve her canlı gibi onun yapısı da hastalanabilir, bozulabilir. Cenab-ı Hak, **Tevrat**'ta **Nebi Yeremya**'ya, İsrail'i neden cezalandıracağını izah ederken şöyle der: *"Çünkü kavmim iki kötülük işledi; Beni,* (yani) *'diri sular'ın kaynağını bıraktılar da kendilerine sarnıçlar, su tutmayan sarnıçlar kazdılar."* (Yeremya, Bab 2, ayet 13) Tabii ki Cenab-ı Hak bu misal ile İsrailoğullarının Hak olan bir ilahı bırakıp insana ne zarar, ne faydası dokunacak ilahlara (yani sebeplere) yapıştıklarını anlatmak

Bugün yeryüzünün diri suları giderek azalmakta. İnsanların yüzde 75'i şehirlerde yaşadığı ve şehir halkı damacana su tükettikleri için diyebiliriz ki herkes ölü sular içiyor.

istiyor ama bunu açıklarken verdiği misal, bizim konumuzu yakından ilgilendiriyor. Çünkü biliyoruz ki bugün dünyanın yüzde 70 nüfusu ölü sular içiyor ve o yüzden de herkes hasta. Zira hayatın kaynağı, akan sudur.

Nitekim Tevrat, daha sonra İsrailoğullarının akan suların peşine düşüp *"diri su"* yüzünden başlarını derde sokacaklarını da hatırlatarak şöyle der: *"Ve şimdi Şihora (akan su, Nil) sularını içmek için Mısır yolunda ne işin var? Ve Irmak (Fırat) sularını içmek için Aşur (Güneydoğu Anadolu/Kuzey Irak) yolunda ne işin var?"* (Yeremya, Bab 2, ayet 18) İnsanlık, dünyanın son günlerinde **diri su** arayışına koyulacak ve tüm kavgalar onun etrafında olacak.

Bugün yeryüzünün **diri suları** giderek tükeniyor. İnsanların yüzde 75'i şehirlerde yaşadığı ve şehir halkı damacana su tükettikleri için diyebiliriz ki herkes ölü sular içiyor. Ve Tevrat'ın benzetmesiyle, nasıl ki çatlakları bulunan bir sarnıç suyu tutamazsa, bedenimiz de ölü suları bünyesinde tutamaz ve ondan yararlanamaz.

Yapılan araştırmalar göstermiştir ki suyun kendisine ait bir kristal yapısı var ve bu yapı dış etkilere son derece açık bir mahiyet arzeder. Dışarıdan gelen etkilere göre su da tıpkı diğer her canlı gibi hastalanabiliyor, korkabiliyor ve bozulabiliyor...

Bekletilen Sular Hasta!

Suyun yapısını bozan sebeplerin en başında, onun elverişsiz ortamlarda bekletilmesi geliyor. Tevratın uyarısında ne deniliyorda "Siz diri suyu bırakıp sarnıç sularına yöneldiniz." Televizyon, bilgisayar, cep telefonları, mikrodalga fırın, X ve Ray ışınları gibi geçirgen elektromanyetik dalgalar, suyun tabiatını en hızlı bozan faktörlerden. Bunlar nasıl ki suyun yapısını etkiliyor, bozuyorsa aynı şekilde, bozulmuş bir suyu içmek de yüzde 70'ten fazlası su olan bedenimizin yapısını etkileyip bozuyor.

Kötü ortamlarda ve kötü telkinlerle (müzik, telkin, görüntü, elektro-manyetik dalgalar) suyun kristal yapısının bozulduğu bilimsel araştırmalarla ispat edilmiştir. Bu şekilde tabiatı bozulmuş suyu onarmanın yolu da onu sağlıklı ortamlarda barındırmakla, dondurup çözmek suretiyle orijinal yapısını geri kazandırmakla mümkün. Ayrıca Japon bir araştırmacının (Masaro Emoto) da ispat ettiği gibi iyi telkinler dahi, yapısı bozulan suyu tamir ve tedavi edebilmekte.[12]

En Yararlı Su, Akan Sudur

En temiz ve saf su, kaynağından alınan sudur. Akan ve hareket halinde olan su, yapısını sürekli tazeler. Durağan ve uzun süre karanlıkta veya güneş ışınlarına maruz ortamlarda kalan suyun yapısı bozulur, ağırlaşır. O tür suları tüketmek vücuda ciddi zarar verir. O yüzden suları temiz tutmak, en az temiz su elde etmek kadar mühimdir.

Günümüz dünyasında insanların büyük kısmı şehirlerde yaşadığına göre, suları kaynağından alarak kullanmak mümkün değil. Bugün şehir insanının büyük çoğunluğu damacana su tüketmekte. Damacana suları, bekletildikleri ve uzun süre karanlıkta kaldıkları yahut sürekli gün ışığına maruz bırakıldıkları için mutlaka onarılmaları icap ediyor.

12 http://www.okyanusum.com/sumucizesi.html

Bozulan Suyu Nasıl Onaracağız?

Peki bu onarma işlemini nasıl yapacağız?

Şehirde yaşayanlar için bunun en kolay yöntemi, -tabii ki içilebilir olması şartıyla- suların dondurulmasıdır. *Su, dondurulmak suretiyle kendi aslî yapısı olan kristallerine kavuşuyor.* Bu şekilde dondurulan sular, çözüldükten itibaren 8 -12 saat içinde tüketildikleri takdirde sağlıklı bir su içilmiş olur.

Bu da yapılamayacaksa, bekletilmiş damacana suyu içmektense onu bir süre çalkalayıp içmek ve mutlaka üzerine Allah'ın adını anmak, ondaki marazları asgariye indirebilir. Esas olan, suyun kristal yapısının aslına döndürüldüğü bir işleme tâbi tutulmasıdır ki aldığı dış telkin ve etkilerden arınmış olsun da içilen su bünyeye fayda versin.

Durgun ve yorgun su zararlıdır. O sebeple onu o durgun halinden aslına rücu ettirmek gerekiyor. En sağlıklı su, ifade ettiğimiz üzere, kaynağından alınıp hemen tüketilen sudur. Ondan sonra tercih edilmesi gerekenler, akan sulardır. En zararlı sular ise kaynağından alınıp günlerce, aylarca bekletildikten sonra öylece tüketilen sudur ki nerede ise tüm şehirlilerin tükettiği su, bu kategoride değerlendirilebilir! İstanbul gibi büyük şehirlerde yaşayanlar açısından şebeke suyunu içmek, akar olduğu için, pet şişelerde bekletilmiş suyu içmekten daha yararlıdır diyebiliriz.

İki suyun karıştırılması veya suya buz katılıp içilmesi bedenin yapı taşlarına zarar vereceği için tercih edilmemelidir. Böyle sular içmektense karpuz yemek veya taze sıkılmış meyvelerin sularından tüketmek daha yararlıdır. (Meyve suyundan kastımız, evde taze ve bir kerelik olarak hazırlanan, sıkıldıktan sonra da birkaç dakika içerisinde içilen meyve sularıdır. Herhangi bir ambalaja girmiş, katkı maddesi içeren hazır meyve suları değil!)

İhtiyaç olmadan su içmek de sakıncalıdır. Su doğrudan kana karışır. Su miktarı arttığında kanın miktarı da artar ki bu, kalbin daha fazla çalışmasına sebep olur. Unutmayın, sayılı olan, kalbin vuruşlarıdır. **Onu ne kadar az tüketirseniz, ömrünüzü o kadar uzatırsınız...**

İnsanın günlük su miktarı da bellidir. Esasında ihtiyaç duyulmadıkça içmemek gerekir.

Suyu Nasıl İçeceğiz?

Peygamberimiz (sav), suyu yavaş yavaş içerdi. Çok harareti durumlarda suyun emilerek içilmesi gerekir. Bu, hem lüzumundan fazla miktarda su içerek gereksiz yere mideyi şişirmeyi önler hem de susuzluğun çabuk ve daha etkili biçimde geçmesini sağlar. Midenin doyma hissi için yukarıda izah ettiğimiz durum, suyun içilmesinde de geçerlidir. Doyma hissi, midemize giren miktarla değil, ağzımızda duran süre içerisinde, beynin yaptığı analizlerle gerçekleşir. Yemeğe doyma/suya kanma komutunu veren organımız beyin olduğu için onu ikna etmemiz yeterli olacaktır!

Su İnsanı Ne Zaman Hasta Eder?

Bizatihi hayatın kaynağı olan suyun içilmesinin sakıncalı olduğu durumlar da vardır. Eski tabipler yedi durumda su içmenin hastalıklara neden olacağını söylemişlerdir:

1. Yorgun ve terli iken,
2. Banyodan / hamamdan çıktıktan hemen sonra,
3. Yemek sırasında,
4. Yemekten hemen sonra,
5. Meyve -özellikle kavun- yedikten sonra,

6. Uykudan uyanır uyanmaz,
7. Ayakta.

Bu durumlarda su içmek, insana faydadan çok zarar verir. Özellikle yemek ile beraber ve yemekten hemen sonra su içmenin sindirim ve hazım olayını ne kadar olumsuz etkilediğini önceki sayfalarda aktarmıştık.

Yemek ve Su İlişkisi

Hastalığa yol açan faktörleri anlattığımız bölümde su ve yemek ilişkisini kapsamlıca izah ettik. Bu sebeple burada temel ilkemizi, yemekle birlikte suyun içilmemesini ya da yemekten en az yarım saat önce içilmesini hatırlatmakla yetineceğiz.

Yemeğin kokusu alındıktan veya ne yenileceği görüldükten sonra su içmek kesinlikle zararlıdır. Çünkü gözümüz ne yiyeceğimizi gördükten veya burnumuza gelen kokular sayesinde beynimiz ne yenileceğini anladıktan sonra midemize talimatlar verir ve onun gerekli enzim ve asitleri salgılamasını sağlar. Dolayısıyla eğer yemekten hemen önce su içecek olursak, midenin hazım için hazırladığı enzimlerin, kullanılmadan barsaklara geçmesine neden oluruz.

Su içmenin en uygun zamanı, sabah uyandıktan biri iki saat sonra ve yemeklerden en az 2-2,5 saat sonradır.

Esasında sadece şu yönteme riayet etmekle insanların metabolizmalarını düzenlemeleri ve sindirim sistemlerini oturtmaları mümkündür. Bir insan, yemek yedikten sonra en az iki saat boyunca bir şey yememeyi itiyat haline getirirse, hazımsızlık sorunu zamanla çözülür. Hazımsızlık kalmadığı zaman ise sistem düzelir ve insan yavaş yavaş sağlığına kavuşur.

Evet bizim yapı taşımız olan, bedenimizin toplam ağırlığının yarıdan fazlasını teşkil eden (çocuklukta su oranı daha fazla iken, yaşla beraber bu oran azalır) su, ne kadar mühim ise, onun doğru kullanımı da o kadar mühimdir

Diğer İçecekler

Bugün Türkiye'de suyun yanı sıra -ve çoğu kere de yan yana- en çok tüketilen sıvı maddeler maalesef asitli ve gazlı içeceklerdir. Doğal maden suları ve meyve aroması eklenmiş maden suları, gazozlar, kola türleri ve son zamanlarda daha da çeşitlenen hazır üretim meyve sularıdır ki bunların içeriğini okuduğunuzda, doğal meyve oranının ne kadar düşük olduğunu fark edersiniz.

Kolalı içeceklerde insan sağlığını tehdit edecek kadar asit bulunmasına ve insan vücuduna hiçbir faydası olmamasına rağmen, çok yanlış bir inanışla, insanlarımız tarafından güya hazmettirici olarak tüketilmektedirler. Oysa kola, hazım ve sindirim sisteminin baş belasıdır. İçerdiği yüksek asit sayesinde midedeki gıdaları çürüterek barsaklardaki emilim tüycüklerini yakarak kana çok miktarda asit ve zehirli maddelerin karışmasına neden olur.

✓ *Yemeğin kokusu alındıktan veya ne yenileceği görüldükten sonra su içmek kesinlikle zararlıdır. Böyle yaparsak midenin hazım için hazırladığı enzimlerin kullanılmadan barsaklara geçmesine neden oluruz.*

Kola: Pankreasın Baş Düşmanı

Kola, içerdiği çok miktarda nişasta türevi ve aspartam türü tatlandırıcılar nedeniyle pankreas için en ciddi tehdit unsurudur. Bir kutu kolada 35 kesme şeker miktarında tatlandırıcı bulunduğunu biliriz de yine de tüketmekten kendimizi alamayız. Bu tatlandırıcılar insülin salınımını doğrudan etkiledikleri için pankreasın kısa zamanda hastalanmasına ve insülin üretememesine yol açmaktadır. Denilebilir ki bugün çok yaygınlaşmaya başlamış diyabet hastalıklarının en birinci müsebbibi, çocukluktan itibaren içmeyi alışkanlık haline getirdiğimiz kolalar, GM'li portakalların suyu ve yapay tatlandırıcılar ihtiva eden benzer içeceklerdir.

Doğal maden suları, vücudun ihtiyacı olan birtakım mineralleri de ihtiva ettikleri için zaman zaman içilmesinde yarar vardır. Ancak su gibi tüketilmesi durumunda vücuda fayda değil zarar verir. Her şey gibi mineralin fazla alınması da bu bünyeyi olumsuz etkiler.

Paketlenmiş meyve sularına gelince... En doğal olduğunu iddia eden markaların içerikleri incelendiğinde görülecektir ki bu içeceklerdeki doğal meyve suyu oranı oldukça düşüktür; içeriğinde, vücudun tanımlamakta zorlandığı katkı maddeleri sebebiyle de kesinlikle tavsiye edilebilir içecekler değildir.

Son zamanlarda *"doğala özdeş meyve aromaları"* ile *"takviye edilmiş"* iddiasıyla piyasaya sunulan içeceklerin, kendi kendilerini tanımlamalarından bile içeriklerinin ne denli şaibeli olduğu ortada: *"Doğala özdeş"* yani doğal değil, biz doğal meyve kullanmadık! *"Meyve aromalı"*, yani biz içinde meyve değil, içtiğinizde o meyveymiş hissini veren bir tür aroma kullandık, mesajı daha isminden bile belli değil mi?

En Doğal İçecek Su

İnsan için en doğal ve en güzel içecek, sudur. Ondan sonra da doğal olarak sıkılmış sebze ve meyve sularıdır ki onların da en fazla yarım saat içinde tüketilmesi gerekir. Raf ömrü uzun olsun diye katkı maddeleri ile muhafaza edilmiş her içecek ne kadar şık ve zarif ambalajlar içinde sunuluyor olursa olsun, sağlık için zararlıdır.

Türkiye gibi meyve ve sebze cenneti olan bir memlekette, her daim ve her mevsimde taze sıkılıp içilebilecek envai türlü meyveler mevcutken halkımızın ambalajlı meyve sularını tercih etmelerini anlamak zor. Şükür ki ülkemizde de artık giderek sağlıklı yaşam bilinci gelişiyor da insanlar, köşe başlarına taze sıkılıp içmek için meyve sıkma büfeleri kurmaya başladılar. Son 3-4 yılda yaygınlık kazanan bu uygulama, sağlık adına sevindirici bir gelişmedir.

Ayran ve Kefir

Ayran ve kefir de -0 grupları hariç- fevkalade kıymetli içeceklerdendir. Ancak ayranın olur olmaz her yiyecekle birlikte kullanılması çok vahim bir durum. Örneğin et dönerle, tavuk dönerle, kebabın yanında, olur olmaz her durumda *"millî içecektir"* diyerek ayran tercih ediliyor. Böylece her biri bağımsız yenip içildiğinde şifa olacak besinler, vücut için "dert" haline getiriliyor! Ayrıca demir kaynağı olan besinlerle birlikte alınan süt ürünleri, kanın demir emilim işlemini engellediği için uzun vadede ciddi kansızlık problemlerini de beraberinde getiriyor.

> ✓ *İnsan için en doğal ve en güzel içecek, sudur. Ondan sonra da doğal olarak sıkılmış sebze ve meyve sularıdır ki onların da en fazla yarım saat içinde tüketilmesi gerekir.*

EKMEK

Ekmek, dünyadır. Cüneyt Bağdadî Hazretleri de öyle diyor: *"Dünya ek-*

mektir." Ekmek hakikaten hayatın madenidir. Kimilerine göre, cennette yenmesi istenmeyen yasak meyve, ekmeğin hammaddesi olan buğdaydı.

Buğday mucizevî bir tohumdur. İçinde barındırdığı bütün vitaminleri, enzimleri, mikro elementleri, oğulcukta, kabukta ve kabuk altında toplanmıştır. Tanenin merkezinde ise sadece *"derin uyku halindeki"* nişasta vardır.

Nişasta bir tür şekerdir ve buğdayın hiç de kullanılmaması gereken özüdür. Vücudun ekmekten alması gereken yararlı unsurlar büyük oranda buğday kabuğunun hemen altında toplanmıştır. Dolayısıyla buğdaydan un yaparken kabukları (kepeği) eleyerek atmak ve sadece ağır ölü nişastayı ekmekte kullanmak maalesef lezzet uğruna insanoğlunun bulduğu en zararlı keşiflerden biri olsa gerek.

Un Elenmemeli

Peygamberimiz (sav)'in, nübüvvet nazarı, buğdayın bu yapısını görmüş ve bunun yanlış olduğunu bilmiş ki unun elenmesine asla müsaade etmezdi. Sa'd bin Sehl (ra), "Resulullah (sav)'ın vefatına kadar ne elek gördüm ne beyaz un" demiştir.

Bugün maalesef, lezzet uğruna ekmeği, kendimize bela haline getirmiş durumdayız. Halbuki buğday kepeği ile birlikte yenildiğinde hiç kimseye zararı olmayacak bir besindir. Oysa kepeği alınmış beyaz undan yapılan ekmeğin hazmı ağırdır. Beyaz undan yapılmış ekmek kandaki asit oranını da arttırır. Asit ise kanın ısınmasına sebebiyet verir. Vücut o asidi tanımlayamaz. Kanda serseri mayın gibi dolaşan bu asit de safra kesesi, böbrek ve mesanede taşlanmaya sebebiyet verir; kılcal damarlarda daralmalara ve tıkanmalara neden olur.

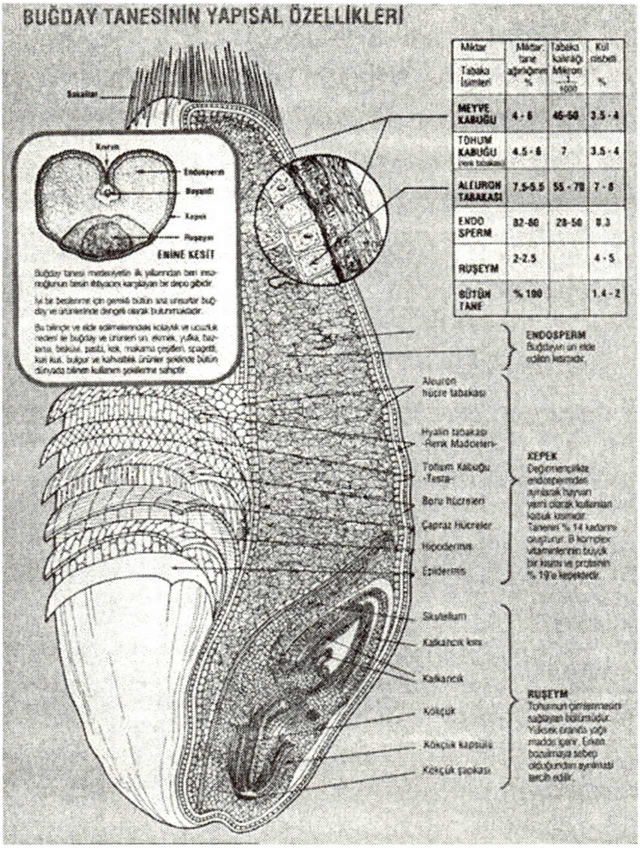

Bir buğday tanesinin genel yapısı (Kaynak: http://www.kayakardeslerun.com/bugdaykalite.htm)

Beyaz undan yapılmış mayalı ekmekler sıcak sıcak yendiğinde, barsaklarda B vitamini üreten mikropları pasifleştirir. Bu da B vitamini üretimini yavaşlatır. Vücutta B vitamininin azalması ise asabileşmeye ve kansızlığa yol açar.

Kültürümüzün bir başka yanlış yerleşik alışkanlığı olan mayalı ekmeği sıcak sıcak tüketmek, birçok hastalığa davetiye çıkarmaktır. Ekmeği bu şekilde tüketmek, yediklerinizin ortağı olan kurtçukların çoğalmasına da sebep olur.

Mayalı ekmek, piştikten en az üç saat sonra yenirse fayda verir. Mayasız yufka ekmek, veya doğal mayalarla yapılmış ekmeklerin sıcak yenmesinde -özellikle A kan grubundan olanlar için- çok fazla sakınca yok.

Ekmek Mayası Nasıl Hazırlanır?

Doğal maya nohut mayası ve ömerotu ile hazırlanabilir. Fakat düzgün ekmek yapmaya çalışan fırınlar "hamurturuş" kullanırlar. Eskiden tüm fırınlar hamurturuş kullanırlardı. *Hamurturuş*, bir sonraki ekmeği, bir önceki mayalı hamurla mayalamanın adıdır. Buna riayet eden fırınlar hâlâ mevcuttur. Buğdayın tam mı has mı olduğu kadar nasıl mayanlandığı da mühimdir.

Ekmeğin hazmı esasında kolay değildir. **Ekmekte maya kullanmak** sadece tadı için değil, aynı zamanda hazmını kolaylaştırmak için de gereklidir. Keza ekmeğin üzerine atılan ve bize ekmeği süslemeye yarıyormuş gibi görünen çörek otu, zencefil, anason, keten tohumu, kakule, dereotu tohumu ve susam gibi bitkiler doğrudan hazmı kolaylaştırmaya yöneliktir. Ancak bugün sanayide kullanılan maya helal olmayan unsurlar da içerebiliyor. O yüzden doğal maya tercih edilmeli.

Un konusunda **dikkat edilmesi gereken bir başka prensip** de farklı tahılların (buğday, çavdar, yulaf vs) karıştırılmamasıdır. Yani un, tek cins tahıldan yapılmış olmalı. İki veya daha fazla tahıl türünün karıştırılmasıyla elde edilen unlardan yapılan ekmeğin hazmı da oldukça zordur. İlla da kullanılması gerekiyorsa bu tür unlara arpa veya çavdar unu katılmak suretiyle hazmı kolaylaştırılabilir.

Ekmek konusunda önemsenmesi gereken bir diğer husus da aynı tür ekmeği sürekli tüketmemektir. En az iki günde bir, ekmeğin türünü değiştirmek, hazım açısından oldukça faydalıdır. Mesela iki gün buğday unundan yapılmış ekmek yenilmişse, üçüncü gün, yulaf veya çavdardan yapılmış ekmeği tercih etmekte yarar var.

Ekmek ve Kan Grupları

Ekmek, kepeği alınmış undan olmamak kaydıyla herkes için yararlıdır. Fakat kan grubu 0 (sıfır) ve B olanlara nispetle A gruplarına daha çok fayda sağlar. Sıfır ve B gruplarının, sindirim enzimleri açısından ekmek tüketiminde her daim ihtiyatlı davranmalarında fayda var.

Ortodoks tıp, kan gruplarına (mizaçlara) göre beslenmenin önemini henüz anlamadığı için perhiz olarak verdiği yasak ve tavsiyeleri de genel oluyor. Mesela kolesterolü yükselmiş bir hastaya otomatik olarak kırmızı eti yasaklıyor. Hasta da "Bana kırmızı et yasaklandı..." diyerek sürekli beyaz et (tavuk veya balık) tüketmeye başlıyor. Ama bilmiyor ki B gruplarındaki kolesterolün asıl sebebi, tavuk etidir. Veya balıkların bazılarının sindirim açısından kırmızı et gibi olduğunu, ağır enzimler gerektiğini hesaba katmıyor.

✔ Ekmek konusunda dikkat edilmesi gereken bir diğer önemli husus ise aynı tür ekmeği sürekli tüketmemektir. İki günde bir ekmeğin türünü değiştirmek, hazım açısından oldukça faydalıdır.

Baştan beri verdiğimiz araba misalini yeri gelmişken yineleyelim... Diyelim ki sizin bir aracınız var ve mazotla çalışıyor. Sizse ona habire benzin koyuyorsunuz "Benzin daha incedir, daha faydalıdır." diye. Ya da dizel yakıt kullanan bir motora iyilik olsun diye benzin öneriyorsunuz. İşte B grubundan bir insana "Kolesterolün var, kırmızı et yeme!" demek de onun bünyesi açısından benzer bir etki meydana getirir. Oysa kırmızı et hatta dana eti *"ekmeksiz"* tüketildiğinde ve karıştırılmadan yendiğinde, 0 ve B grubundakiler için hayattır, şifa kaynağıdır. Türk kültürünün temel sorunu, başlı başına hazımı zor bir gıda haline getirilen ekmeği, her öğüne dahil etmesidir.

Et ve Ekmek

Bu tür perhizlerde herkese fiks menü gibi dayatılan beyaz et (tavuk eti, kaz eti) B grupları için sakıncalı etlerdir. O yüzden bu bünyenin hastalanması durumunda B grubundan birisine verilecek perhiz ile A grubundan veya Sıfır grubundan olanlara verilecek perhiz farklı olmalıdır. Önceki sayfalarda da ifade ettiğimiz üzere bugün artık kişiye özel beslenme programları çıkarılmasını sağlayacak denli kapsamlı tahliller yapılmakta, kişinin enzim sistemi belirlemiş ona uygun bir beslenme önemsemektedir. Bir bünyenin tolere edemediği besinlerin (gıda intoleransı) beslenme programından çıkarılması sureti ile bugün birçok hastalık, ilaç kullanımına gerek kalmadan uygun beslenme usulleri ile tedavi edilebilmekte.

Kardeşlerimden birinin kan grubu B (Rh -) Kolesterolü var diye doktor ona kırmızı eti yasakladı, "Tavuk eti yiyeceksin." dedi. Bildiklerim ışığında ona bir tavsiyede bulundum ve "Tavuk eti, senin kanını kırmızı etten daha fazla kirletir, kolestrolünü daha da artırabilir." dedim. Pek inanmak istemedi.

Bir iki ay ağzına gram kırmızı et almadı. Yalnızca tavuk yemeye devam etti. Bir süre sonra fark etti ki kolesterolü düşmediği gibi daha da yükselmiş. Sonra ısrar ettim: "Doktorun diğer söylediklerine uy ama tavuk eti tüketme! İstiyorsan tavuk eti yiyeceğin her seferinde yağsız kırmızı eti bir dene. Ama etle birlikte ekmek yeme! Bakalım neler olacak." dedim.

Öyle yaptı ve kısa müddet sonra kolesterolünün düştüğünü farketti. Tabii bu arada, ona *sıvı yağ denilen sahte yağlardan* uzak durmasını, mercimek yememesini de önermiştim. Kolesterolünün bir iki ay içinde normal seviyeye düştüğünü bilmüşahade fark ettik.

Demek ki Ortodoks tıbbın yaptığı genellemeler herkes için ve her durumda geçerli olmayabiliyor.

"Dört Beyaz Yasağı" Doğru mu?

Diyet ve perhiz programlarının hepsinde ortak bir ilke olarak "Dört beyazdan uzak duracaksınız!" uyarısı vardır: Nedir bu dört beyaz? Un, tuz, yağ, şeker... Evet, bunların her biri bir grup için yasak olabilir ama umumuna aynı yasağı koyamazsınız. B için tavuk eti, Sıfır için un, A için et ve AB grubu için de yağ sıkıntıdır. Yağ haftada üç dört kez tüketildiğinde ne Sıfır kan grubundan olanlara zarar verir ne de B gruplarına... Şeker (bilhassa beyaz şeker) herkes için beladır. Beyaz şeker tüketen insanlar hastalıktan zor kurtulurlar. Haddini aşmayacak olsam, beyaz şeker "haramdır" diyeceğim.

Ekmek ise tereyağı, zeytinyağı yahut iç yağı, ile yapılmış sebze yemeklerinin yanında tüketilebilir. Ve bunlarla tüketilirken hiçbir gruba zarar vermez. Ama aynı ekmeği, et, tavuk, balık ve süt ürünlerinden yapılmış yiyeceklerle birlikte yediğinizde her gruba zarar veren bir unsura dönüşebilir.

✓Kanınız temiz olacak ve kılcal damardan rahatlıkla geçebilir nitelikte olacak! Bu durumda hiçbir beden hasta olmaz. Hastalansa da kısa zamanda kendisini toparlar.

Daha doğrusu ekmek, birlikte alındığı diğer tüm besinlerin de hazmını zorlaştırır. Hazım zorlaşınca kanın kalitesi bozulur. Kanın kalitesi bozulunca başta karaciğer, pankreas, safra kesesi ve kalp olmak üzere tüm hayatî organlarda ve damarlarda problemler baş gösterir.

Baştan beri sık sık vurguladığımız temel bir husus ve sağlıklı olmanın çok basit bir kuralı var: **Kanınız temiz olacak ve kılcal damardan rahatlıkla geçebilir nitelikte olacak!** Bu durumda hiçbir beden hasta olmaz. Hastalansa da kısa zamanda kendisini toparlar. Bedenin hastalanmasının yegâne sebebi, organa yeterli miktar ve kalitede kanın iletilememesidir. Kanserden beyin kanamalarına, alzaymırdan ruhsal rahatsızlıklara dek hepsinin nedeni, kirli ve asit toplamış bir kanın tıkanmış ve daralmış damarlarda dolaşmaya çalışmasıdır.

İşte bu kitabın temel amacı, kişinin kendi yapısına uygun doğru şeyleri yemesi yoluyla kanının ve dolaşım sisteminin düzgün çalışmasını sağlayacak yöntemleri göstermektir. Çünkü bünyeye uygun yiyeceklerle beslenildiği takdirde -yani motorumuza uygun yakıtlar kullandığımızda- bu beden, kendisine tanınan *ecel-i müsemma*(fıtrî ömür/miad) sına kadar sağlıklı, problemsiz ve acısız bir yaşam sunacak imkân ve donanımla var edilmiştir. Bugün tespit edilebilen hastalıkların yüzde 90'ına yakını kirli kan veya tıkanmış damarlardan kaynaklanmaktadır. Bunu da her birimiz yediklerimizle kendimiz oluşturuyoruz maalesef.

Hastalık yaşının hızla öne doğru kayması, 20 yaşındaki gençlerde kalp krizi, 15 yaşındaki çocuklarda kolesterol görülmesi, hep bizim yiyip içtiklerimiz ve yeme içme usulümüzle ilgili sorunlardır.

Ne Yediğimiz Kadar Nasıl Yediğimiz de Önemli

Yiyeceklerimizin mahiyetine dikkat ettiğimiz gibi yeme üslubumuzu da gözden geçirmekte yarar var. Esasında yeme içmemizde lezzet ve hazzı ne kadar çok önceliyorsak bedenimizi de o kadar yoruyoruz demektir. Çünkü haz öncelikli beslenmedeki temel faktör, her şeyi her şeyle karıştırarak yeme esasına dayanıyor. Eskiler, buğday ve arpa ununu su, yağ ve bal ile yoğurur, ekmek yapar yerlerdi. Sofralardaki çeşit sayısı çok sınırlı idi, bazen tek başına ekmek ve su bir öğün olurdu. Böylelikle başka yemeklere pek de ihtiyaç duymadan 100 yıl civarında yaşayanlar olurdu. Genel sağlık durumları iyi olurdu ve gündelik hayatlarını sürdürecek güçleri de ömürlerinin sonuna kadar yerinde olurdu.

Fakat bugün eski buğday türleri, arpa, çavdar, mısır, karabuğday tarihe karışmış durumda. Bunların yerine artık genetiği değiştirilmiş ve terminatör genlerle güya güçlendirilmiş tahıl ürünlerini tüketiyoruz.

✔Eskiler, buğday ve arpa ununu su, yağ ve bal ile yoğurur, ekmek yapar yerlerdi. Sofralardaki çeşit sayısı çok sınırlı idi. Böylelikle başka yemeklere pek de ihtiyaç duymadan 100 yıl civarında yaşayanlar olurdu.

En Temel Gıdamız Tuzağımız Olmuş

İnsanoğlu hayatın tüm enerjisini içinde barındıran bu mübarek gıdayı, onun üzerinde yapılan genetik çalışmalarla -güya lezzetli olsun diye- yüksek miktarda yapışkan albümin içerir hale getirdi ve ekmeği en temel sağlık sorunlarının müsebbibi kıldı.

Genetiği değiştirilmiş buğdayların, tip 405-550 türü buğdayların hazmı zordur ve ağırdır. Bu tür buğdaylardan yapılan somun, pide, lavaş ve benzeri ekmek çeşitlerini tüketmek, içine katılan katkı maddeleri yüzünden herkes için bela olmuştur. Sıfır ve B gruplarında görülen kolesterol, tansiyon ve sebepsiz baş ağrılarının temelinde bu tür buğdaylardan mamul unlu gıdaları tüketmeleri yatmaktadır. Kan grubu **B** olanlar, bu tür ekmekleri hazmetmede zorlanırlar. **Sıfır**lar ise nerede ise hazmedemez.

Kan grubu **Sıfır** olanlarda buğdayın yapışkan albümini, mide zarına yapışarak, onu kavlatır. Mide asidinin yükselmesine yol açar. Bu tür ekmek tüketen insanlar içinde gastrit, ülser, **H Pylori enfeksiyonu**, damar tıkanıklığı, ateşli hastalıklar, kanda HP dengesizliği, alerjik romatizma, mantar, astım ve deri hastalıklarının görülme oranı diğer gruplara oranla Sıfır gruplarında daha yüksektir. Katkı maddeleri ile genetiği değiştirilmiş mayalarla mayalanmış ekmek, bu etkiyi daha da yükseltir.

MISIR

Son zamanlarda Türkiye'de -sanki maksatlı bir şekilde- her köşe başında mısır satan seyyar satıcıların belirdiği dikkatinizi çekmiştir. Genetiği bozulmuş mısırları çocukları özendirecek şekilde satıyorlar. Onu da ne olduğu belli olmayan yağlarla kızartıp çeşitli soslarla servis ediyorlar. O mısırların tamamı GDO'ludur. Çünkü Türkiye'de GDO'suz mısır maalesef artık yok. Karadeniz ve Anadolu'nun kimi yörelerinde var olanları da insanlar, dışarı vermeden, kişisel tüketimlerini karşılayacak oranda yetiştirebiliyorlar. Dolayısıyla köşe başlarında satılan o mısırların, çocuklarımızın sağlığında ne tür yıkımlara sebep olduğunu ancak beş on yıl sonra fark edeceğiz ama -her zamanki gibi- iş işten geçmiş olacak. Doğru beslenme aile içinde erken yaşlarda kazanılması gereken bir alışkanlıktır. Çocuğa o çağlarda yedirilmeyen zararlı gıdalar (mısırlar, cipsler, kolalar, şekerler, katkı maddeli bilumum yiyecek ve içecekler) sadece çocuğun sağlığını korumakla kalmayacak, aynı zamanda ona ömür boyu sürecek sağlıklı bir beslenme kültürü kazandıracaktır. Akşam yemeğinde çorba yemeye alışmamış bir çocuk, gençliğini ve yaşlığını da bu şekilde sürdürmeyi bir itiyat haline getirecektir çünkü.

Bu satırları yazarken, zihnimin geri planında **Hz. Davut** (as)'ın *"Bir gün gelecek, insanların yiyecekleri onların tuzağı olacak."* sözü flaş gibi yanıp yanıp sönüyor.

Maalesef mısır gibi buğday üzerinde de ciddi çalışmalar yapılıyor. Zaten tabiatı yeterince bozulmuş buğdayları bir de biz alıp kabuğundan ve faydasından arındırıp salt nişastadan ibaret ekmeklere dönüştürünce, hayatın en temel rüknü olan ekmeği de kendimize bela yapıyoruz.

İnsan Irkı Yok Edilmek İsteniyor

İnsanoğlu akıbetini kendi elleriyle hazırlıyor; merakından ve hırsından dolayı her bir şeyin tabiatını bozuyor. Esasında bu işin nereye varacağını, bu işleri teşvik eden birtakım şeytansı insanlardan başka hiç kimsenin

✓ İnsanoğlu akıbetini kendi elleriyle hazırlıyor; merakından ve hırsından dolayı her bir şeyin tabiatını bozuyor. Esasında bu işin nereye varacağını, bu işleri teşvik eden birtakım şeytansı insanlardan başka bilen de yok.

bildiği de yok. Onlar da zaten bu işleri maksatlı yapıyorlar: Irkı ve insan neslini yok etmek, âlemi fesada vermek için ellerinden geldiğince Şeytana hizmet ediyorlar. Şeytan, onların hırsından yararlanarak bir an önce insanın mutasyona uğramasını ve bu hayatın sonlandırılmasını istiyor. Zira Şeytan ve türü, biz insanlar sebebiyle bu âleme sürülmüştür. İnsanlığın macerası sona erdiğinde Şeytan da kovulduğu o ebedî yurduna dönecek. O yüzden sürgün hayatı bir an önce sone ersin diye insanın saadeti ile oynuyor. İnsan da onun telkinlerine açık olduğu için gönüllü olarak bu iğvalara kapılıp gidiyor. O insanı mutasyona uğratmanın peşinde. Biz de hazlara müptelalığımızdan dolayı onun peşinden koşup bir tür huzur hali olan sağlıklı yaşam cennetimizden çıkıp kendimizi dertler ve sıkıntılar cehennemine atıyoruz. Cenab-ı Hakk'ın bünyemize uygun ve fayda olarak var ettiği yiyecekleri, kendimiz için bela haline dönüştürüyoruz.

ET

Et de insanların temel gıdalarından biridir. Cenab-ı Hakk'ın Kur'an'da ve önceki kitaplarda üzerinde en çok durduğu gıdadır. Allah gönderdiği kitaplarında hangi hayvanların etinin yenilebileceğini tek tek izah etmiştir. Et aynı zamanda cennet ehlinin gıdaları arasında sayılır.

Domuz etinin haram olduğu, yani insan tabiatına uygun olmadığı, Kur'an'da dört yerde zikredilir (Bakara, 173; Maide, 3; En'am 145; Nahl 115). Zikredildiği yerler de ilginçtir. Domuz etinin haram kılındığının ifade edildiği ilk yer Bakara (inek; yani bir ineğin yahut sarı renkli bir memelinin kesilmesinin söz konusu edildiği) suresidir.

Kur'an'da, *"yenilebilir gıda kodeksi"* içinde et ifadesi sekiz yerde geçer. Bu aynı zamanda dört çiftin yani, koyunun erkeği ve dişisi, sığırın erkeği ve dişisi, keçinin erkeği ve dişisi, devenin erkeği ve dişi olarak tanımlanan çiftlere işarettir.

Bahsi geçen bu sekiz yerden dördü domuz eti, ikisi balık eti, biri kuş eti diğeri de yalın olarak meyve ile birlikte *"et"* ile ilgilidir. Bu da bize kırmızı etin, zarar ve fayda dengesinin yarı yarıya olduğunu anlatıyor olabilir. Balık etinin *(lahmen tariyyen)* iki yerde geçmesi ise balıkların tabiatının da ikiye ayrıldığına; kuş (yani tavuk eti) mesabesinde olan balıklar ve kırmızı et mesabesinde balıklar olduğuna işaret eder. Nitekim hamsi, kalkana, çupra vb. gibi bazı balıkların etinin hazmı, A grubunda olanlar için en az kırmızı et kadar zordur.

Kuş eti tabiri ise sadece Vakıa suresinin 21. ayetinde cennet ehlinin yiyecekleri arasında sayılır. Esasında Vakıa suresi, cennet ehlinin beslenme şeklini bize aktarırken, bir yandan da bize kan gruplarına (mizaca) göre beslenmeyi hatırlatır ipuçları verir. İnsanların kıyamet günü üç sınıfa ayrılacaklarının ifade edildiği surede bu grupların cennetleri ve cehennemleri de ifade edilir. Tabii orada nasıl beslenecekleri, neler yiyip içecekleri de zikredilir...

Bizler cennet ehlinin hallerini hep ölüm ötesinde tasarladığımız için o yaşam biçiminin burada da olabileceğini aklımıza getirmeyiz... Arapçayı bilen, aynı zamanda tıp ilmine vâkıf, gıdalar ve enzimleri konusunda iyi yetişmiş birilerinin bu sureyi incelemeleri halinde sanırım insanlığın başına bela olmaya başlayan diyabet ve diğer beslenme problemlerine ciddi çözümler bulunabilir.

Bir Ara Not

Bakara suresinde geçen kıssa çok ilginçtir. Çünkü, Cenab-ı Hak, İsrailoğullarından, öldürülmüş birinin konuşturulması için bir 'bakar'ın kurban edilmesini ve ondan bir parça alınıp ölen kişiye vurulmasını ister ki böylece o öldürülen, bunu kendisine yaptığını söylesin...

Bu hikmetli kıssanın bize anlatmak istediği sırrın ne olduğunu henüz tam anlamamış olsak da surenin ifadelerinden; orada bahsi geçen ve 'bakara' denilen hayvanın bildiğimiz İnek'ten farklı bir şey olma ihtimalini pekala çıkarabiliyoruz.. Çünkü Allah'ın İsrailoğullarından kurban etmelerini istediği şey, gerçekten bir 'inek' olsaydı, bu kadar şaşkınlığa düşmeleri gerekmezdi. Biliyorsunuz uzun süre onun ne olduğunu anlamak için soru üstüne soru yöneltirler Hz. Musa (as)'a. Sonunda istenilen yapılır ve o kestikleri şeyden bir parça ile ölenin cesedine vurulunca ölü, kendisini öldüreni ele verir.

Bahsi geçen bu olay, bir yandan da ölmüş gibi cansız ve takatsiz bedenlerin "diriltilmesi" için etin ne kadar kıymetli olduğunu göstermekle beraber, bir başka sırrı daha ele veriyor ki o da kaza, cinayet gibi ani ölümlerde vaktinde müdahale ile insanın yeniden hayata döndürülebilme ihtimalidir. Konumuzun dışında bir mevzu olduğu için burada sadece bu konuyla ilgili araştırmaların olduğunu belirtmekle yetineyim.

Etin Zararlı Yönleri

Etin, Kur'an'ın da üzerinde durduğu ve cennetin keyif verici nimetleri arasında bulunduğu bir gerçek. Ne var ki bu konuda yapılan şiddetli ikazlara dayanarak diyebiliriz ki insanın temel gıdalarından olan et aynı zamanda ciddi riskler içermektedir. Domuz etinin neden yasaklanmış olabileceğinin bilimsel kanıtları ortaya çıkmış bulunmaktadır. Sindirim sistemi, beslenme şekli, hızlı büyüyüp çoğalması gibi faktörler, onu "yenilebilir gıda" kategorisinin dışında bırakmaktadır.

Kırmızı eti çok ve sık yemenin, insan sağlığı açısından ne tür sonuçlara yol açtığı artık tıp ilminin de malumudur. Yüzlerce çeşit hastalık var ki "kırmızı etin *aşırı* tüketimi"nden kaynaklanmaktadır.

Esasında *"Yiyiniz içiniz, israf etmeyiniz..."* prensibi her noktada karşımıza çıkmaktadır. Suyun bile fazlasının zarar olduğunu önceki bahislerimizde izah ettik. Dolayısıyla şimdi inceleyeceğimiz et konusu, hastalıkların insanda karar kılmasının en öncü sebeplerinden biridir.

Tabii ki eti tek başına baş düşman görüp 8/8 kusurlu saymak da anlamsız. Eti bizim için hastalık sebebi yapan hususların başında, onun nelerle tüketildiği meselesi geliyor. Bu, hazmı en zor olan gıdanın, insana *"yararlı"* olabilmesi için, *"yalın halde tüketilmesi"* gerekmektedir çünkü!

Etin ekmekle birlikte yenmesi; etin, süt ürünleri ile birlikte tüketilmesi; etin sık sık ve üst üste yenilmesi ve etin, karışık (tavuk, koyun, dana, balık etlerinin aynı öğünde birlikte) yenilmesi insana değil sağlık, büyük zararlar veriyor. Alaca hastalığı (vitiligo), sedef hastalığı, cüzzam, fil hastalığı, gut ve benzeri birçok hastalığın sebebi *"çok et yemektir."*

✓ Etin ekmekle yahut süt ürünleri ile birlikte tüketilmesi; etin sık sık ve üst üste yenilmesi ve etin, karışık yenilmesi insana değil sağlık, büyük zararlar veriyor.

Peygamber Efendimiz (sav), kırmızı eti çok yemenin kalbi katılaştıracağını ve vücuda sıkıntı vereceğini buyurmuştur. Ama bu, onun (sav), eti, *"Yemeklerin efendisidir..."* diye tanımlamasına da mani olmamıştır. Her şeyde olduğu gibi et yemede de itidali elden bırakmamak, bir başka düsturdur.

Sıfır ve B Grupları Et Konusunda Avantajlı

Evet et *"yemeklerin efendisi"*dir. Ama daha çok Sıfır ve B kan gruplarından olanlar için. Arapların ve İsrailoğullarının, diğer kavimlerle karışmadan önceki kan gruplarının büyük ihtimalle B -zayıf bir ihtimalle Sıfır olabileceği- ifade ediliyor. *"Yahudilerin genetiği"* üzerine yapılan çalışmalar göstermiştir ki Yahudiliğin başat kavmi olan Yakupoğulları (Beni İsrail)nın kan grubu B'dir. Büyük ihtimalle Arapların da başlangıçtaki kan grubu B idi. Dolayısıyla -özellikle böylesi bir durumda- Peygamber Efendimiz (sav)'in eti 'yemeklerin efendisi' olarak tanımlaması son derece isabetlidir.

Kur'an-ı Kerim'deki, *"Tevrat indirilmeden önce, İsrail'in (Yakub'un) kendisine haram kıldığı dışında, yiyeceklerin hepsi İsrailoğullarına helal idi."* (Ali İmran, 93) ayeti, İsrailoğullarının kan grubunun da başlangıçta Sıfır veya B olma ihtimalini güçlendiriyor. Çünkü "bir şeyin helal olması"nın zımnî anlamı, aynı zamanda onun insan için faydalı olmasıdır. Yoksa hiçbir helal ve haram Cenab-ı Allah'ın keyfî uygulamaları değildir.

Bir şey insan bünyesi için *yararlı* ise aynı zamanda ona *helal* denmiştir, *zarar* veriyorsa *haram* tanımlaması yapılmıştır. *Zararı faydasından çok* olanlara ise *mekruh* denilmiştir. O kendi hikmetinden, eşyanın -insanın- tabiatına en uygun olanı bildiği için ona haram veya helal diye lehine ve aleyhine olabilecek şeyleri bildirmiştir. Demek ki başlangıçta Sıfır veya B olan bir kavim, sonradan değişik ırklarla -bilhassa Hami olan Hindistan, -ki orada inek kutsaldır, yenmez- Mısır ve Koptlar ki kan grupları A'dır ve bu grup, eti sindirmede en sıkıntılı gruptur- karışarak kan grupları da değişmiş ve başlangıçta her türlü eti ve diğr nimetleri yiyebilen İsrailoğullarına et nerede ise bütünüyle yasaklanmış olabilir. Tabii ki insanın midesi, içine giren her bir şeyi çürütecek kimyasallara ve enzimlere sahiptir. Ama çürütme, hazmetmek anlamına gelmez. Hazmetmek, gıdanın, hücrelerin kullanabileceği niteliğe kavuşturulmasıdır; çürütmek ise onu, sistemle bir şekilde entegre hale getirme işlemi... Asit de kanda dolaşabilecek bir mahiyettir ama bünye için zaman içerisinde zararlı ve yıkıcı olabilecek bir mahiyettir aynı zamanda...

Etin Zararları Nasıl Giderilir?

Eti yerken de bazı temel prensiplere dikkat ederek onun muhtemel zararlarını en hafife indirgeyebilirsiniz: İşte bu ilkelerden bazıları:

- ✓ Bütün hayvanların genç, siyah ve yağlı olanları tercih edilmelidir.
- ✓ Omuz, sırt eti ile kemiğe karışmış et daha lezzetli, daha hafiftir.
- ✓ Kırmızı hayvanların eti de siyah hayvanın eti gibi lezzetli olur.
- ✓ Hayvanların daima sağ taraflarındaki eti tercih etmekte yarar var. Çünkü hayvanlar genellikle sol yanları üzerine yatarlar. O yüzden de sol yanları sağ taraftaki etlerine göre daha serttir.

- ✓ En iyi, en lezzetli ve en yararlı etler sırayla kuzu, oğlak ve buzağı etidir. Lezzet açısından kuzu ve oğlak, güç, kuvvet vermek açısından buzağı eti oğlak ve kuzudan evladır. Nitekim Hz. İbrahim, iki insan kılığında kendisini ziyarete gelen iki meleğe, hemen bir buzağı kesip ikram etmişti.
- ✓ Oğlak eti, kuzu etinden daha rahat hazmedilir. Bu açıdan A grupları illa da kırmızı et yemek isterlerse oğlak ve kuzu etini tercih etmeliler. Etler içerisinde, hazımdan sonra en az kalıntı bırakan oğlak etidir.
- ✓ Etlerin kullanım zamanı da mühimdir. Bizler etleri alıp buzdolaplarında donduruyor ve sonra kullanıyoruz. Oysa bir etin tüketilme zamanı, esasında kesildikten sonra en fazla üç gündür. Yararlı olan odur. Peygamber Efendimiz (sav) de önceleri, kurban etinin üç gün içinde tüketilmesini istemiştir fakat sonradan bu yasağı kaldırmıştır. Peygamber Efendimiz (sav)'in şu hareketi bile hikmetlidir. Çünkü gerçek anlamda etten yararlanmak isteniliyorsa onu kesildikten üç gün içinde tüketmenin en sağlıklı tercih olduğunu işaret etmektedir.

Tabii bütün bu anlattığımız etler, Sıfır, B ve bir parça da AB'ler içindir. A grubundan olanlar mümkün mertebe kırmızı etten uzak durmalıdır. Çünkü bir kısım insanların bünyesi kırmızı eti hazmetmede zorlanıyor veya yetersiz kalıyor. Dolayısıyla Sıfırlar ve B grupları için şifa olan et, A grubundakiler için sıkıntı yaratabiliyor. AB grupları ise kuzu ve keçi eti yiyebilirler ama dana etini hazmetmede zorlanırlar. A'lar, eğer anne-babalarından biri Sıfır veya B ise kuzu ve oğlak eti yiyebilirler. Tabii sebze eşliğinde...

Enzim Yetersizliği

Peki enzimleri kırmızı eti sindirmede yetersiz olanlar et yediklerinde vücutlarında neler oluyor da et onlarda zararlı etkiler meydana getiriyor?

Kırmızı eti hazmedecek yeterli enzim/asit üretemeyenler (yani AA olanlar) kırmızı eti yediklerinde mide onu hazmedemez, sadece çürütür. Çürümüş etin kana karışan kalıntıları kılcal damarları tıkar. Tıkanma, kanın sağlıklı dolaşımını önler.

Şöyle düşünün; otomatik sulama şebekesi bulunan geniş bir araziniz var. Ve o arazide her bir fidenin veya meyve ağacının dibine kadar götürülmüş bir sulama sistemi var; damlatma usulü ile çalışıyor. Tahmin edersiniz ki sistemin bir de filtre sistemi bulunur ve bu filtre, damlama gözeneklerini tıkayacak nesnelerin suya karışmasını önler. (İşte barsaklardaki emilim tüycüklerini böyle düşünün.)

Ama farkında değilsiniz ki filtre bozulmuş ve damlama deliklerinden geçemeyecek atıklar da su ile birlikte sisteme girmişler. Eğer dikkatli olmaz, sık sık kontrol etmez ve tıkanıklıkları fark ettiğinizde tedbirinizi hızlıca almazsanız sistemin arızalandığını ancak meyve ağaçlarınız kuruduğu zaman anlarsınız.

Maalesef, vücudumuzdaki her bir hücremiz de kan damarları denilen şebekeden beslenen meyve ağaçları gibidir. Hücre içi enerji üretim mekanizmaları, kanla kendilerine taşınan gıdalarla beslenirler. Onlara ulaşan kılcal damarlar tıkandığında artık

✔ *En iyi, en lezzetli ve en yararlı etler sırayla kuzu, oğlak ve buzağı etidir. Lezzet açısından kuzu ve oğlak, güç, kuvvet vermek açısından buzağı eti oğlak ve kuzudan evladır.*

ölümle pençeleşmeye başlarlar. Her bir hücre, bu tür durumlar yaşadıklarında programlarını sürdürebilmek için kırk günlük stok bulundurur. O stoklar bittikten sonra kan hâlâ onlara besin taşımamaya devam ederse hücre yavaş yavaş ölmeye başlar. Düzenli olarak üç öğün besin alan siz, onun açlıktan kıvrandığını anlamazsınız. Oysa o size acı hissettirerek kendi durumunun sinyallerini göndermiştir. Siz ise acıyı yatıştırıp yok ederek, onun feryadını susturursunuz. Sonunda hücreler, tıpkı bahçenizdeki meyve ağaçları gibi kurumaya başlar. Siz durumu fark ettiğinizde ise artık hastasınızdır!

Çürümüş et ve midenin o eti çürütmek için harcadığı asitler, barsaklardaki emilim hücrelerine ve tüycüklerine de zarar verirler. Emilim tüycükleri yok olmuş barsaklardan vücuda zararlı toksinler ve zehirliler de kana karışır, gidip kılcal damarları tıkarlar. Böylece vücutta kanser, cüzzam, sedef, vitiligo, varis, fil hastalığı vb. hastalıklar karar kılar.

Etlerin Tabiatları ve Kan Grupları

Yukarıdaki zararlar, et ile sıkıntılı olan AA için özellikle geçerlidir. Bu nedenle kan grubu A olanlar illa da et yiyeceklerse tavuk, hindi ve keklik gibi kuş etlerini tercih etmeliler. Kırmızı et yiyeceklerse bu etin kuzu ve oğlak eti olmasına hassaten dikkat etmelidirler. Çünkü o grubun enzimleri, ancak o tür *"daha hafif"* etleri hazmedebilir.

B grubunun enzim ve sindirim asitleri ise farklıdır. Mide asidi en güçlü olanlar, B kan grubundandır. B grubundan olanların haftada bir veya iki kere dana eti yemeleri gerekir ki mide asidinin vücuda vereceği zarar azaltılabilsin... Genel anlamda da sağlıklı bir insan -ki o da Sıfır ve B kan grubundan olmak şartıyla- haftada 1-3 defa et tüketebilir.

Yabanî etler içinde insana en yararlı olan et ise ceylan ve geyik etidir. Tavşan eti mahiyeti itibariyle iyi bir idrar söktürücüdür; mesanedeki taşların eritilmesine yardımcı olur. Özellikle de B ve AB grupları için tavşan eti oldukça yararlıdır. Kirpi eti yenen bir et değildir ama senede bir kere bu etten yense hücre ve doku zedelenmelerine iyi gelir.

Dana eti insan tabiatına sertlik ve güç katar. Koyun eti yumuşaktır. İnek, iki yaşından büyük keçi ve deve eti ise hazım itibarıyla sert etlerdir. Bu tür etleri, ancak Sıfır ve B gruplarındaki insanların midesi kolaylıkla hazmedebilir.

Pişirme yöntemi olarak ızgara et genelde tercih edilir ama hazım açısından haşlanmış et daha yararlıdır. Doğrudan ateş ile temas etmeden ve uzun süreli pişirilen etlerin hazmı daha kolaydır.

Eti daima beraberinde yeşil yapraklı sebzeler ile yemek gerekir. Bununla birlikte, hazmını kolaylaştırmak için eti, pul biber (bilhassa Sıfır grubu), defne veya ardıç yaprağı, sarımsak, soğan, zencefil, kekik ve kimyon gibi baharatlarla terbiye ederek pişirmek, hem etin lezzetini arttırır hem de hazmını kolaylaştırır.

İbni Sina, et ile ekmeği birlikte yemenin, hastalanmak için tek başına yeterli sebep olduğu ikazını yapar. Hatta et ile ekmek arasında bir gün mesafe koymak gerektiği fikrindedir.

O açıdan Anadolu'da yapılan ve hamurla etin birlikte servis edilmesi esasına dayanan tüm yöresel yemekler (etli ekmek, lahmacun, pide, mantı vs.) aynı zamanda hastalıkları celbeden yemeklerdir. *"Ne yani, etli ekmek yemeyecek miyiz artık?"* dediğinizi duyar gibiyim ama bu bir realite. Gıdaların bir araya geldiklerinde oluşturdukları müspet ya da menfi birlikteliklerle ilgili ve bizim yeme kültürümüze ters düşen acı bir realite hem de... Tüm bunlar zaman zaman yenmek istenirse mutlaka beraberinde yeşil yapraklı sebzeler bolca tüketilmelidir ki vücuda zararı en aza indirilsin.

Etleri Karıştırmamak Gerekir

Daima tek hayvanın etini yemeyi tercih etmeli. Karışık etlerden ve hazır kıymadan uzak durulmalı. İki hayvanın eti (aynı cinsten olsalar dahi) karıştırılmamalı. Bu açıdan memleketimizde revaçta olan karışık ızgara, hazım sistemini bozmak açısından başlı başına ciddi bir beladır. Şükür ki çoğu kere ızgara et ile birlikte bol miktarda salata ve yeşil yapraklı sebzeler tüketildiği için zararı azaltılabiliyor.

Keza Adana kebabı -ki harika bir lezzeti vardır- dana eti ile kuzu kuyruk yağının karıştırılmasıyla yapıldığı için hazmı çok zor ve aynı zamanda zararlı bir ızgara türüdür. Çünkü iki hayvanın etinin karıştırılmaması gerektiği gibi birinin yağı ile ötekinin etinin karıştırılması da zarardır. Cenab-ı Hak hiçbir eti kendi yağından başka bir yağı özümseyecek şekilde yaratmamıştır.

Etli yemek yapılacaksa, o yemeği o etin yağıyla pişirmek en iyisidir. Çünkü her et, ancak kendi yağı ile kolay piştiği gibi yine kendi yağı ile rahatça hazmedilir.

Sosis, salam, pastırma, sucuk gibi karışık etleri yemek birçok açıdan sakıncalıdır. Bir kere farklı pekçok hayvanın etinin karıştırılmasından yapılan bu ürünler, aynı zamanda karışık yağlar ve katkı maddeleriyle zenginleştiriliyorlar ki bu da zaten hazım için başlı başına problemdir.

Et ve Süt Ürünlerinin Birlikte Yenmesi Sakıncalıdır

Etle süt ürünlerini birlikte yemeye gelince... Önceki sayfalarda da ifade ettiğimiz üzere bizden önceki şeriat olan Tevrat, eti süt ürünleri ile birlikte yemeyi haram kılar. Bu haramlık, et ve süt ürünlerini birlikte yemenin insan tabiatına aykırı olduğunu ifade eder. İslam bu konuda açık bir hüküm koymadığına göre, önümüzde iki yol var; ya eski hükmü biz de kabulleneceğiz veya diyeceğiz ki tasrih edilmediğine göre biz bu hükümden muhayyeriz. Fıkhî açıdan elbette muhayyer durumdayız ama ben kişisel tercih kullanıp ikisini birlikte tüketmemekten yanayım. Kur'an ise et ile ilgili temel haramları dört kalemde topluyor: Domuz eti, kan (insanın kan alıp vermesi de bu hüküm içindedir), süsülmüş hayvan (leş) ve üzerine Allah'ın adı anılmadan kesilen hayvanın eti...

Üzerine Allah'ın adı anılmadan kesilen hayvanın etini, Kuran, "murdar et" kategorisinde ele alır, ona leş sayar. Yani besmelesiz kesim, temel dört haramdan biri olarak önümüze çıkar!

Elektroşok verilerek öldürülen hayvanın eti de leş hükmündedir.

Bunun dışında, Kur'an, bir de hangi hayvanların etinin yenilebileceğini belirlemiş ki bunların hepsi de çift tırnaklı hayvanlardır. Domuz da çift tırnaklı hayvan olduğu için, Kur'an, onu açıklıkla diğerlerinden ayırıp "Bu haramdır, insan tabiatına uyamaz!" vurgusu yapmıştır özellikle.

> ✓ *Üzerine Allah'ın adı anılmamış hayvanın eti ile elektroşok verilerek öldürülmüş hayvanın eti, normal şekilde ve Allah'ın adı anılarak kesilen hayvanın etinden oldukça farklıdır.*

Dolayısıyla bir önceki ümmette haram olan bir şeyin bir sonrakinde en azından mekruh olması beklenebilir. Nitekim süt ürünleri ile etin birlikte kullanılması, çuğu bünyede rahatsızlık yapar. Ben kendi üzerimde yaptığım gözlemlerden de biliyorum ki tansiyon, migren ve sebepsiz baş ağrılarının büyük kısmı, süt ürünleri ile etin birlikte kullanılmasından kaynaklanıyor.

Üzerine Allah'ın adı anılmamış hayvanın eti ile elektroşok verilerek öldürülmüş hayvanın eti, normal şekilde ve Allahın adı anılarak kesilen hayvanın etinden oldukça farklıdır.

Okuma Parçası

Mükemmel donanımlı bir şehir düşünün. Şehrin savunma sistemi çok güçlü tek bir bilgisayarla yönetiliyor olsun. Milyonlarca kimyasal ve biyolojik toksin üreten, genetik mutasyonlara uğratan, aklınıza gelebilecek her çeşit silah bu bilgisayara bağlı olsun. Bu şehri işgal etmek isteyen akıllı birisi, savunma sisteminin merkezi olan bilgisayar ile savunma aletleri arasındaki bağlantıyı keserek şehri, hiç zarar vermeden bütün güzellikleriyle, olduğu gibi alır ve kullanır. Ancak akılsız biri direkt bilgisayarı bombalamaya başlar. Bilgisayar bozulur ve buna bağlı silahlar kontrolsüzce şehir halkını ve yerleşim alanlarını tahrip eder. Halk zehirlenerek, şişerek, delirerek ölür veya yaralanır, yerleşim yerleri de harap olur. İşgal edicilerin elinde kokuşmuş, harap olmuş, sağlığı tehdit eden leş dolu bir şehir kalır.

Bu misalde bilgisayarın bağlantısını kesenler doğru davrananlardır; yani beyne giden ana damar ve sinirlerin bağlantısını kesmek suretiyle hayvanın kanını akıtanlardır. Bu durum-

da beyin bir anda kansız kalarak bayılır ve hiçbir tepki vermez. Fakat kalp, bütün kan dışarı atılana kadar çalışmaya devam eder ve böylece hayvanın eti kanda dolaşan ve eti zehirleyen tüm maddelerden temizlenir. Elektroşok ile bayıltıldıktan sonra kesilen hayvanın etine gelince. Elektroşok hayvanın kalbini durdurur veya korkunç bir aritmiye uğratır; fakat beyin çalışmaya devam eder ve bedeni savunmak için yüksek miktarda, farklı hormonlar ürettirir. Kan hareketsiz olduğu için içinde bulunan toksinleri, hormonları, atıkları, mikropları, kokuşmuş gazları kemiklerde ve eklemlerde bırakır, etlere sızdırır. Böylece et leş özelliği kazanır.

Yukarıda gördüğümüz gibi Allah (c.c.) kırmızı eti sadece Yahudilere yasaklamış, ancak ölü hayvan etini, kanı ve etini tüm insanlara yasaklamıştır. Bilim adamlarının yaptığı araştırmalarda hiçbir insan topluluğunda domuz eti için hazım sistemi olmadığı ortaya çıkmıştır.

Her hayvanın sindirim sistemi her birine özel olarak verilen rızka uygun yaratılmıştır. Bu sebeple hayvanlar, sadece onlara özel rızıkları hazmedebilir. Doğal beslenen hayvan sağlıklıdır, eti, yağı, kemikleri temizdir. Fakat çağımızda hayvanlar fabrikalarda hazırlanan ve hormon, antibiyotik, GM bakteriler ile üretilmiş protein, vitamin ve diğer GM bazlı katkı içeren yemlerle ve genetiği değiştirilmiş ürünlerle beslenmektedir. Hatta, yem olarak, bayat, bozuk ve karışık yemek artıkları, tarihi geçmiş cips, bisküvi, kek, şeker ve benzeri şeyler marketlerden toplanarak verilmektedir. Neticede insan gibi hastalanan hayvan, tıpkı insan gibi ağır ilaç tedavisi görmeye başlamaktadır. İlaç tedavisi gören hayvanın eti, yağı, kemikleri yukarıda anlattığımız faydalardan yoksun kalır, hatta sağlık için tehdit oluşturur. Bu nedenle et alırken, özellikle kemik, yağ, karaciğer, böbrek, kalp ve beyin tüketirken, bunlardan henüz etkilenmemiş genç hayvanların etini tercih etmek gerekir.

Klonlanmış hayvanların eti ve sütü ilk olarak 2007 yılının baharında, ABD marketlerinin raflarında yerlerini almıştır. Bu hayvanların etleri ve sütleri uzun zamandan beri bazı üçüncü dünya ülkelerinde ucuz ürün olarak satılmaktaydı. Klonlanmış inek, domuz ve keçiler konusunda yetkililerin savunduğu tez, bu hayvanlardan elde edilen ürünlerin, her gün tükettiğimiz normal ürünlerle aynı kalitede olduğu ve hiç bir zararının olmadığı yönündedir. Bu da klonlanmış etin market raflarında yerini almasında hiç bir sakıncanın görülmediği anlamını taşımaktadır. Üstelik bilim adamları bu tip ürünlerin ambalajlarında hangi yolla elde edildiklerini bildiren etiketlere gerek olmadığını da belirtmişlerdir.

Klonlanmış hayvanlar üzerinde çalışan bilim adamları insanların yıllardan beri renklendirici, aroma, tatlandırıcı, et yerine GM soya kıyması gibi yapay gıda tüketmeye alıştığını ve sentetik yiyeceklerin insanlara hiçbir zarar vermediğini iddia etmektedir. Fakat sonuçları tam araştırılmadığı için bu ürünlerin vereceği maddi zarar henüz belli değildir. Ancak manevi zararı açıktır. Nisa Suresi, 118-119 ayetlerde anlatılan usulle yetiştirilen hayvanların eti ve sütü muhakkak haramdır. (Aidin Salih, Gerçek Tıp, s. 64-65)

TAVUK ETİ

Tavuk eti, kuş eti cinsindendir. Doğal yoldan beslenen tavuğun eti ve yağı yemeklerde kullanılabilir. Hem hazmı daha kolaydır hem de farklı bir lezzeti vardır.

Tabiatta doğal şartlarda yetişen tavuğun beslenme şekli çok farklıdır. Eti yenilen hayvanlar olarak sadece otla beslenen hayvanlar sayılmıştır; tavuk ise hem et hem otlabeslenmesine rağmen eti helal kılınan hayvanlar arasındadır. Tavuk, ot da yer, haşerat nevinden yakaladığı şeylerle de beslenir. O yüzden doğal tavuk, kesilmeden önce yakalanıp 2 gün -veya en az 24 saat- tecrit edilmeli, sadece buğday vs. gibi yemlerle beslenmelidir. Doğal köy tavuğunun yakalanıp hemen kesilmesi ve yenilmesi kimi âlimlerce mekruh görülmüştür.

Esasında bir hayvanın etinin yenilip yenilmeyeceği, -çift tırnaklı ve helal olarak isimlendirilenler dışında- ne yiyip yemediği ile belirlenir. Tabiatı vahşi ve etobur hiçbir mahlukun eti yenmez. Keza yapısı itici ve tiksindirici varlıkların eti de öyle...

Özellikle yabanî hayvanların içinden eti yenilebilenler, ancak otobur olanlardır. Otobur olanlar içinden de tek tırnaklılar yenilmez. Bir tek at eti yenilebilir sayılmış; o da stratejik bir hayvan olduğu için kesimlik kullanılmaktan ziyade binek ve savaş aracı olarak kullanılmış. Bugün kimi Türkî cumhuriyetlerde at eti tüketilmektedir.

Genel kural olarak et yiyen hayvanların eti yenilmez. Tavuk etinin bu genel kategorinin dışında olmasının sebebi, sindirim sisteminin yapısındandır.

Genel kural olarak et yiyen hayvanların eti yenilmez. Tavuk etinin bu genel kategorinin dışında olmasının sebebi, sindirim sisteminin yapısındandır. Tavuk, yediklerinin büyük bir kısmını kursağındaki taşlar sayesinde ön bir sindirimden geçirerek vücut içindeki esas sindirime alır. Domuz etinin "haram" olmasındaki sebeplerden biri de sindirim sistemidir. Çünkü domuzun, yediklerini sindirim süresi çok kısadır ve bu sebeple tüm zararlı atıklar olduğu gibi dokularına nüfuz etmektedir.

Tavuk eti A grupları için faydalıdır. Tavuklar içinde de renkli olanlar, özellikle de çil tavuk denilen cinsi son derece lezzetli ve faydalıdır. Kesilen tavuğun genç ve renkli olanlarının eti makbuldür. Tavuğun henüz yumurtlamayanı, horozun henüz ötmeyenini yemek daha yararlıdır. Tavuk ne kadar yaşlansa etin tadındaki sasılık oranı da o kadar artar.

A grupları için faydalı ve hazmı kolay olan tavuk etini hazmedemeyenler de var. B ve AB grubundan olanlarının sindirim sisteminde tavuk etini ve yağını hazmedecek enzimler zayıftır. O yüzden de tavuk eti AB ve özellikle de B grupları tarafından hazmedilemez ve çürütülür.

A gruplarında kırmızı et nelere sebebiyet veriyorsa B ve AB grubunda da tavuk eti o türden sonuçlara yol açar.

Mevcut tıp, tavuk etini beyaz et kabul eder ve kanında kolesterol tespit ettiği herkese tavuk ve balık eti perhizini verir. Oysa B grubu için bu, tam bir felakettir. Çünkü uzun süre tavuk eti yiyen B kan grubuna mensup birinin, sindirim sistemi son derece zayıf düşer ve bünye her türlü hastalığa açık hale gelir.

Bugün şehirlerde satılan tavuklara gelince... Beslenme ve yetiştirilme tarzlarından, çok kısa sürede kesilecek olgunluğa gelmelerini sağlayan hormon ve antibiyotik katkılı yemlerden dolayı bugünkü market tavukları şifa olmaktan çok zarar verici bir unsura dönüşmüş durumdalar. Esasında sanayi üretimi olan tavuk etten başka bir şeydir.

Psikolojisi Bozuk Tavuklar

Burada değinmemizde fayda olan bir konu daha var: Gerek yumurta üretimi için olsun, gerekse kesimlik olsun, çiftlik tavuklarının yaşam biçimi, ne hayvan haklarına sığar ne de insanlığa... Vicdanı gelişmiş hiçbir insan, onların yetiştirilme şekillerine rıza gösteremez.

Bilindiği gibi civcivler kuluçkadan çıktıktan sonra nerede ise hepsi tasmalı köleler haline getiriliyorlar. Birbirlerini tartaklamamaları için gagaları kesiliyor; biraz büyüdüklerinde daracık bir ortamda sağa sola dönmelerine fırsat verilmeden yetişecekleri küçücük kafeslere hapsoluyorlar. Her bir tavuğun önünde, sadece başını kaldırıp indireceği kadar bir aralık vardır ki o aralıktan yemini alabilsin ve suyunu içebilsin. Arka tarafında da kakasını yaptığında temizlenecek bir şerit akar. Bu hayvanlar, ortaçağ esirlerinden çok daha vahim ve ağır şartlarda yumurta yapmaya veya kesimlik hale gelinceye kadar hiç yerinden kıpırdanmadan hayatını geçirmeye mahkum edilmişlerdir.

Sırf şu cinayete dur demek için dahi olsa çiftlik tavuklarına karşı ambargo uygulamaya ve almamaya değer. Onları bir an önce güya piliç haline getirmek için hayvanlara her türlü zulüm yapılıyor. Kesim işlemi de tamamen fabrikasyondur. Hayvan konulduğu yerden olduğu gibi kesilir ve içindeki pislikle birlikte sıcak kazanlara atılır. Daha sonra oradan çıkarılarak yine teknik şekilde yolunur ve ardından sakatatı çıkarılır. O sakatat da çoğu kere yeniden tavuk yemi yapılarak bir sonraki mahkumlara yedirilir!

> ✓ *A grupları için faydalı ve hazmı kolay olan tavuk etini hazmedemeyenler de var. A gruplarında kırmızı et nelere sebebiyet veriyorsa B ve AB grubunda da tavuk eti o türden sonuçlara yol açar.*

Yem bununla kalsa yine iyi... Yumurtalardan hep piliç çıkması için yemlere katılan östrojen hormonu insanlarda tahmin edilemeyen problemler ve eğilimlere sebebiyet veriyor.

Bu tür üretimlerde tavuklara neler yedirildiğine dikkat etmek gerekmektedir. Hiç kimse esasında ancak altı yedi ayda kesimlik boyuta gelebilen bir tavuğun nasıl olup da 45 günde kesilecek büyüklüğe ulaştığını sorgulamaz. Halk arasında hormonlu denilir ama bunun ne anlama geldiği üzerinde pek de durulmaz.

Bizim hormon diye adlandırdığımız durum, aslında genetiği ile oynanmış veya genetik açıdan modifiye edilmiş demektir. Bir canlının genetiğini yeniden düzenleyerek o cinsi değiştirmek en tehlikelisidir. Günümüzde marketlerde ucuz et kategorisindeki tavuklar işte bu cinsten bir üretimle bu denli yaygınlık kazandılar.

Sıkıntı Tavuk Yeminde

Tavuk yemi olarak bugün genetiği değiştirilmiş mısır, soya, buğday gibi tarımsal ürünlere genetiği yeniden şekillendirilmiş mikroplar ve bakterilerle üretilmiş protein, vitamin, enzim, hormon ve antibiyotikler ve etin bozulmasını önleyecek nitrat nitritler ve formaldehitler katılmaktadır. Dolayısıyla tavuk eti diye yediğimiz şey, tamamen suni olarak tasarlanmış bir şeydir. Besin diyemiyorum. Çarçabuk pişmesi, lezzeti, raf ömrünün uzunluğu, tavuğun beslendiği bu yemlerden kaynaklanmaktadır.

Aynı şey yumurta için de geçerlidir. Bugün çiftlik yumurtalarının sarısı, doğal köy yumurtalarının sarısından daha parlak ve koyu renkli olabiliyor. Çünkü tavuğun yemine o sarılığı sağlayacak katkı maddeleri dahi katılıyor.

Genleri yeniden yapılandırılmış bu türden gıdaların ileride insanlığın tabiatında ne gibi değişikliklere yol açacağını henüz bilemiyoruz. Fakat her gün yeni bir hastalığın ortaya çıkması, insanlardaki kısırlık oranının her geçen gün biraz daha yükselmesi, psikolojik rahatsızlıkların bu denli yaygınlık kazanması, çarpık ve hilkat garibesi doğumların ziyadeleşmesi, gelecekte olabilecekler konusunda bize bir parça ışık tutuyor. Ama herhalde beş on yıl sonra bu tür gıdaları kullanıyor olmanın nesnel sonuçlarını da göreceğiz.

Şükür ki son zamanlarda, bu konuya değinen, tamamen tahıl ve sebzelerle beslenen ve doğal seyrinde büyüyen tavuk üretimi için düğmeye basan ve bu alana el atan girişimcilerimiz de var. Bazı tavuk çiftlikleri, GM ürünü yemler yerine, doğal yemlerle yetiştiricilik yapmaya başladılar. Bu, ülkemiz insanı adına iyi bir gelişmedir.

YUMURTA

Protein, doymamış yağ ve mineral kaynağı olan yumurta tüm kan grupları için bulunmaz bir nimettir. Yumurta aynı zamanda insan vücuduyla uyumlu bir protein kaynağıdır. Kolesterol yapmaz, kalbi zorlamaz. Tabii sözünü ettiğimiz yumurta, doğal yoldan beslenen tavuğun yumurtasıdır. Yoksa transgenik yemlerle beslenen bir tavuğun yumurtası da en az eti kadar tehlikeli ve zararlıdır.

> ✓ *Taze yumurta son derece faydalı bir besindir. Yumurtanın en ideal tüketim zamanı, 1-3 günlük olanıdır. Uygun şartlarda korunduğu takdirde 8-10 günlük yumurta da yenilebilir.*

Taze yumurta son derece faydalı bir besindir. Yumurtanın en ideal

Şifa olan balık etini insana zararlı hale getiren alışkanlıkların en kötüsü, balık yerken su içmektir. Mahza fayda olan pek çok besin dolayı zarara dönüşebilmektedir mektedir.

tüketim zamanı, 1-3 günlük olanıdır. Uygun şartlarda korunduğu takdirde 8-10 günlük yumurta da yenilebilir.

10 günden daha bayat ve beş dakikadan daha fazla kaynatılmış veya pişirilmiş yumurta bünye için faydadan çok zarardır. Uzun süre buzdolabında beklemiş veya pastörize edilmiş yumurtaların proteini kana karıştığı takdirde ağır zehirler gibi işlev görebilir ve kanı zehirleyebilir. Bayat yumurta, böbrekleri kötü etkiler ve vücutta kalıcı alerjik etkiler meydana getirir. Safra kesesinin asit, çamur ve taş tutmasında çiftlik yumurtasının -özellikle sarısı- rolü büyüktür. Tazelik ve bayatlık faktörü aslında her gıda için dikkat edilmesi gereken bir husustur. Örneğin yeşil yapraklı salata sebzeleri taze halde tüketildiğinde başlı başına şifa kaynağı iken yapraklarının sararması durumunda bünye için toksin (zehir) etkisi yapar.

Yumurtanın taze olup olmadığını anlamanın en kestirme yolu, tuzlu suyun içine koymaktır. Taze yumurta tuzlu suyun dibinde kalır. Eğer dik duruyorsa bayatlamaya başlamış, üste çıkıyorsa bayatlamış demektir.

BALIK

Balık beyaz et nevindendir ve tüm kan grupları için şifadır. Bunu, *"Deniz avları size helal kılındı."* (Maide, 96) ayetinden anlayabiliyoruz. Ancak yapılan incelemeler ve çalışmalar göstermiştir ki her balık eti her bünyede aynı kolaylıkta hazmolunmuyor.

Mesela hamsi, kalkana, çupra vs., A grubu insanlarda kırmızı et gibi hazımsızlığa neden olabiliyor. Bu kitabın sonunda her bir kan grubunun hangi yiyecekleri yiyebildiğini, hangilerinin zararlı, hangilerinin faydalı olduğunu bir liste halinde bulacaksınız. Orada göreceksiniz ki her balık, her bünye tarafından rahat hazmedilemiyor. Dolayısıyla her gıda gibi balık yerken de mizaç ile uyumlu olanları tercih edilmelidir. Aksi durumda siz beyaz et yediğinizi ve sağlıklı beslendiğinizi zannederken mideniz onu hazmedemediği için size zarar verebilecek bir besin maddesi tüketmiş olursunuz.

Midye ve vatoz gibi dip temizliği yapan deniz hayvanları; derinlerde yaşamalarından dolayı tabiatlarında ciddi oranda kurşun barındırırlar. Keza tarator ile yenmesi uygun görülen balıklar, ağır metaller içeren deniz hayvanları cinsinden oldukları için sarımsak, ekmek içi ve yoğurt karışımı olan *tarator* sosuyla yenirler ki onlardan vücuda yüklenilecek ağır metallerin zararı telafi edilsin.

Şifa olan balık etini insana zararlı hale getiren alışkanlıkların en kötüsü, balık yerken su içmektir. Balık ekmek ikilisi de tıpkı et ile ekmek yemek gibi zararlıdır fakat balıkla birlikte su veya onun daha tehlikelisi olan rakı içmek, sadece kanı değil karaciğeri de iflasa sürükler.

SÜT

Süt fıtrattır. Mirac sırasında Cebrail (as) Peygamber Efendimiz (sav)'e bir tasta su, bir tasta da süt getirdi ve ikisinden birini alıp içmekte onu muhayyer bıraktı. Peygamberimiz (sav) sütü alıp içince Cebrail, *"Fıtratı tercih ettin..."* dedi.

Evet, süt fıtrattır. İnsanın yapı taşını oluşturan ilk gıdadır. Aynı zamanda sütkardeşliği diye bir hukuku da var ediyor. Aynı anneden süt içmek, genetik olarak farklı iki kişiyi, İslam hukukunda kardeş kılıyor. İnsanın yapı taşlarını oluşturması açısından bu kadar mühimdir.

İki yaşına kadar insan için zaruri olan yegâne gıda anne sütüdür. O dönem, çocukta şeklî ve fıtrî yapılanma devam ettiğinden dolayı Cenab-ı Hak anne sütünden başka bir şeyin çocuğa verilmesini uygun görmez. Zaten çocuğun yapısı da onu kaldırmaz. Ayrıca çocuğun kimi uzuvları doğumdan sonra gelişimini anne sütü içeriğiyle tamamladığı için bu esnada süt yerine başka gıdalar verilmesi bu gelişim sürecini de sekteye uğratır. Örneğin böbrek gelişimi, bu türden hassas bir gelişimdir. Bebekliğinde anne sütünü kısa süre içenler, yetişkinliklerinde böbrek rahatsızlıklarına daha yatkındır.

İnsanlara en yararlı süt keçi ve konuyun ağız sütüdür.[13] Bu yaş döneminde aynı annenin sütünü emenler, hükmen kardeş olur ve fıtraten birbiriyle evlenmesi haram olan bir yapı kazanırlar. İsterse farklı anne ve babadan doğmuş olsunlar... Sütün insan üzerindeki etkisi bu kadar derindir.

Bazen kimi annelerin sütü kendi çocuğuna ağır gelebilir. Bugüne kadar bunun nedeni pek bilinemezdi. Fakat bugün biliyoruz ki çocuğu ile farklı kan grubundan (mizaçtan) olan bir annenin sütü çocuğuna bazen ağır gelebilir. Sıfır kan grubundan bir annenin çocuğunun, A grubundan olduğunu varsayalım. İşte şu annenin sütü çocuğuna ağır gelebilir. Bu durumda çocuğa bir süt annesi aramak gerekebilir. Fakat günümüz anneleri, çocuklarını kendi sütleri ile emzirmek yerine yapay sütleri ve fabrikasyon gıdaları tercih

13 Nitekim bu hayvanlar için de geçerlidir. Yavrunun gelişmesini tamamlayabilmesi için ilk süt olan ağız sütünü bol emmelidir.

ediyorlar. Ve bilmeden o zavallı çocuğu, özellikle yetişkinliğinde birçok hastalığa açık hale getiriyorlar.

Geleneksel tıp ile meşgul olan bir hekim, daha ilk bakışta bir çocuğun anne sütünü yeterli miktarda emip emmediğini kestirebilir. Çünkü kız çocuğunun en az 18-20 ay, erkek çocuğunun ise tam iki sene anne sütünden başka bir gıda almaması gerekiyor. Eğer yeterince anne sütü emmemişse, o çocuğun bağışıklık sisteminin gelişimi yarım kalıyor.. Böbrek, karaciğer, safra kesesi ve kemik sisteminde ciddi arazlar görülebiliyor.

Süt İçecek Değildir

İnsan, iki yaşından sonra midesindeki *"süt hazım sistemi"*ni kaybeder. Bu, anne sütü dahil tüm sütler için geçerlidir. Bu yaştan sonra süt, sadece kendi içindeki mikroplar ve barsaktaki bakteriler sayesinde hazmolunur.

Süt de bal gibi Kur'an'da anılan mucizevi ve şifalı bir gıdadır. Tabi bizim kullandığımız haliyle değil. İnek de dahil tüm sütlerin vücut için şifa olması, onun sağıldıktan en fazla sekiz on dakika içinde ve hiçbir işleme tâbi tutulmadan içilmesiyle mümkündür. Çünkü süt, yeni sağıldığında hazmı kolaylaştıran mikroplar ve enzimler içerir. Nitekim eski zamanlarda özellikle Güneydoğu Anadolu ve Suriye mıntıkasında ikindi saatlarinde sağımlık hayvanlar sokaklara çıkarılır, taze süt içmek isteyenlere o hayvanlardan sağılıp içirilirdi.

Bekleyen sütte, zararlı mikroplar üremeye başlar. O yüzden de onun kaynatılması gerekir.Süt kaynatıldığında içindeki kıymetli bakterilerin büyük bir kısmını kaybeder. Çünkü sütün hazmedilmesini ve vücut için yararlı olmasını sağlayan tüm bakteriler 43-54 derecede ölürler ve böylelikle süt de süt olma özelliğini kaybeder. Buna rağmen sütlerin kaynatılması zorunludur.

Sütü hazmeden sindirim sistemimizin 2 yaşından itibaren yok olduğunu; kaynatılan sütte, hazmı sağlayacak bakterilerin öldüğünü, önceki bölümlerde ifade etmiştik. Böyle olunca sütün hazmedilmesi işi, barsaklardaki bakterilere düşüyor.

Hayatında bir kere de olsa antibiyotik kullanmış bir insanın barsaklarındaki faydalı bakterilerin de zararlı bakterilerle birlikte yok olduklarını düşünürsek, içilen sütün vücut tarafından hazmedilmesinin ne kadar zor hale geldiğini anlamak zor değil.

Antibiyotik kullanmış insanlarda süt hazmolunamayacağı için barsaklarda bozulmaya başlar. Vücut bozulan sütteki kalsiyumdan yararlanamaz. Barsaklarda bozulan süt, vücutta pek çok sıkıntıya sebebiyet verir

Sütün Sebep Olduğu Rahatsızlıklar

Saf bir şifa kaynağı olan sütün yanlış şekilde tüketilmesinden ve barsaklarda çürüyüp bozulması neticesinde ortaya çıkan rahatsızlıklardan bazıları:

- ✓ Vücutta aşırı balgam birikmesi,
- ✓ Damar ve kemiklerde kireçlenme,
- ✓ Kemik erimesi,
- ✓ Karaciğer, dalak ve damarlarda tıkanma,
- ✓ Gözde katarakt,
- ✓ Safra kesesinde ve böbreklerde taş,
- ✓ Vitiligo, sedef, diş çürümesi ve diş eti hastalıkları -özellikle de Sıfır ve A grubundakilerde- ve daha nicesi...

Hiç Süt Tüketmeyecek miyiz?

Peki bu durumda hiç süt tüketmeyecek miyiz? Bu satırlardan böyle bir sonuç çıkarılmasın. Her şey gibi sütü de usulüne uygun tüketmeyi öğreneceğiz. Bir kere sütün nasıl sindirildiği bilindikten sonra onu usulüne uygun biçimde tüketebiliriz. Öncelikle sütle birlikte onun hazmına kolaylaştıracak yardımcılar alınabilir. Örneğin süte bir miktar zencefil ve tarçın katarak kullanabilirsiniz. Bugün bir gelenek halinde uygulanan sütlü tatlıların üzerine tarçın konulması, onun hazmını kolaylaştırmak amacıyla icat edilmiş güzel bir uygulamadır.

Süt tüketirken unutmamak gereken bir diğer mühim husus ise sütün *"içecek"* kategorisinde *değil*, *"yiyecek"* sınıfından bir besin olduğudur. Yani süt, su gibi içtikten ve vücut sıcaklığına eriştikten hemen sonra barsaklara geçen bir *"sıvı"* değildir. Hem ağızda hem midede ve tabii daha çok da barsaklarda tâbi tutulduğu bir dizi ayrıştırma işlemleri vardır hazmolunması için.

O yüzden süt içerken, öncelikle onu ağızda bir müddet tutmak ve ağız içi ön sindirim işleminden geçirmek gerek. Süt içtikten sonra hızlı hareket etmek veya onu su gibi tepeye dikip lıkır lıkır içmek, sadece vücutta balgamın artırılmasına hizmet eder. Tabi bir de böbrek ve safra taşlarının oluşumuna...

> ✓ *Süt içtikten sonra hızlı hareket etmek veya onu su gibi tepeye dikip lıkır lıkır içmek, vücutta balgamın artmasına ve böbrek ve safra taşlarının oluşumuna sebep olur.*

Sütte dikkat edilecek en önemli husus, içtiğimiz sütün karışık olmamasıdır. Yani mümkün mertebe tek hayvandan alınan süt tüketilmelidir.

✓Süt içtikten sonra hızlı hareket etmek veya onu su gibi tepeye dikip lıkır lıkır içmek, vücutta balgamın artmasına ve böbrek ve safra taşlarının oluşumuna sebep olur.

Dolayısıyla piyasada satılan ve pastörize diye bilinen sütleri içmek, faydadan çok zarardır. O tür sütler en fazla kaynatılıp yoğurt yapılabilir.

Hayvanların da Mizacı Var

Eski tıp bilginleri, sütün yapısının, onun elde edildiği hayvanın huyu ve suyu ile yakından ilgili olduğuna hükmetmişler. Nasıl ki her annenin sütü yavrusuna uygun olmuyorsa her hayvanların sütü de herkes için uygun değildir. Bugünün insanına kabul edilmesi zor gelse de hayvanların da bir mizacı ve tıpkı insanlarda olduğu gibi farklı kan grupları vardır. Dolayısıyla o mizaçtan (o kan grubundan) elde edilen süt, ancak aynı mizaçtaki insana fayda sağlar.

Bu sebeple her insana her ineğin sütü iyi gelmez. Ancak kendisi ile aynı mizaçta olan ineğin sütünü tüketebilir. Çünkü insanlar gibi hayvanların (ve tabi bitkilerin) da mizaçları vardır. Bu yüzden her coğrafyanın hayvanı, en çok o coğrafyanın insanına yararlıdır; etiyle sütüyle... Bugün ise dünyanın farklı yerlerinde getirilen hayvan ırkları birbiriyle aşılanarak tüm dünyada tek ırk hayvana doğru bir gidişat var. Her cinsin üstün özellikleri (iyi süt vermesi, etinin iyi olması, hızlı yetişmesi vs) ayıklanarak, gen çalışmaları ile karma cinsler oluşturuluyor.

Oysa asırlar ve iklim, hayvanları ve bitkileri, zaman içinde, her bir toprakta, ancak o toprakta yaşayanlara fayda verecek yapıya kavuşturmuştur. Anadolu'nun karma ineği, tiftik keçisi, kara koyunu ve keçisi, bugün hemen hemen yok olup gitmiştir.

Diyarbakır'ın karpuzu, Trakya'nın kavunu, Aydın'ın inciri, Gaziantep'in fıstığı, İslahiye ve Besni'nin üzümü, Torosların eti ve kekiği, Erzurum'un danası, Ankara'nın tiftik keçisi, Maraş'ın biberi ve keçisi, Misis'in ayranı, Çorum'un nohutu ve leblebisi ve saire, hepsi yok olup gidiyorlar. Artık her yerde bütün tadlar bir oldu. O yüzden de insanımız hasta ve mutsuz...

İnsanoğlunun fıtratına en uygun süt, anne sütünden sonra keçi sütüdür. Peygamber Efendimiz (sav)'in süt içtiği ve süt içmeyi teşvik ettiği bilinir. Ama onun içtiği süt, tek hayvanın sütü idi ve sütü, sağıldıktan hemen sonra içerlerdi... Bugün ise şehirlerdeki en taze süt iki günlüktür... ve hepsi de pastörizedir.

Kimlerin Süt Tüketmesi Sakıncalıdır?

Süt, şu insanlar için zararlıdır:

- ✓ Vücudunda tümör ve ur bulunanlar,
- ✓ Kanser hastaları,
- ✓ Karaciğer ve dalağı hasta olanlar,
- ✓ Böbrek hastaları,
- ✓ Deri hastalığı bulunanlar,
- ✓ Migren ve sık sık baş ağrısı çekenler,
- ✓ Kulak çınlaması ve baş dönmesi yaşayanlar.

Bu insanlara fayda sağlayacak bir süt varsa o da deve sütüdür... Ancak ülkemiz şartlarında deve sütünün temini, zor bir ihtimaldir.

YOĞURT

Yukarıdan beri sütle ilgili izahlarımız, sütün süt olarak tüketiminin sakıncalarına dairdi. Dolayısıyla artık yapılacak şey; sütü süt olarak tüketmekten ziyade, onu bir tür mayalama işleminden geçirerek sindirime hazır gıdalara dönüştürmektir.

Yoğurt, bu mayalama işleminin en faydalılarındandır. Elbette piyasada günlerce beklediği halde ekşimeyen, bozulmayan katkılı yoğurtlardan söz etmiyorum. Hakiki yoğurt, gerçek maya ile mayalanan ve içinde hiçbir koruyucu katkı maddesi içermeyen yoğurttur.

En iyi yoğurt evde doğal maya ile hazırlanan yoğurttur. Yoğurt yüksek bir antioksidandır. Esasında uzun yaşamış tüm insanların -başkaca yedikleri farklı farklı şeyler olsa da- temel tek müşterekleri, yoğurttur.

Salatalıkla yenilen yoğurt (yani cacık) yüksek ateşi düşürür ve vücut ısısını doğal ölçüsüne getirir.

Yoğurt soğan ile birlikte yenilirse iyi bir enfeksiyon gidericisidir. Özellikle soğuk algınlığının hemen başlangıcında, soğanı havanda ezip yoğurda karıştırıp yemek, soğuk algınlığını gidermeye iyi bir çaredir.

Yoğurt suyu, kanı ve karaciğeri temizler. Dalaktaki tıkanıklıkları ve böbrek taşlarını eritmeye yardımcı olur.

Yoğurt suyu aç karınla bir süre içilmeye devam edilirse, özellikle antibiyotiklerin kullanımından sonra barsaklarda meydana gelen tahribi tamir eder. Yoğurt suyu ile birlikte sarımsak dişleri de yutulmaya devam edilirse süreç daha da kısalır...

PEYNİR

Peynir süt ürünleri içinde sütten sonra hazmı en zor olandır. Sütün suyunun ayrıştırılmasıyla elde edildiği için hazmı ağırdır. O yüzden peynirin tüketileceği sofrada mutlaka yeşillik bulunmalı. Domates, salatalık ve yeşil yapraklı sebzelerle birlikte yenilirse hazmı bir parça kolaylaşır.

Peynirin fazla tüketilmesi de tıpkı süt gibi balgam ve kireçlenmeye yol açar.

En yararlı peynir keçi ve koyun peyniridir.

Peynir, süt ve süt ürünlerinin yüksek oranda zarar verdiği insanlar, kan grubu Sıfır olanlardır. Sıfır grubunda olanların peynir ve süt ürünlerinden uzak durmaları, sağlık açısından iyidir.

Sıfır grubu insanlar illa da peynir yiyeceklerse küflü peyniri tercih etmelidirler. Ya da peyniri yeşil yapraklı sebzelerle tüketsinler. Haftada en fazla 2, bilemedin 3 kere ve 50-60 gram miktarında peynir tüketebilirler. Fazlası onlara zarar verir.

Sıfır grubu insanlarda da süt ve peynirin çok tüketilmesi faydadan çok zarardır. Süt ürünleri yağsız olması şartıyla B'lere zarar vermez. Yağlı süt, B gruplarında, zaman içerisinde beyin damarlarında daralmaya neden olabilmektedir. "Sikloroz" denilen beyin damarları daralması, alzaymırdan parkinsona hatta MS'e kadar uzanan hastalıklara neden olur.

✓ *İnsan tereyağının kendisine yarayıp yaramadığını anlayabilir. Tereyağı tükettiğinde midesinde bir ekşime veya hazımsızlık problemi yaşıyorsa, bilsin ki tereyağı ona yaramıyor.*

TEREYAĞI

Tereyağı da insanlığın en eski çağlarından beri kullanılagelen bir gıdadır. Geçmişte daha çok ilaç üretiminde kullanılmaktaydı. Tereyağı Sıfır ve B gruplarına A ve AB'ler kadar zarar vermez. A ve AB'ler illa hayvasal yağ yiyeceklerse sade yağı tercih etmeliler.

Mide ve barsakların rahatlamasına ve sindirim sisteminin sağlıklı işlemesine yardımcı olur. Vücudu kuvvetlendirir. A ve AB grupları için ise tereyağı ağır bir gıdadır ve zor hazmedilir. A gruplarında ve özellikle gençlik yıllarında görülen akne, sivilce ve çıbanlar, daha çok tereyağı tüketiminden kaynaklanır. Tereyağı A ve AB gruplarında bazen damar tıkanmalarına da sebep olabilir.

İnsan tereyağının kendisine yarayıp yaramadığını anlayabilir. Tereyağı tükettiğinde midesinde bir ekşime veya hazımsızlık problemi yaşıyorsa, bilsin ki tereyağı ona yaramıyor.

A ve AB grupları illa da tereyağı yemek istiyorlarsa biraz bekletip küflendirsinler. Küflü tereyağının hazmı kolaylaşır.

SIVI YAĞLAR

Sıvı yağlar bugün maalesef insan sağlığını tehdit eden unsurların en başında geliyor. İlerleyen sayfalarda her gruba hangi sıvı yağın yararlı olup olmadığını anlatmaya çalışacağız fakat bugün piyasada satılan ve zeytinyağına göre çok ucuz olduğu için -özelikle de kızartmalarda kokmadığından dolayı tercih edilen- bolca tüketilen sıvı yağların insan sağlığı için zarardan başka bir şey olmadığını vurgulamak gerekiyor.

Piyasada mısır yağı, ayçiçek yağı, bilmem ne yağı diye satılan yağlar, yağ bile değil. Çünkü insan vücudunun sıcaklığı en fazla 37 derecedir. İnsan vücudunun harareti 38 ve üstüne çıktı mı biz ona *"ateş"* diyoruz. Bir yağın insan için faydalı olabilmesi için onun en fazla 35-36 derecede, yani vücut ısısı içinde çözülebiliyor olması lazım. Oysa şu sıvı yağların içindeki katkı yağları 45-55 derecede ancak çözülebiliyorlar.

Şöyle bir düşünün. Ayçiçeği çekirdeğinin ham kilosu iki lira olsun. Bir litre yağ en az beş altı kilo çekirdekten elde edilebileceğine göre gerçek ayçiçeği yağının kilosunun da az 10 lira olması gerekirdi. Ama, bugün marketlerde bir kilo ayçiçeği ortalama 3-4 TL civarına satılabilmektedir. Demek ki o yağ sizin sandığınız gibi saf ayçekirdeği yağı değil!

Peki ayçiçeği değilse nedir o halde?

Ay çiçeği veya mısır yağı diye satılan yağların hemen hemen yüzde seksenine yakını -belki daha fazla- daha ucuz olan kanola ve benzeri yağlarla ayçiçeği yağının oluşturduğu karışımlardan meydana geliyor. Yoksa o yağların da tıpkı zeytin yağı gibi hammaddesi ile orantılı bir fiyatının olması gerekirdi.

Son derece yüksek ısılarda çözülebilen, o yüzden de insan vücut ısısı sınırlarında çözülmeyip kılcal damarlarda biriken ve sonunda damarların tıkanmasına yol açan da işte kanola, palmiye ve benzeri yağlardır. Çoğu insan hem de "Sıvı yağ kullanıyorum, o halde sağlıklıyım!" zannederek habire bu yağları tüketiyor ve buna rağmen kolesterol, trigliserit, tansiyon ve benzeri rahatsızlıklardan şikâyetleri bir türlü bitmiyor. Maalesef hiç beklenmedik anlarda gelip insanı alıp götüren enfarktüslerin en büyük sebeplerinden biri de -özellikle Sıfır ve B gruplarında- sıvı yağlardır...

BAL

Kur'an-ı Kerim'de bal, *"Kur'an'ın kendisi"*nden sonra *"şifa"* vasfıyla anılan (Nahl, 69) tek nimettir. Hiçbir şekilde taklit edilemeyen ve arıya ne yedirilirse yedirilsin tabiatı bozulmayan bir nimettir.

Yanlış bir inanışla, şeker yedirilen arıların *"şekerli bal yaptığı"* sanılır ama bu mümkün değildir. Sanıldığının aksine, arılar o şekerleri bal yapmak için değil, varlıklarını sürdürmek için kendi besinleri olarak kullanırlar. Tabi bu beyaz şeker, fıtrat itibariyle çiçek özünden beslenmesi gereken arıya da zarar veriyor, onları şeker hastası yapıyor. İşin bu yönü, bizim konumuzun dışında. Arı, yediği besin şeker de olsa onu bal yapacağı bir işleme tâbi tutuyor. Ancak insanlar, balın moleküler yapısını inceleyip ona benzer tad ve aromada birtakım şeyler üretiyorlar ve sahtekârlıkla onu bal diye satıyorlar. Yoksa sahtekârlığı yapan arının kendisi değildir, insanlardır. İnsanlar en fazla yapay kovanlar ve petekler hazırlayarak arıya zaman kazandırıyorlar, o kadar. Sürekli glukoz ve benzeri şurup ve tatlılarla beslenen arıların yaptığı bal dahi en fazla yüzde 3 oranında sakaroz ihtiva edebilir.

Yapılan bir çalışmada, arılara 18 gün boyunca yüzde 67 oranında sakaroz ihtiva eden şeker şurubu yedirilmiş, bunun sonunda arıların yaptığı balda sadece yüzde 3 oranında sakaroz bulunduğu belirlenmiştir. Yani yüzde sıfır invert şekeri ihtiva eden çay şekerinden yüzde 73 oranında invert şeker ihtiva eden bal yapan bir mucizedir arı.

Balı Peteğiyle Alın

Hakiki bal almak istendiğinde petek bal almak hemen hemen yeterlidir. Süzme balların bal olmama ihtimali, petek bala göre daha yüksektir. Çünkü bunların bir kısmı maalesef kimyasal yollardan elde edilen ve bal aromalı, şekerlenmeyi önlemek için de içerisine limon asidi katılmış reçeller olabilmektedir.

Dolayısıyla eğer hakiki manada petek balı alırsanız bal almış olursunuz. Tabii ki arının çiçek tozu devşirdiği alan ve o alanda bulunan çiçeklerin türü balın kıymetini artırır veya azaltır. Hepsi bu... Ayrıca eğer süzme ballar soğuk pres ile değil de sıcak pres ile sıkılarak elde ediliyorsa bal, kendi içeriğinden çok şeyi bu işlem esnasında kaybediyor. Petek bal her durumda daha sağlıklı bir tercih.

Aldığınız balın hakiki olup olmadığını anlamak için sizlere bir taktik daha: Baldan bir miktarı metal kaşığa koyup ateşin üzerinde bir süre tutun, bal olup olmadığını anlarsınız. Çünkü hakiki bal şeker gibi yanıp kömür olmaz, sadece eriyik hale gelir.

Bir hadiste Peygamberimiz (sav), *"Yeryüzünden ilk kaldırılacak rahmet taundur, ilk kaldırılacak nimet de baldır."* buyurur.

Ve sanırım balın ortadan kalkma zamanı hayli yaklaştı. Zira insanlar ısrarla arıları, sahtekârlık yapmaya zorluyorlar ve çok üretim yapmaları için onların metabolizmalarını bozacak cinsten tatlandırıcılar ve şuruplar veriyorlar. Aşırı şeker yüklemesi yapılan insanların pankreasının bozulması gibi böyle beslenen arı nesli de günün birinde hasta olacaktır. Yani biz sonunda et yedirerek danaları delirtip

Aldığınız balın hakiki olup olmadığını anlamak için balı metal kaşığa koyup ateşin üzerinde bir süre tutun. Hakiki bal şeker gibi yanıp kömür olmaz, sadece eriyik hale gelir.

hasta ettiğimiz gibi arıları da değişik şuruplarla diyabet hastası haline getirirsek -ki gidişat böyle olacağının sinyallerini veriyor- o zaman bu mübarek hayvancıklar bizi ebediyen terk ederler. İlk kalkacak nimet bal olduğuna göre yüksek bir ihtimalle o günler yaklaşmakta. Bir düşünür, *"İnsanoğlu tamahı yüzünden cennetten kovuldu; şimdi de hırsı yüzünden oraya dönemiyor."* demiş... Ne kadar haklı bir söz. Az miktarda yenmesi halinde bile şifa olan bir nimeti, çokça tüketmek hırsıyla, sadece kendi gıdamızı zehir etmekle kalmıyor; bu ekosistemin büyük bir tanzimcisi olan arıları da hasta ederek koca bir sistemi çökertiyoruz. Arının polen toplama sahalarını kimyasal tarım ilaçlarıyla bir cehenneme dönüştürmemiz de cabası...

Balın ve onu üreten arının kıymetini bilelim. Onlar bu dünya için gerçek bir rahmettir..

MEYVE VE SEBZELER

Meyve ve sebzeler çiğ tüketilmelidir diyeceğim ama hepimiz biliyoruz ki bu her zaman mümkün değildir.

Bu bünyenin sebzelerden en yüksek vitamin ve minerali alabilmesi için mümkün mertebe pişirmeden yemek gerekiyor. Sebzelerin hazmı kolaydır ve sağlıklı beslenmek için yeterlidir. Meyve ve sebzelerdeki su, organik asit, mineral ve mikro elementler vücut için hem temizleyici, arındırıcı hem de şifa verici özelliğe sahiptir.

Pişirilen sebzeler suyunu, organik asitlerini, proteinlerini ve doğal yapılarını büyük oranda kaybederler. Hazımları da zorlaşır.

Örneğin, domates ve ıspanak suyu çiğ tüketilmeye devam edilse vücuttaki kireçlenmeleri giderir, kansızlığı düzeltir ve vücut direncini artırır. Ama pişirilerek yenince bu özelikler kaybolmakla kalmaz, vücuda zararlı hale gelirler.

Doğal domates çiğden yenilmeye devam edilse kemik erimesini önler. Uzun bir açlık yaptıktan sonra domates çiğden tüketilmeye devam edilse kanserli hücre üretimini önler...

Kurutulmuş meyve ve sebzeler yeşil meyve ve sebzeler gibidir. Yenileceği zaman suda ıslatılarak tüketilmesi, kaynatılarak yenmesinden daha yararladır.

Meyve Bağımsız Yenmeli

Meyve yemek konusunda en ziyade dikkat edilmesi gereken şey, meyvenin bağımsız yenilmesidir. Ağır yemeklerin üzerine bir de meyve yemek, bir şişe şarap devirmek gibi işlev görür! Hazmı uzun süren etli ve karışık bir menüden sonra, sindirim için uygun bir süre geçmeden üzerine hemen meyve yemek, o meyvelerin midede mayalanıp alkole, daha doğrusu aside dönüşmesine sebebiyet verir. Kişinin mizacı ve hassasiyetlerine göre bu alışkanlık, zaman içerisinde çeşitli hastalıklara ve hatta siroza dahi sebep olur. O yüzden de meyveyi mutlaka aç karınla ve yemekten ayrı almak gerekir...

Meyveleri mümkün mertebe kabukları ile birlikte yemekte yarar var. Katı meyveler sıkılacağı zaman soymadan kabukları ile birlikte sıkmak gerekir. Çünkü meyvelerde çoğu kere en kıymetli kısım, kabuğun hemen altında yer alır.

Meyve illa da karışık yenecekse meyve cinslerinin birbiri ile uyumlu olmalarına dikkat etmek gerekir. Mesela vişne ile karpuzu veya şeftaliyi birlikte yememek gerekir.

Ama limon, greyfurt ve portakal veya vişne ile kiraz birlikte yenebilir.

Cinsten maksadın ne olduğun anladınız...

Yine, aynı cins oldukları halde renkleri farklı olan meyveleri de birlikte yememek gerekir. Mesela yeşil elma ile kırmızı elmayı birlikte yememek lazımdır. Sarı üzüm ile siyah veya kırmızı üzümü de birlikte yememeliyiz.

Her meyvenin kendi ekşiliğinde, kekreliğinde, tatlılığında bir hikmet vardır. Onlara şeker katıp yemek fayda vermez.

Kanı yoğunlaştıran meyveleri (nar gibi), kanı sulandıran meyvelerle (karpuz gibi) birlikte yemek de oldukça sakıncalıdır.

Gerçek mevsiminde ve doğal yollardan üretilmiş sebze ve meyveler sadece gıda değil aynı zamanda, vücudu toksinlerden ve zararlı birikimlerden arındıran ilaç gibidir; şifadır.

Mevsiminde bol yetişen meyve ve sebzelerden bolca yemek gerekir. Çünkü bir meyvenin kendi mevsiminde bolluğu o coğrafyada yaşayanların bir sonraki mevsimde o meyvedeki mineral veya vitamine çokça ihtiyacı olacağı anlamına da gelir.

Meyve Sağlık İlişkisi

Meyveler ile sağlık arasında muhteşem bir ilişki var. Cenab-ı Allah *tabiatı* bir *eczahane-i sübhaniyye* gibi yaratmış. Kudret eli tabiatı insanın ihtiyacına göre sevk ve idare ederek hangi mevsimde insanın ve hayvanların neye çok ihtiyacı varsa o meyve veya sebzeyi bolca vermektedir. Her bir meyve ancak mevsiminde yenilirse faydadır. Söz gelimi bir yaz meyvesi olan karpuz ve üzümü saklayıp bekletip kışın tüketmek, faydadan ziyade zarar verebilir. O yüzden de sera sebzeciliğiyle üretilen sebze ve meyveleri dikkatli kullanmak gerekmektedir. Mevsiminde olmayan kabak, patlıcan, domates, biber belki karnımızı doyurur ama bize fayda vermiş olmaz. Sadece midemize bir şeyler tıkıştırmış oluruz. Bu vücudun ihtiyaç duyacağı besinlerle mevsimler ve o mevsimde yetişen gıdalar arasında sıkı bir ilişki vardır.

Bir bünye için en kıymetli meyve ve sebze, kişinin yaşadığı iklimde veya yaşadığı şehirde yetişen meyve ve sebzelerdir. Çünkü Cenab-ı Hak, Şâfi ismiyle, tabiatı, adeta kulu için bir eczane şeklinde halk etmiştir. Ta ki insan onları vaktinde yesin de daha hastalık gelmeden kendini takviye etsin.

Dolayısıyla mevsiminin dışında yetişen domates, biber, salatalık, patlıcan, kabak, karpuz, kavun, vs. insana faydadan ziyade zarar verir.

6. Bölüm

Kan Gruplarına (Mizaçlara) Göre Ne Yenmeli, Ne Yenmemeli?

Bugünkü tıbbın kategorize ettiği şekilde kan grupları belirlenmeden önceki zamanlarda tabipler ve hekimler, insanları mizaçlarına göre farklı kategorilere ayırmışlar ve o mizaçlar çerçevesinde insanları tedavi etmeye çalışmışlardır.

İnsan vücudu ve hastalıkları ekseninde yapılan çalışmalar ve uzun süren tecrübeler neticesinde hekimler farkına varmışlar ki eşyada ve meyvelerde farklı cinsler olduğu gibi insanlarda da farklı cins ve mizaçlar mevcuttur. Bir elmanın bile onlarca türü olduğunu, bunların gerek yetişme tarzlarının ve gerekse yetiştikleri iklimlerin farklı olduğunu, birisine uygulanan bakımın bazen diğerinde etkili olmadığını tecrübe ettikçe sonunda insanların da farklı mizaçta olduğunu belirlemişlerdir ve tabii hayvanların da...

Aynı ayırımın hayvanlarda da var olduğunu belirlemişler, tedavilerde ve kullanılacak ilaçlarda mizaç farklılıklarına azami dikkat etmişlerdir.

Bununla da yetinmemişler, zamanla yiyecekleri de mizaçlara göre tasnif etmeye başlamışlardır. *İbni Sina*'nın meşhur *El-Kanun Fi't-Tıbb (Tıpta Kanun)* adlı eserinin birinci bölümü tamamen bu mizaçlar bahsine ayrılmıştır. Ünlü hekim İbni Sina, ilaçların uygulanmasına varıncaya kadar çok geniş tasnifler ve tespitleri, bu mizaçlar meselesi ışığında ayrıntılandırmıştır.

Bugün sekiz cilt halinde Türkçeye de çevrilmiş bulunan bu eser, ülkemiz tıp camiasınca henüz tam anlamıyla keşfedilmiş değildir. Özellikle de geleneksel yöntemlerle hastalarını tedavi eden hekimlerin daha kapsamlı bir araştırmasını, ilgi ve alakasını beklemektedir.

Bu eserimi hazırlarken ben de *El-Kanun Fi't-Tıbb*'ın özellikle mizaçlarla ilgili bahislerinden yoğun biçimde istifade ettim. Özellikle de onun mizaç dediği farklılıkların aslında kan grupları olduğunu keşfeden ve bunu sistematize edip insanlığın hizmetine sunan Amerikalı Doktor James D'Adamo'nun *Kan Gruplarına Göre Beslenme* adlı eseri de hakikaten bende ufuk açıcı oldu.

Bu çalışmamın amacı tedavi değil insan denen varlığın şu muazzam işleyişindeki hikmetlere işaret etmektir. Bu sebeple konumuzu ilgilendirmesi hasebiyle sadece koruyucu hekimlik kapsamına giren konulardan alıntılarda bulundum.

Eskilerin dört temel mizaç olarak yaptıkları ayrımın, bugünkü kan grupları ile olan uyumunu ve paralelliğini göstermeye, bu bilgiler arasında bir mutabakat sağlamaya çalıştım. Ancak benim alanım tıp olmadığından, bir hekimin görebileceği ayrıntıları ve ilintileri keşfetme imkânım olamadı. İzahta zorlandığım noktalarda çevremdeki hekim ve biyolog dostlarımın yardımlarına, açıklamalarına başvurdum. Başta *Dr. Aidin Salih* ve sevgili kardeşim *Dr. Muam-*

mer Yıldız'ın yol göstermelerinden istifade ettim. Özellikle hekim dostlarımdan, mizaçlar ve kan grupları arasındaki ilişkiyi daha ayrıntılı gösterecek çalışmalar yapmalarını istirham ettim. Ben, daha çok Kur'an'ın vurguladığı konular, kendi tecrübem olan meseleler ve kendi sağlık sıkıntılarımı aşmak için girdiğim araştırma sürecindeki hususlara vakıf olabildiğim için çalışmamda bu konulara değindim.

Tıbbın verileri ışığında, hangi mizaçların hangi kan grubuna tekabül ettiğini tespit etmeye çalışmak, yani *"Balgamî mizaç A Kan grubuna tekabül ediyor, Demevi Mizaç, Sıfır kan grubuna tekabül ediyor..."* gibi kesin yargılarda bulunmak, konunun uzmanlarının yapacağı araştırmalarla aydınlığa kavuşacak bir yargı. D'Adamo'nun *"Şu gıda şuna uyar buna uymaz..."* şeklindeki tasnifini kendi üzerimde de deneyerek neticeler almaya çalıştım. Bu yönüyle daha çok tecrübî bilgilerden istifade ettim. Geleneksel tıbbın bu tasnifleri ile modern tıbbın bulguları arasındaki eşleştirmeleri tespit edecek hekimlerin çalışmalarından, bizler gibi konunun meraklıları da istifade edecektir.

KAN GRUPLARI VE MİZAÇLAR

Elbette insanları hazım hassasiyetleri bakımından sadece dört gruba ayırmamız mümkün değil. Bugüne kadar belirlenebilmiş kan çeşidi yaklaşık 125 bin civarındadır. Tabii ki temelde insanlar dört grupta toplanırlar ve bunlar da kendi içlerinde (Rh +) ve (Rh-) faktörleri ile ikiye ayrılırlar. Ayrıca her kan grubunun aslında ikili çiftler yani AA-A0; BB-B0; AB ve 00 yapıda bileşkeler halinde olduğunu da ifade edersek Rh faktörü ile birlikte toplam 12 farklı gruptan söz edebiliriz.

Eski tabipler insanları mizaçlarına göre ayırmışlar ve ona göre tedavi şekilleri uygulamışlar. Temel mizaçlar; Balgamî mizaç, Demevî mizaç, Safravî mizaç, Sevdavî mizaçtır. Kan grupları da dörttür.

Bu tasnif, kan alıp vermede hâlâ temel kriterdir ama beslenme konusunda artık salt kan gruplarını esas almak yetersiz bulunmaktadır. Bugün artık detaylı tahliller göstermektedir ki aynı kan gruplarında bile hazım açısından farklı hassasiyetler görülebiliyor. Sanırım bu hazım olayı, insanın barsak florası ile doğrudan ilgilidir. Barsak florası da nerede ise kişiye özgü bir yapı olduğu ve kişinin alyuvarları ekseninde şekillendiği için besinlerin hazmı da kişiden kişiye farklılık gösterebiliyor. Bu çeşitliliğe rağmen yine de gıdaları belli kan gruplarına göre kategorize etmek ve ona göre tüketmeyi esas almak mümkündür.

Çok çeşitli motor sistemleri olmasına rağmen temelde, motorların motorin, dizel, süper ve kurşunsuz benzinle çalıştığını bildiğimiz gibi insanların da hazım sistemleri belli ilkelere ve prensiplere sahiptir.

Eski tabipler insanları mizaçlarına göre ayırmışlar ve ona göre tedavi uygulamışlar. Onlarda temel mizaç sayısı dörttür: *Balgamî mizaç, Demevî mizaç, Safravî mizaç, Sevdavî mizaç.* Fakat hiç kimse tek başına ve tamamen şu veya bu mizaçtan olmuyor. Herkes, bu mizaçların belli oranda karışımından müteşekkil bir yapı arz ediyor. Bu mizaçların belli orandaki bileşkelerine göre eski hekimler 64 çeşit temel mizaç olduğunu ifade etmişlerdir.

Mizaçları esas alırsak aynı kan grubunda bulunan birilerine et yaradığı halde ötekine hiç yaramayabilir. Mesela AA'lara hiç et yememeleri tavsiye edilebilir ama A0'lar bazı kırmızı etleri tolore edebilirler. O yüzden de kişiler, neyin kendilerine yarayıp yaramadığını tecrübe ile tespit ederlerse daha sağlıklı bir iş yapmış olurlar. Bir insanın midesi -eğer safra kesesi düzgünse- yediği bir yemekten sonra ekşime veya hazımsızlık yapıyorsa o insan ne yediğine dikkat etsin ve onlardan sakınsın. En iyi çare bu! Çünkü baştan beri sık sık vurguladığımız gibi bedene zarar veren esas faktör, hazmedilemeyen yiyeceklerdir.

Kendi yeme-içme tecrübelerime dayanarak rahatlıkla ifade edebilirim ki tansiyon, migren, kolesterol, trigliserit ve sık sık görülen baş ağrılarımı sadece yeme içme usulüne ve kan gruplarına uygun gıdalarla beslenerek asgariye indirmek mümkündür. A (Rh -) kan grubundan biri olarak yememem gereken dana etini, üç kez kasıtlı olarak neticesini görmek amacıyla yedim. Her seferinde, eskiden sık sık yaşadığım migren krizi gelip beni buldu. Aile çevremde de uzun zamandır bu gıda tasnifinin isabetliliğini gözlemledim.

Şimdi **Sıfır** grubundan başlayarak hangi yiyecek hangi kan grubuna uygundur değildir anlatmaya başlayalım. Bu bölümde her bir kategorideki besin için üç türden tasnif bulacaksınız: *En Faydalı Besinler (Şifa Olanlar), Yenilebilenler (Gıda Olanlar)* ve *Zararlı Olanlar*. Et, süt, meyve, sebze türü besinlerin her birinin bu tasnif ışığında, daha çok şifa olanlar ekseninde tüketilip zararlı olanların da mümkün mertebe az ya da bu zararı telafi edecek besin grupları ile birleştirilerek yenmesi durumunda, kanın asitlenmesi ve vücudun toksin biriktirerek hastalanması engellenebilir. Baştan beri izah ettiğimiz yeme içme usullerine riayetle ve kişinin kendi mizacına uygun gıdaları seçmesiyle, hastalıklar büyük oranda önlenebilir.

SIFIR GRUBU

Sıfır gurubuna kilo aldıran gıdalar baklagiller, fasulyeler, tahıllar ve ekmeklerdir Özellikle glüten içeren ekmekler Sıfır guruplarında hem kilo hem şekere sebebiyet verir. Süt ürünleri özellikle de yağlı ise sıfır grupları için 'tehlike' grubuna girer.

Genel anlamda Sıfır kan gruplarında sıkıntıya ve kilo almaya sebep olan gıdalar;

Buğday: İnsülin etkisini engelliyor.

Glüten: Metabolizmayı yavaşlatıyor.

Mısır: Her ikisini birden yapıyor.

Kurufasulye: Kalori kullanımını azaltıyor.

Mercimek: Metabolizmanın düzenini bozuyor.

Lahana (Bürüksel dâhil): Tiroit hormonu oluşumunu engelliyor.

Karnabahar: Tiroit hormonu oluşumunu engelliyor.

Bunları çokça tüketen bir Sıfır grubunun kilo almaması ve dokularında yıkılmalara neden olmaması hemen hemen imkânsız gibidir.

✓ Sıfır kan grubuna sahip olanlar etobur sınıfa girerler. Her türlü eti tüketebilirler. O yüzden ben onların sindirim sistemini motorinle çalışan motora benzetiyorum.

Sıfır grupları için sindirilmesi en kolay ve aynı zamanda kilo vermeye yarayan gıdalar ise;

Verek (Esmer Su Yosunu): İyot içeriyor ve tiroit hormonu üretimini arttırıyor.

Deniz Ürünleri: İyot içeriyor ve tiroit hormonu üretimini arttırıyor.

İyotlu Tuz: İyot içeriyor ve tiroit hormonu üretimini arttırıyor.

Karaciğer: Metabolizmayı düzenliyor, B vitamini içeriyor.

Kırmızı et: Metabolizmayı destekliyor.

Ispanak, Brokoli: Metabolizmayı destekliyor.

Sodyum SIFIR'larda yüksek tansiyona ve su tutulmasına yani şişmanlamaya neden oluyor.

Şimdi sırasıyla Sıfır grupları için gıdaların şifalı ve zararlı olanlarını özet halinde vermeye çalışalım:

ETLER

Sıfır grupları için, kırmızı et en temel gıdadır. Her türlü eti, üstelik yağlı dahi olsa tüketebilirler. Sıfır grupları için etin bir zararı yoktur, ancak her şeyin çok tüketilmesinin herkes için zararları vardır. Dana, sığır, koyun, yabani hayvanların eti başta olmak üzere her türlü kırmızı eti güvenle yiyebilirler. Et, -baştan beri vurguladığımız üzere- yalın halde yenilmelidir.

Tabii ki herkes için olduğu gibi Sıfır ve B grupları için de temel şart, et ile birlikte ekmek yememektir. İlla da yenecekse et suyuna batırılıp öyle yenmeli. Yoğurt ile et arasına ise en az sekiz saat mesafe koymak gerekiyor.

Sıfır grupları için et ile birlikte yeşil yapraklı sebzeler yeme alışkanlığı da varsa, o insanlara etten zarar gelmez. Eskilerin, "Efendim, dedem çömçe ile kavurma yağı içerdi de bir şey olmazdı." dedikleri insanlar büyük ihtimalle Sıfır yahut B grubundan olanlardı. Esasında Türkiye'de yaşı seksene varmış insanların büyük oranda kan grubu ya Sıfır ya da B'dir. B'ler yağlı ete Sıfırlar kadar dayanıklı değildir.

Sıfır grupları için, kırmızı et en temel gıdadır. Dana, sığır, koyun, yabani hayvanların eti olmak üzere her türlü kırmızı eti güvenle tüketebilirler. Ancak et, ekmekle yenmemelidir.

Mizacına uygun beslenmek kaydıyla aynı durum diğer kan gruplarında da görülebilir ama ülkemizin beslenme kültürü, daha çok bu iki gruba yönelik olduğundan ekseriyet bu şekildedir. Yaşı doksanın üzerine varmış olanların ekseriyeti ise B'dir. Geri kalan kısmı da Sıfır'dır.

Şifa Olan Etler: Sığır, Koyun, Kuzu, Geyik ve Dana eti Sıfır grupları için gıda oldukları kadar aynı zamanda şifadır. Sakatatlardan da Ciğer ve yürek...

Yenilebilir Etler: Tavuk, Hindi, Keklik, Sülün, Ördek ve Tavşan eti. Bu etler şifa değildir ama yenilebilir etlerdir Sıfırlar için.

Zararlı Etler: Kaz eti, Domuz eti ve jambon, Sıfır kan gurubundan olanların da rahat hazmedemediği ve dolayısıyla zararlı etlerdir...

Karışık Etler: Salam, sucuk, sosis, hazır kıyma gibi karışık etler herkese olduğu gibi etobur olan Sıfır kan grupları için de zararlıdır. Hele bu zamanda o tür gıdalar genellikle de tavuk eti ve sakatatından yapıldığı için "zinhar yemeyin" dense yeridir.

Şunu unutmamak gerekir ki hayvanların da insanlar gibi kan grupları vardır. Mesela atlarda 19 çeşit, sığırlarda 11 çeşit, koyunlarda 6 çeşit, tavuklarda ise 7 çeşit kan grubu vardır. (Detay için bakınız: http://www.pethayat.com/Makaleler.aspx?ID=109). Dolayısıyla, nasıl ki bir insanın kanı rast gele diğer bir insana verilemiyorsa, hayvanların kanları da öyledir. Dolayısıyla etleri de rast gele karıştırılmamalıdır. Farz edin arabanız dizelle çalışıyor ama siz yakıt kokteyli yapıp depoya dolduruyorsunuz. Karışık etleri yemek de o kadar sakıncalı ve sıkıntılıdır.

DENİZ ÜRÜNLERİ

Deniz etlerinin tamamen beyaz et olduğu kanısı doğru değildir. Deniz ürünleri arasında da her grup için zararlı ve faydalı etler vardır. Bir etobur olan Sıfır için de bu hüküm geçerlidir. Mamafih Hamsi tüm gruplar için zararlı olduğu halde Sıfırlar için yenilebilir sınıfına girer. Buna karşılık Havyar, Sıfırlara da ağır gelen bir deniz ürünüdür.

Şifalı Olanlar: Morina, Kalkan, Ringa, Uskumru, Turna, Alabalık, Sardalye, Tirsi Balığı, Dilbalığı, Sardalye, Mersin Balığı, Tatlısu Levreği (Gümüş renklisi hariç).

Yenilebilir Olanlar: Hamsi, Mezgit, Gri Dilbalığı, Sazan, Kerevides, Yılanbalığı, Sinarit, Levrek (deniz), Tarak ve çupragillerden olan Hani Balığı... Sıfırlar ayrıca, Kalamar, Karides ve Midye gibi nispeten hazmı zor olan dip deniz ürünlerini de yiyebilirler...

Zararlı Olanlar: Yayınbalığı, Füme Somon Balığı, Havyar ve Salamura yapılmış Ringa Balığı. Ringa normalde Sıfırlar için şifadır... Esasında salamuralar sıfırlar için genelde iyi değildir.

SÜT ÜRÜNLERİ

Süt ürünleri Sıfırlar için sıkıntılıdır. Yağsız süt ürünleri bir parça yenilebilse de genelde Sıfırların süt ürünleri ile arası iyi değildir. Keşke hiç yemeseler diyeceğim ama nedense ülkemizde insanlar kendilerine zıt olan yiyeceklere ilgi duyuyorlar. Baba veya anneden biri A veya B ise bir parça süt ürünü (keçi sütünden olmak şartıyla) kullanabilirler ama ben derim ki uzak dursalar kendileri için daha hayırlıdır.

Şifalı Olanlar: Sıfır grupları için şifa olan süt ürünü yoktur.

Yenilebilir Olanlar: Sıfırlar Tereyağı yiyebilirler. Ama suyu tamamen alınmış Sade yağı tereyağından daha az zararlıdır. Keçi peyniri ve yağsız beyaz peynir de yiyebilirler. Kefir de eğer doğal maya ile yapılmışsa az olmak kaydıyla Kefir de tüketebilirler.

Zararlı Olanlar: Süt, özellikle karma pastörize sütler, Yoğurt, Ayran, Kazein, hazır dondurmalar, yayık ayranı veya sütün üstünden alınarak yapılan yağlar… Yenilebilir olanlar dışında kalan tüm peynirler Sıfırlar için zararlıdır…

YAĞLAR

Sıfır gruplarının sindirim sistemi yağlara karşı çok duyarlıdır. İyi bir yağ tıpkı A grupları gibi Sıfırlar için de çok faydalıdır. Bütün gruplar için şifa olan Zeytinyağı Sıfırlar için de yararlıdır. Hele eski usullerde elde edilmiş bir zeytinyağı tam bir hayat kimyasıdır. Vücuda giren her gram zeytinyağı bir miktar hastalığı insandan uzaklaştırır. Sıfır grupları için zeytinyağı ile birlikte keten yağı ve ceviz yağı da son derece faydalıdır. Ama sıfırlar için en iyi yağ Ketentohumu Yağıdır.

Başta mısır ve ayçiçeği yağı olmak üzere tüm diğer sıvı yağlar ise sıfırlar için risk içerir. Çünkü piyasadaki birçok sıvı yağ, yağ değil. En azından insanın vücut sıcaklığında çözülebilecek yağlar değil. Önceki bölümlerde de vurguladığımız gibi, bugün tüketilmekte olan sıvı yağlara katılan yağlar doğrudan sağlığa tehdit oluşturmaktadır.

Bu sebeple Sıfır grupları mümkün mertebe sıvı yağlardan uzak durmalıdırlar. Salata ve kızartma için olsa bile... Çünkü Sıfır gruplarında bu tür sıvı yağlar kalp ve kılcal damarlarda tıkanmalara neden olmaktadır.

Şifa Olan Yağlar: Keten tohumu yağı ve Zeytinyağı.

Yenilebilir Olanlar: Balık yağı, Susam yağı.

Zararlı Olanlar: Mısır Öz yağı, Ayçiçeği, Pamuk Tohumu yağı, Yerfıstığı yağı.

KABUKLU (KURU) YEMİŞLER

Sıfır grubu için ceviz ve kavrulmamış kabak çekirdeği en faydalılardır. En zararlısı ise yer fıstığıdır. Kavrulmuş ve bekletilmiş tüm kuru yemişler Sıfır grubu için hazmı zor ve kanın kalitesini bozacak yiyeceklerdir. Esasında Sıfır gruplarının bitkisel kaynaklı proteinlere ihtiyacı yoktur. Çünkü onlar her türlü hayvansal proteini kullanabilmektedirler. Hele kilo vermek isteyen bir Sıfır grubu zinhar uzak durmalı kuruyemişlerden ve bakliyattan... Sıfırların itibar etmesi gereken bir kuru yemiş varsa o da Kabak çekirdeğidir. Hem prostata yatkın olan Sıfırlar için iyi bir şifa kaynağıdır Kabak çekirdeği.

Şifa Olan Kuruyemişler: Kabak Çekirdeği ve Ceviz.

Yenilebilir Olanlar: Badem, Kestane, Fındık, Çam Fıstığı, Susam... Tabii susamdan yapılan Tahini de yiyebilirler. Diğer bir etobur olan B'lerin susamdan ve tahinden kesinlikle uzak durmaları gerekir... Leblebi bakliyat kısmına girer.

Zararlı Olanlar: Mahun cevizi, Kaju ve Antep fıstığı, Kestane, Ayçiçeği çekirdeği, ekmeğin üstüne atılan haşhaş tohumu, Yerfıstığı.

BAKLİYAT

Kan grupları açısından "zararlı" olan yiyecek veya içecekler bünye tarafından hazmedilemeyen veya çok zor hazmedilen gıdalar demektir. Bir gıda hazmedilemiyorsa, mide tarafından çürümeye bırakılır. Çürüme ise, vücut işletim sistemi tarafından hücrelerin kullanıp enerjiye veya yapı taşına dönüştürebileceği cinsten (yağ, şeker vs.) bir yapıya dönüştürülememesi, asit ve zehir benzeri atıklar olarak kana karışması demektir.

Kana karışan bu zehirli ve asitli atıklar, organlarda birikerek türlü türlü hastalıklara sebebiyet verirler. İşte "zararlıdır" dediğimizde bu durumu kastediyoruz. Yoksa mide her bir şeyi bir şekilde öğütüp barsaklara gönderir. Göndermediğini de istifra yoluyla atar...

Sıfır gurupları için bakliyat o sınıfa giren yiyeceklerdir. Biz Türkler bakliyatı severiz ama sıfır guruplarında özellikle et ile beraber yenildiklerinde –ki biz hem nohudu hem kuru fasulyeyi hem taze fasulyeyi etle pişiririz- metabolizmayı yavaşlatır ve daha değerli olan gıdalardan yararlanmayı önler. Bakliyat illa da yenilecekse etten bağımsız yenmeli. Ama bakliyattan uzak durmak Sıfırlar için tavsiye edilir.

Şifa Olan Bakliyat: Sıfırlar için şifa sayılan tek bakliyat börülcedir.

Yenilebilir Olanlar: Bakla, (yoğurtla yendiğinde 'zararlılar' kategorisine girer), Yeşil Fasulye, kırmızı renkli Soya Fasulyesi, -tabii GDO'suz soya kalmadığı da unutulmamalı-, Bezelye.

Zararlı Olanlar: Kuru Fasulye, Barbunya, Mercimek. Özelikle Kırmızı Mercimek! Kırmızı Mercimek diğer bir etobur olan B'ler için ciddi bir sıkıntıdır. Sıfırlarda B'lere verdiği kadar zarar vermese de hakikaten metabolizmayı yavaşlattığı ve bozduğu unutulmamalıdır. Sıfır kan grubundan olanlar illa da kırmızı mercimek çorbası içeceklerse içine limon sıksınlar. Sarı Mercimek de kırmızı gibidir... Yeşil Mercimek de zararlılar arasındadır ama kırmızı kadar değildir.

TAHILLAR / Ekmekler

A kan grubuna mensup insanlar için dana eti yemek, hazım açısından ve vücuda yüklediği toksinler açısından ne kadar ağır ve sakıncalı ise, Sıfır kan grupları için de buğday ve ürünleri başta olmak üzere tüm tahıllar öylece sıkıntılıdır. Bilhassa tip 405-550; yani pide ve benzeri ekmeklerin yapıldığı beyaz un. Ağır nişasta ve glüten içeren beyaz un ve ondan yapılan mamulleri hazmetmek Sıfırlar için son derece zor ve külfetlidir.

> ✓ *A kan grubundan insanlara dana eti yemek hazım açısından ne kadar ağırsa Sıfır kan grupları için de buğday ve ürünlerini hazmetmek o kadar zor ve külfetlidir.*

Hele bugün içine insan ve hayvan kaynaklı sayısız katkı maddelerinin doluşturulduğu ekmekleri yemek, tüm gruplar için ciddi problem haline gelmiştir. Özünü kaybetmiş, glüten direnci maksimum seviyeye gelmiş mevcut buğdaylardan elde edilen unu ekmeğe dönüştürmek için nerede ise üçte bir oranında protein ve ne idüğü belli olmayan katkı maddeleri katılmaktadır. Bunlar doğrudan sağlığı tehdit eden malzemelerdir. Sisten gibi hamurun kolay karılmasını ve mayalanmasını sağlayan proteinlerin kaynağı genellikle insan saçı ve domuz kılıdır. Sıfırlar için zaten sıkıntılı olan ekmek, katılan o katkı maddeleriyle adeta dinamite dönüştürülüyor.

Sıfırlar Glütensiz ekmeği tercih etmelidirler. Yüzde yüz çavdar ekmeği de onlara zarar vermez.

Mısır ve Ürünleri

Mısır ve ondan yapılan türev ürünler de Sıfır grupları için ciddi riskler içeriyor. Esasında artık Türkiye'de mısır ve mısır ürünleri mümkün mertebe tüketilmemeli. Özellikle Karadenizlilerin dikkatini çekmek istiyorum. Çünkü onların yoğurda mısır ekmeğini karıştırıp yemek gibi bir alışkanlıkları var ki bu esasında Karadeniz insanında –özellikle Sıfır olanlarda- çokça doku yıkılmasının, dokularda asit birikmesinin baş nedenidir. Mısır genelde insülin salınımını bozan bir tahıldır. Bir de hayvansal bir gıda olan yoğurtla yendiğinde –eğer genlerde şekere yatkınlık da varsa- şeker hastalığına zemin hazırlar.

Diğer yandan Türkiye'de yerli mısır kalmadığı gibi artık genetiği ile oynanmamış mısır da kalmamıştır. Sağlıklı bile olsa mısır, yapısı itibariyle insan tabiatında asabileşmeye ve aceleciliğe neden olan bir gıdadır. Günümüzde bu GM mısırların satışının her yerde bu denli yaygınlık kazanması, bana maksatlı bir operasyon gibi geliyor. Sağlık ve kısırlık açısından ciddi bir sıkıntı teşkil etmektedir çünkü.

Şifa Olan Tahıllar: Sıfır kan grupları için şifa olan tahıl yoktur. Esene ve bir kosher ekmek olan Hezekiel ekmeği, Sıfırlara yararlı ekmeklerdir. Ancak Türkiye'de üretilmiyor. Esasında toplum istese Halk Ekmek gibi büyük firmalar bu ekmek türlerini üretebilirler. Batı'da bu tür ekmekler üretiliyor.

Yenilebilir Olanlar: Arpa, Kızıl Buğday –ki nerede ise yeryüzünde kalmadı- Esmer Buğday, Akdarı ve Pirinç (her türü). Pirinç nispeten zararı az olan bir tahıldır Sıfırlar için... Tabii biz onu da yağlı pilav olarak yediğimiz için zararlı hale getiriyor olabiliriz. Çeltik denilen işlenmemiş pirinç de yararlıdır.

Arpa unu ve Arpa ekmeği, Çavdar ekmeği, Akdarı ekmeği, Kızıl Buğday ekmeği yiyebilirler...

Zararlı Olanlar: Kepekli un –içinde glüten barındırdığı için-, Mısır Gevreği, Mısır Unu, Yulaf kepeği ve ezmesi, Bulgur, Buğday kepeği, bulgurluk buğdaydan yapılan un, yulaf unu, kuskus, irmik ve pide, somun, yufka benzeri mamullerin üretildiği beyaz un.

SEBZELER

Sebzeler tabii ki her biri hayat için birer kimyadır ve sayısız faydaları vardır. Ama diğer tüm gıdalarda olduğu gibi sebzelerde de farklı cinsler ve değişik lektinler içeren gruplar vardır. Lektinler çoğu kere kanı ağdalaştırır. Sebzelerin de mizaçları değişik değişiktir. Sıcak mizaçlılar vardır, soğuk mizaçlılar vardır. Mesela soğuk mizaçlı olan salatalık bir yaz sebzesidir. Vücut ısısını düşürdüğü için yazın yenmesi gerekir. Yahut o ancak sıcak tabiatlı gıdalarla yenilmelidir. Keza patlıcan soğuk tabiatlıdır ve etle yenmesi o yüzden tavsiye edilmiştir... Çünkü et sıcak tabiatlıdır...

Evet, sebzeler faydalıdır ama onları da gelişigüzel yiyemeyiz. Bazı sebzeler Sıfırlar için hakikaten sorun yaratırlar. Mesela Lahana son derece yararlı bir sebze iken, Sıfırlar için 'yenilebilirler' kategorisine girdiği halde çok yenmesi halinde zarara dönüşüyor. Çünkü lahana Sıfırlarda tiroit bezinin sağlıklı çalışmasını önlüyor. Keza et yiyiciler için son derece yararlı olan hardal, yeşil olarak tüketildiğinde yine tiroit üretimini engelliyor. Sıfırlarda tiroit bezinin sağlıklı çalışması çok önemlidir...

Şifa Olan Sebzeler: Enginar, Yerelması, Brokoli, Hindiba, Sarımsak, Pırasa, Ispanak, Pancar yaprağı, Bamya, Soğan, Bayırturpu, Karaturp, Karalahana, Yabani Havuç, Biber, Maydanoz, Şalgam, Deniz Yosunu, İsviçre Pazısı, Kırmızı ve Yeşil Biber, Tatlı Patates, Kara Kabak, Bal Kabağı...

Yenilebilir Olanlar: Kuşkonmaz, Avokado, Havuç, Kereviz, Frenk Maydanozu, Dere Otu, Tere, Roka, Marul, Kıvırcık, Salatalık, Yeşil Soğan, Lima Fasulyesi, Domates, Kırmızı Turp, Zencefil, Yeşil Zeytin, Sivri Biber, Çarliston..

Zararlı Olanlar: Acur, Çin Lahanası, Kırmızı Lahana, Beyaz lahana, Bürüksel Lahanası, Patlıcan, Kültür Mantarı, Patates, Mısır, Karnabahar, Salatalık, salçalık Kırmızıbiber, Yunan Zeytin, Siyah Zeytin, Yeşil Hardal.

Soğan ve sarımsağa hususî temas etmekte yarar var. Peygamber Efendimiz (sav), yaşanılan iklimden başka bir iklime gidildiğinde oranın soğanından yemeyi tavsiye etmiştir. Çünkü soğan hakikaten hazım ve kan açısından ciddi bir düzenleyicidir.

Sarımsak hakikaten mucizevî bir şifa kaynağı ve onarıcıdır. Özellikle antibiyotiklerin, terminatörler gibi insan barsağındaki tüm faydalı florayı yok ettikten sonra onu yeniden onarabilmenin en kesin ve etkili ilacıdır. Sıfır grubu başta olmak üzere her gruptan insanların, sabah akşam üç veya beş diş sarımsak yutmasında büyük fayda vardır. İnsanlar bunun yararını bilseler asla ihmal etmezler...

Barsak florasını düzenleyen bir diğer meyve olan **hurma** –bilhassa kurusu ve yıkanmamış olarak- da çok yararlıdır ama sıfırlar için hurma sıkıntılıdır...

Keza **Bal** da -tabii hakikisi- Sıfır grupları için gerçek bir şifa kaynağıdır.

Bildiğimiz doğal maden suları da Sıfır gruplarının *"faydalı"* içecekleri arasındadır. Haftada iki üç defa tüketmelerinde fayda vardır.

MEYVELER

Meyve Kur'an'da anılan cennet taamları arasındadır. 11 yerde bağımsız ve nar ve hurma gibi ismi anılan meyvelerle birlikte anılır. **"Orada her türlü meyveyi güven içinde ister**(yer)**ler"** (Duhan, 55) ayeti, bize meyvelerin güvenliğinin tehdit edileceğini açık haber veriyor. Bugün nitekim sağlıkla ve çekinmeden yiyebileceğimiz meyve sayısı o kadar azaldı ki. Ya nitelikleri bozuldu, ya hibrit hale getirdiler yahut da ağır kimyasal ilaçlarla tabiatları bozulmuş durumdalar...

Kur'an'ın, Cennet halkının bol bol meyve yediğini bize haber vermesi önemlidir. Bu şu anlama da gelir: Dünyada da Cennetteki gibi sağlıklı ve huzurlu bir hayat sürmek istiyorsanız meyveyi bol yiyin. Hayatı hantallaştıran ve bedenin hareket kabiliyetini sınırlayan vücuttaki toksin birikimini önlemesi açısından da meyve yemek önemlidir. Evet, meyveler, insan için olmazsa olmaz beslenme ve onarım malzemesi vitaminler, mineraller ve lifler açasından zengin beslenme araçlarıdır. İhmale gelmez.

Bununla birlikte her meyve de herkese göre değildir. Sıfırlar için şifa kategorisine giren çok meyve vardır. İncir, üzüm (bilhassa kara üzüm), erik, mürdüm eriği, kiraz, vişne, greyfurt ve suyu, karadut, karpuz, mango 'Sıfır' kan grubundan olanlara şifa kaynağıdır. Makarna ve unlu mamullerden bir dilim yemektense bir meyve yemek Sıfırlar için hem sağlık kaynağı hem de kilo vermek için iyi bir çözümdür.

Sırası gelmişken, Kur'an'da da anılan bir gıda olan incirle ilgili bir rivayeti burada aktarmak isterim: Bir gün Peygamberimize (sav)'e bir tabak incir getirildi. Kendisi yedi ve ashabına da ikram etti. "Siz de yiyiniz. Çünkü ben cennetten bir meyve indirildi demiş olsaydım o incir olurdu. Çünkü cennetin meyveleri çekirdeksizdir." buyurdu.

Sıfır Grupları için Şifa Olan Meyveler

İncir (yaş kuru), Erik (her türlüsü), özellikle koyu renkli ve kırmızı siyah renkli meyveler Sıfırlar için şifadır. Bunlar bazik yapıdaki meyvelerdir. Bu tür bazik meyveler asiditesi yüksek Sıfırlar için büyük fayda içerir.

Yenilebilir Olanlar: Elma (eğer tok karınla yenirse sıfırlarda mayalanmaya ve alkole dönüştüğü için sakıncalıdır. Esasında bu her meyve için geçerlidir ama Sıfırlarda elma özellikle öyledir), Kayısı, Muz, Kiraz, Şeftali, Armut, Nektar, Hurma, Trabzon Hurması, Greyfurt, Misket Limon, Yabanmersini, Kuşüzümü, Üzüm, Ahududu, Karpuz, Ananas, Mango, Mürver, Nar, Altunbaş Kavunu...

Bu meyvelerden yapılan içecekler de aynı değerdedir. Ve tabii reçeller ve marmelatlar. Elma, portakal ve lahana suyu sakıncalıdır.

Zararlı Olanlar: Böğürtlen, Van Kavunu, Mandalina ve suyu, Portakal ve suyu, Kivi –anne babasından biri A olan sıfırlar için yenilebilir kategorisine girer–, Ravent ve Hindistan Cevizi.

ÇAYLAR VE MEYVE SULARI

Şifalı Olanlar: Ananas Suyu, Erik Suyu, Soda –sade olarak- ve maden suları Sıfırlar için şifadır. Keza Şerbetçi otu, Nane, Kuşburnu, Karahindiba, Demirhindi, Ihlamur, Zencefil ve Arnavut Biberi Suyu şifalılar içinde yer alır.

İçilebilir Olanlar: Yeşil Çay, Greyfurt Suyu -asitli olmakla birlikte içildikten sonra bazik hal aldığı için yararlı bile sayılabilir-, Havuç Suyu, Kayısı Suyu, Kiraz ve Vişne Suyu, Papaya Suları, Siyah Üzüm Suyu, Limonlu Su, Domates Suyu, şifalı ve yenilebilir kategorisine giren sebzelerden elde edilen sular, sıfırlar için içilebilir kategorisine girerler.

Ayrıca Meyan Kökü -eğer şeker yoksa- Ahududu Yaprağı Çayı, Adaçayı, Ginseng, Yeşil Çay, Civan Perçemi, Kedi Otu, Papatya Çayları da içebilirler.

Zararlı Olanlar: Portakal Suyu, Elma Suyu, Lahana Suyu, soda ile karıştırılmış meşrubatlar ve özellikle de elmadan imal edilmiş şarap ve likör sakıncalıdır...

Sıfırların, bir tür müshil olan Sinameki Çayı içmeleri zararlıdır. Barsak mukozasını ciddi tahrip ediyor. Keza Siyah Çay, Kahve, Ravent, Mısır Püskülü Çayı, Dulavrat Otu Çayı da sakıncalılar arasındadır.

Sıfır Grupları İçin Bazı Sağlık Uyarıları

Uyarı 1

Sıfır gruplarının baş düşmanı kabızlıktır. Her bünye için son derece zararlı neticeleri olan kabızlık, Sıfır grubundan olanlarda pek çok hastalığın tetikleyicisi olabilmektedir. Onlarda sıkça görülen kabızlığın en temel sebepleri arasında kahve ve siyah çay gelir. Siyah çay içmekten kendisini alıkoyamayan Sıfır grubu mensuplarının kabızlık yaşadıklarında, aynı miktarda sinameki ve pelin otunu öğütüp, yemekten sonra günde 1 çay kaşığı suyla beraber almalarında fayda vardır. Genel kural olarak da sıhhatli olmak isteyen birinin, büyük abdesti gelmeden yemek yememesi tavsiye edilir. Çünkü sindirimde genel kural, bir önceki öğünün artıkları vücudu terk etmeden bir sonraki öğünü yememektir (karpuz, incir, greyfurt, hurma, üzüm gibi bağırsakları rahatlatıcı meyveler ve yeşil yapraklı sebze hariç). Bu kaideye ömür boyu riayet edilmelidir.

Uyarı 2

Sıfır grubunun etobur bir grup olduğunu söylemiştik. Sıfırlar haftada 3-5 defa et, 1-2 defa balık yiyebilirler. Fakat her sıfır grubunun hazım kabiliyeti de aynı değildir. O yüzden de et ve benzeri protein tüketimleri sırasında -kabızlığa eğilimli Sıfır grubu insanlarının- **zencefil, kekik, biberiye** gibi hazmı kolaylaştıran baharatları kullanmalarında büyük yarar vardır. Bu baharatlar aynı zamanda antioksidan oldukları için mide ve bağırsakların mikroplarını normalleştirir, sindirimi kuvvetlendirir, iltihaplanma sürecini durdurur, gastrit ve ülseri iyileştirir.

Ayrıca etle birlikte yeşil yapraklı sebzeleri bolca tüketmek Sıfır grupları için ve diğer tüm gruptan insanlar için hayatî önem taşımaktadır.

Uyarı 3

Sıfır gruplarının her gün bir öğünde sadece meyve yemelerinde de büyük yarar var. Kışın, doğal yollardan kurutulmuş kuru meyveler de onlar için iyidir. Ceviz Sıfır kan grubuna mensup insanlar için kışın en çok tüketilmesi gereken bir meyvedir. Kuru meyveleri kaynatarak değil su ile ıslatıp tüketmek en iyi yöntemdir.

Meyve mutlaka yemekten ayrı olarak (önceki bölümlerde bahsettiğimiz üzere ya yemekten 40-50 dakika önce veya besinlerin midedeki sindirimi tamamlandıktan sonra yani ortalama yemekten en az 2 saat sonra) yenmelidir. Meyve ve sebze kabuğu soyulmadan birkaç çekirdeğiyle yenilmelidir. Katı meyve ve sebzeler sıkılırken de mutlaka kabuğu ile sıkılmalıdır.

Birkaç farklı çeşit meyve de birbiri ile karıştırılarak tüketilmemelidir. Ancak aynı cinsten olanların (greyfurt ile limon ya da vişne ile kiraz gibi) birlikte yenilmesinde zarar yoktur.

Meyvelerin şifa verici özelliğinden yararlanmak isteyen ancak mevsiminde ve o mevsimde yetişen meyveleri yemelidir. Çünkü sadece mevsiminde yenen meyve ve sebzeler hastalıkları iyileştirici özelliklere sahiptir, mevsiminin dışında üretilenler değil. Meyve ve sebzenin en iyisi, en taze olanı ve en yakın bahçe veya tarladan gelenidir. Esasında insan yaşadığı bölgenin meyve ve sebzelerini tüketmelidir sağlık açısından... Uzak bölgelerden ve coğrafyalardan gelen meyve ve sebzeler tercih edilmemelidir.

Uyarı 4

Her gün sabah akşam mutlaka 3-5 diş sarımsak yutun.

Kuru soğan tüketin veya taze sıkılmış soğan suyunu her gün 50 gr'dan 1-2 defa için. Bu, Sıfır gruplarında idrar, balgam ve safrayı söktürür, iltihabı kurutur, zararlı mikropları ve kurtları öldürür, kan şekeri ve alerjik tepkileri kontrol altında tutar.

Uyarı 5

Sebze suyunu, meyve suyuna tercih edin. Sebze suyu olarak; kara turp suyu (günde 100 gr, bal ile yudum yudum içilir), lahana suyu, ıspanak suyu, semiz otu suyu içilebilir. Bunlar, karaciğer, dalak, böbrek ve mideyi rahatlatır, iltihabı kurutur, mide asidini azaltır, yaraları kapatır, kan şekerini normalleştirir.

Yabani semizotu, hindiba, ısırgan otu, domuz dikeni ve benzerlerini her gün yemeye gayret edin (bilhassa ilkbaharda).

Enginar mevsiminde enginar tüketimine önem verin. Enginarın kabuğuyla birlikte pişirilmesinde yarar vardır. Kabuklarını ayrıca kaynatıp suyunu içmek de faydalıdır.

Karpuz mevsiminde karpuzu bolca tüketin ve mutlaka çekirdeği ile birlikte yiyin! Yine mevsiminde karpuz kabuğunun suyunu arada bir tüketmek de çok yararlıdır. Karpuz kabuğu suyu, karaciğeri toksinlerden, böbrekleri taş ve kireçten temizler. Karaciğeri ve böbreği güçlendirir.

Hz. Ali (ra)'den rivayet edildiğine göre Rasulullah (sav) "Karpuz yiyin ve ona hürmet edin. Çünkü onun suyu cennettendir. Ve tadı da cennetin tatlarındandır. Kullardan bir kul ondan bir lokma yerse Allah onun karnından yetmiş derdi çıkarır yetmiş devayı koyar. Hem de her lokmada ona on sevap yazar ve ondan on günahı siler. Ve onu on derece yükseltir." buyurdular.

Uyarı 6

Tabii ki yenilecek tüm sebze ve meyvelerin doğal olmasına mutlaka dikkat etmek gerekir. Bu, her grup için dikkat edilecek temel prensiplerdendir.

Uyarı 7

Doktorlar insanları belli bir yaştan sonra, kırmızı et, yağ, tuz, şeker ve ekmekten uzak durmalarını tembih ediyorlar ya, bu hem doğrudur hem yanlış. Doğrudur; evet A grupları kırmızı etten muhakkak uzak durmalı. Sıfır grupları ekmekten, B grubuna mensup olanlar mercimek ve tavuk etinden, AB grupları yağdan ve tüm gruplar belli bir yaştan sonra tuz ve şekerden uzak durmalıdırlar.

A GRUBU

A kan grubundan olanlar, narin ve nahif bir sindirim sistemine sahipler. A Grubu kan, esasında mutasyon sonucu oluşmuş bir kandır. İnsanlar başlangıçta Sıfır kan gurubuna sahipti. Sonra insanlar tarım yapmayı keşfettiler ve ekip biçtikleri toprağın mahsulü olan gıdalarla beslenmeye başladılar. Kur'an, başlangıçta insana her türlü nimetin helal kılındığını -o zaman hepsi sıfırdı anlaşılan- daha sonra İsrailoğulları'nın yerden biten, toprağın bitirdiği mahsulleri istediklerini hatırlatır. Bu da A grubu kanın, insanlar tarımla ilgilendikten ve sürekli tarım kaynaklı ürünleri yedikten sonra ortaya çıkmış bir kan olduğunu gösteriyor. Nitekim bilimsel çalışmalar da bunun böyle olduğunu ve ilk A kan gurubunun Mezopotamya'da tarımla ilgilenen topluluklarda görüldüğünü tespit etmiş bulunuyor.

A'lar yeryüzündeki ilk vejetaryenlerdir sanırım. Sindirim sistemleri hassas ve narindir. Ağır asitler gerektiren et ve benzeri gıdaları hazmetmekte zorlanırlar. A'lar gerçekten doğal beslenmek zorundalar. Eğer, etli ve kızartılmış patates ağırlıklı besleniyorlarsa acilen tahıl, sebze ve meyve ağırlıklı bir beslenmeye geçmeleri gerekir. Çünkü sindirim sistemleri çok naziktir...

Sindirim sistemlerini motora benzettiğimiz araba örneğinden gidecek olursak, A grubundaki insanların motorunu, yani sindirim sistemini "kurşunsuz benzin" ile çalışan bir aracınkine benzetebiliriz. Süper benzin (beyaz et ve süt ürünleri) bile ona zarar verebilir. Nerede kaldı dizel (kırmızı et) ve motorin (dana eti) kullanmak...

A grupları biyolojik olarak kanser, kalp hastalığı ve şekere aşırı derecede yatkındırlar... Çünkü sindirim sistemleri eti hazmedemiyor. A'lar kırmızı et yemeye devam ettiklerinde kendilerini bu hastalıkların pençesinden kurtarmaları oldukça zordur. Et, onlarda önünde sonunda yağa ve kiloya dönüşüyor.

Maalesef süt ürünleri de A'lar için sıkıntı yaratabiliyor. A gruplarında şekere sebebiyet veren gıdaların başında -size tuhaf gelse de- süt ürünleri geliyor maalesef. Gıda intoleransının oluşması da bu süt ürünleri sayesindedir. Keza migren türü ağrılara da sebebiyet veriyor süt ürünleri...

A grubu tarımsal gıdalarla beslenmesi gereken bir grup olmasına rağmen, maalesef buğdaygiller de onda reaksiyona yol açabiliyor. Buğday aşırı derecede üzerinde oynandığı için artık herkese zarar verecek duruma gelmiş.

Evet maalesef A gruplarının sindirim motorları çok hassas. Şimdi o motora nasıl bir yakıt vermek gerektiği üzerinde durabiliriz...

A gruplarının önce her türlü eti diyetlerinden çıkarmaları gerekir. Çünkü A gruplarında doku yıkılmalarına ve kilo almaya sebep olanlar et, süt ürünleri ve kuru fasulyedir. Buğday, et ve süt ürünleri kadar zararlı olmasa da çok tüketilmesi halinde, dokularda asit birikmesine yol açtığı ve hastalıklara zemin hazırladığı tespit edilmiştir.

Bu açıdan A gurubundan birinin etten, sütten, buğdaydan ve bazı baklagillerden uzak durması gerekiyor. A grubunun en iyi dostu zeytinyağıdır...

✓ *A kan grubundan olanlar, narin ve nahif bir sindirim sistemine sahiptirler. Et ürünlerini sindirecek enzimleri çok zayıftır. Bu sebeple et tüketiminde ve eti yeme usullerinde çok dikkatli olmalıdırlar.*

Genel anlamda A kan gruplarında:

Et: Az sindirilebiliyor, yağ olarak depolanıyor ve sindirim toksinlerini arttırıyor.

Buğday: İnsülin etkisini engelliyor ve kalori kullanımını azaltıyor.

Süt Ürünleri: Beslenme mekanizmasını bozuyor, engelliyor. Sedef, vitiligo gibi hastalıklara neden oluyor. Kireçlenme, böbrek ve safra taşlarının birincil sorumlusu süt ürünleridir A'larda. Tabii bu Sıfırlar için de böyledir..

Fasulye: Sindirim sistemine zarar veriyor, metabolizma hızını yavaşlatıyor ve hazmı geciktiriyor.

Bu dörtlü, A grubundan olanlara en çok kilo aldıran gıdaların başında gelirler...

Buna karşılık;

Bitkisel Yağlar: Özellikle Zeytinyağı ve Keten Tohumu Yağı sindirimin etki gücünü arttırıp hızlandırıyor, vücutta sıvı birikmesini engelliyor.

Soya Ürünleri: Metabolizmayı hızlandırıyor ve sindirme kabiliyetini arttırıyor.

Sebzeler: Metabolizmayı destekliyor, bağırsak hareketlerini hızlandırıyor.

Ananas: Kalori kullanımını arttırıyor, bağırsak hareketlerini hızlandırıyor ve çok ekmek tüketmekten doğan asit birikimini vücuttan atmaya yarıyor.

ETLER

İnsanın beslenmesinde en temel taşlardan biri olan et, maalesef A'lara hemen hemen külliyen zarardır denilebilir. Hiç yememeleri tavsiye edilir ama anne babadan biri Sıfır veya B olan A'lar bazı kırmızı etleri nispeten tolere edebiliyorlar...

Şifa Olanlar: A grupları için maalesef şifa olan et yoktur.

Beyaz et ve **özellikle balık** nispeten zararsızdır. Şifa olmaktan çok *"yenilebilir"* kategorisine girerler. Bununla birlikte çil ve benzeri renkli tavuk etleri A grupları için faydalıdır. Fakat genel anlamda A gruplarının enzimleri et yemek için çok elverişli değildir; sindirim sistemleri eti hazmetme konusunda zayıftır. Yiyebilecekleri etlerin tamamı balık ve kanatlılar sınıfına girer. Kırmızı et yemek onlar için yasaktır. Ama illa da yemek istediklerinde beraberinde çok miktarda sebze ve yeşillik tüketmeleri gerekir ki o etlerin oluşturacağı toksini bedenden atabilsinler.

Yapılan istatistiklerde kanser vakalarının en fazla A grubu insanlarda görülmesinin nedenleri arasında onların fazlaca et tüketmeleri gösterilebilir. Eğer ette şifa arayacaksa A'lar onu, balıkta aramalılar.

Yenilebilir Olanlar: Tavuk, Hindi, Oğlak ve Kuzu eti. Oğlak ve kuzu da zararlıdır ama nispeten daha körpe ve hazmedilebilir oldukları için yeşil yapraklı sebzelerle yenmeleri halinde hazım onu tolere edebilir. Ama önünde sonunda o etler vücutta birikmiş yağa dönüşecektir.

Zararlı Olanlar: Sığır eti, Dana eti, Koyun eti, Yaban Hayvanları, Ördek, Keklik, Bıldırcın, Tavşan ve özellikle ciğer ve sakatat... Hele jambon, salam, sosis gibi etler tam bir beladır... İçinde nitrit katkı maddesi bulunan sucuk ta öyledir.

DENİZ ÜRÜNLERİ

A gruplarının göreceli olarak rahat yiyebilecekleri et deniz ürünleridir. Kur'an 'Her türlü deniz avı size helal kılındı' diyerek, bu noktada A'lar için de bir toleransın var olduğunu gösteriyor. Tabii her balık değil. Mesela dil balığı gibi beyaz etli balıklar kırmızı et mesabesine girerler. Onlardaki lektinler A'larda kanın ağdalaşmasına sebep oluyor.

Şifalı Olanlar: Sazan Balığı, Morina, Uskumru, Turna-Balığı, Kızıl Levrek, Gümüş ve Sarı Levrek, Tatlı Su Levreği, Çelikbaş, Somon, Alabalık, Sardalye, Mezgit, Hani Balığı ve diğer yağsız balıklar... James D'Adamo, ailesinin geçmişinde göğüs kanseri olan kadınların, zaman zaman Deniz Salyangozu (Heliks Pomatia) yemelerini de tavsiye ediyor.

Yenilebilir Olanlar: Tuna Balığı, Çamuka, Köpekbalığı, Ak Levrek, Deniz Levreği, Mersin Balığı, Alabalık, Kılıçbalığı, Sarı Kanat, İstavrit, Palamut, Barbun, Tekir, Torik, Ton Balığı, İskorpit, Kalkan, Kum Midyesi.

Zararlı Olanlar: Hamsi, Yayınbalığı, Lüfer, Çupra, İstiridye, Yılanbalığı, Dilbalığı, Mersin Balığı, Kalkana, Barlam, Füme Somon, Ringa, Levrek, Çizgili Levrek, Kalamar, Midye, Karides, Istakoz, Ahtapot.

SÜT ÜRÜNLERİ

Et kadar olmasa da süt ürünleri de maalesef A grupları için sıkıntılıdır. Çiğ keçi sütü, soya sütü ve yağsız kefir zararsızlar arasında sayılabilir. Çoğu A grupları, yağlı süt ürünlerini sindiremezler. Çünkü A kan gurubundan olanların kanı, sütün nihayet dönüştüğü bir şeker olan **D-Galaktozamin'e** -ki bu asit B kan grubunun ortaya çıkmasının temel nedenidir- karşı antikor üretiyor.

A grupları süt ürünlerinin kendilerine dokunup dokunmadığını kolaylıkla anlayabilirler. Eğer bir A grubu, süt veya süt ürünlerini tükettiğinde gırtlağını temizleme ihtiyacı duyuyorsa, emin olabilir ki o süt ürünü ona yaramıyordur.

Şifa Olanlar: Hiçbir kitapta A'lar için şifalı sayılacak bir süte ve süt ürününe rastlamadım. Bir tek James D'Adamo, soya sütünün ve soya peynirinin şifa olduğunu zikrediyor. Soya ise bugün tamamen genetik yapısıyla oynanmış bir zirai protein olduğu için tavsiye edilebilirliğini kaybetmiştir. Dolayısıyla A'lar için şifa diye tanımlayabileceğimiz süt ve süt ürünü yoktur. Belki çiğ keçi sütü ve yağsız deve sütü için 'şifa' değil ama 'faydalı' tanımı yapılabilir.

Yenilebilir Olanlar: Keçi Sütü, Keçi Peyniri, Hellim, Yağsız Kefir, Mozurella, Yoğurt ve Beyaz Köy Peyniri, Dil Peyniri, Şerit Peynir, suyu tamamen alınmış Sadeyağ.

Zararlı Olanlar: Pastörize Süt, Karma Sütler, Amerikan Peyniri, Renkli Peynirler. Yağlı olmak kaydıyla eski ve yeni Kaşar, Yayık Ayranı, Kazein, Tereyağı, Süzme Peynir, Çedar, Gravyer, Edam, Gouda, Permesan, İsviçre Peyniri ve tüm yağlı ve renkli peynirler A'lar için zararlıdır.

YAĞLAR

A grupları için en önemli gıda yağdır. A'lar için yağlar çok çok önemlidir. O yüzden A kan grupları için şifa söz konusu olduğunda akla gelecek gıda Zeytinyağıdır. Zeytinyağı A'ların asla sofralarından eksik etmemeleri gereken bir nimettir. Hele onu ara sıra limon suyu ile karıştırıp içmeleri son derece yararlıdır.

Hakiki zeytinyağı kadar A kan grubundan olan insanlara yarayan, şifa olan çok az şey vardır.

A'lar İçin Şifa Olan Yağlar: Zeytinyağı, Keten tohumu yağı.

Yenilebilir Olanlar: Balık yağı, sadeyağ, fındık yağı, susam yağı, Kabak çekirdeği yağı, avokado yağı, badem yağı, kolza yağı (düşük ısıda çözülebilen), yenilebilir yağlara katılan katkı yağ, düşük ısıda (37 derece ve altı) çözülebilen yağ ise A'lar tarafından kullanılabilir. Yerfıstığı yağı ve Ceviz yağı da bazı metinlerde 'şifalı' bazı metinlerde 'yenilebilir' olarak geçiyor. Ben bu ikisini yenilebilir kategorisine aldım...

Zararlı Olanlar

Mısırözü Yağı, Ayçiçeği Yağı, Pamuk Yağı, Hindistancevizi Yağı.

KABUKLU (KURU) YEMİŞLER

Kuruyemişler, esasında yağgiller sınıfında değerlendirilmelidir. Onlarda da son derece yararlı olanlar vardır. Yer fıstığı özellikle A gruplarında doku içi tamirinde çok yararlıdır. Bazı kitaplarda Yer Fıstığının kansere karşı savaşan bir lektin içerdiği söylenir. Kuruyemişler esasında A'lar için fazla zararlı değil. Ancak safra kesesi sorunu olanlar kuruyemişlerin ezmesini tercih etmeliler.

Şifalı Olanlar: Kabak Çekirdeği, Yer Fıstığı

Yenilebilir Olanlar: Kestane, Fındık, Çam Fıstığı, Susam, -dolayısıyla Tahin-, Haşhaş Tohumu, Ayçiçeği Çekirdeği. Ve tabii kavrulmamış Badem ve Ceviz. Bu son ikisi bazı eserlerde şifalılar kategorisine de giriyor.

Zararlı Olanlar: Mahun Cevizi, Kaju, Antep Fıstığı, Hindistan Cevizi.

BAKLİYAT

Bakliyat, daha doğrusu bitkisel proteinler A guruplarının eti mesabesindedir. Hakiki soya fasulyesi hakikaten A'lar için bulunmaz bir proteindir. Buna karşılık Lima fasulyesi –ki küt kalın ve dolgun bir kuru fasulyedir ve Handerson diye de anılır- A'lar için zarardır. Çünkü ondaki lektin insülin salınımını blokluyor. Şeker hastalığına zemin hazırlıyor... İspir diye bilinen fasulye de Lima'ya benzer bir yapıdadır...

Şifa Olanlar: Yeşil Mercimek, Kırmızı Mercimek, Kırmızı Soya Fasulyesi, Börülce ve Taze Fasulye.

Yenilebilir Olanlar: Bakla, Nohut Bezelye ve normal Anadolu Kuru Fasulyesi.

Zararlı Olanlar: Dermason türü Kuru Fasulye, Lima Fasulyesi. Genel anlamda baklagiller A'lara fazla zarar vermezler ama kişi, eğer bir baklagilden sonra şişkinlik duyuyorsa ondan uzak durmalı...

TAHILLAR

Genel anlamda, Sıfırlara göre A'ların tahıllarla arası da iyidir. Her gün yiyebilirler. Mesela herkese yasakladığımız gerçek Mısır ve unu, A'lara çok yararlıdır. Ancak ülkede hakiki mısır kalmadığı için biz onu sakıncalılar içine koyuyoruz. Yoksa akdarı unu, mısır unu, arpa unu A'lar için son derece yararlı tahıllardır.

Buğdaygiller de tıpkı süt ürünleri gibi balgam ve mukoza arttırıcı özelliğe sahiptir. Bir tahılı yedikten sonra gırtlağınızı temizleme ihtiyacı duyarsanız bilin ki o tahıl size yaramıyordur. Özellikle karma buğdaylardan yapılmış unlar, A gruplarında dokularında asit birikmesine neden oluyor. A'ların şeker hastalığına yakalanmasına en çok hizmet eden kalitesiz karma buğday unlarıdır. Tabii ki Sıfırlar kadar değil ama A'lar da buğdaya karşı hassastırlar.

Bu açıdan, A'lara da tavsiye edeceğimiz yararlı ekmekler Esene ekmeği, Hezekiel ekmeği, çimlendirilmiş buğday ekmeğidir... Mısır ekmeği (GDO'suz), çavdar ekmeği, kızıl buğday ekmeği A'lar için de zararsızdır.

Kepek, A'lar için hazmı zor bir katkıdır. O yüzden mümkün mertebe karışık tahıllardan yapılmış ekmeklerden ve bol kepekli ekmekten uzak durmaları gerekir.

Esmer buğday unu, çavdar unu, yulaf unu, pirinç unu karıştırılmadan kullanılmak üzere son derece yararlıdır. A'lar kuskus, makarna ve erişte türü şeyler de yiyebilirler. Ağır nişastadan ibaret olan beyaz un, kepekli un (tam buğday unu) irmikten mamul makarnalara karşı sindirim sistemleri duyarlıdır.

Şifa Olanlar: Esmer Buğday, Horuz İbiği Tohumu.

Yenilebilir Olanlar: Arpa, Akdarı, Mısır Gevreği (GDO'suz), Pirinç ve Yulaf Kepeği, Enginar Unu.

Zararlı Olanlar: Mısır unu, Nişasta, Bulgur, Buğday Kepeği, Topbaş, Kaplıca buğdayı..

SEBZELER

Sebzeler, A grubu için ve her grup için şifa kaynağıdır. Özelikle, sarımsak, bamya, brokoli, enginar, yer elması, havuç, ıspanak, bayır turpu, kereviz (ve suyu), maydanoz, pancar yaprağı, pazı, pırasa, rezene, tüm yeşil yapraklı sebzeler, sarımsak, soğan, şalgam ve zencefil, A grupları için ilaç mesabesindedir... Gittikleri her yeni coğrafyada ilk olarak oranın soğanından yemeleri çok önemlidir, hazım sistemlerini bölge gıdalarına uyarlamak için...

Sebzeler A'lar için hayati öneme sahiptirler. Mineraller, enzimler ve antioksidanlar açısından zengin olan sebzeler hakikaten hayat iksiridir. Tabii onları çiğ veya buharda pişirmek lazım ama biz lezzet uğruna kaynatıp özünü yok ediyoruz.

Lahanalar ve patates de faydalı sebzelerdir ama bu ikisin lektinleri A gruplarında hazmı zorlaştırıyor. Hiç yenmesinin demiyorum ama az yemekte yarar var. Özellikle şekere yatkınlığı olanlar için beyaz lahana sıkıntıdır.

Şifa Olanlar: Enginar, Yerelması, Pancar Yaprağı, Havuç, Brokoli, Hindiba, Sarımsak, Pırasa, Ispanak, Bamya, Soğan, Bayırturpu, Balkabağı, Maydanoz, Şalgam, Pazı, Bayır Turpu, İstiridye Mantarı.

Yenilebilir Olanlar: Kuşkonmaz, Avokado, Kereviz, Frenk Maydanozu, Marul, Salatalık, Yeşil Soğan, Yeşil Fasulye, Domates, Balkabağı, Kırmızı ve Karaturp, Zencefil, Yeşil Zeytin, Taze

Hardal, Deniz Yosunu, Karnabahar, Mısır, Bürüksel Lahanası, Salatalık.

Zararlı Olanlar

Çin Lahanası, Kırmızı Lahana, Beyaz Lahana, Patlıcan, Kültür Mantarı, Patates, Karnabahar, Domates, Acur, Yeşil Biber, Kırmızı Biber, Yunan Zeytini, Siyah Zeytin.

MEYVELER

A grupları esasında meyvecidir. Kur'an cennet halkının beslenme usulünü aktarırken bir gurup için hiç eti anmaz. "Orada onlar için 'kesintisiz/bitimsiz, yasaksız meyveler vardır" (Vakıa, 33) der. İşte bu tanımlama tam da A gruplarına uyuyor. Günde üç kere meyve yeseler yine de az yemiş olurlar. Fakat ilginçtir çoğu A'lar meyve yemeyi ihmal ederler.

Ananas ve kavun, A'lar için dokulardaki asitleri dengeleyen en iyi meyvelerdir... Keza Limon. A'lar limonu sofradan asla eksik etmemeliler. Buna karşılık portakal onlara ciddi zarar verir. Keza muzda bulunan bir lektin, A'ların sindirimine zarar veriyor. A'ların dostu olan meyveler, ananas, kavun, kaysı, erik, taze incir ve limondur.

Şifalı olanlar: Kayısı, Böğürtlen –tabii şeker hastası değilseniz-, Yabanmersini, Kızılcık, Vişne, Kiraz, İncir (taze ve kuru), Ananas, Greyfurt, Limon, Erik (her türlüsü/yeşil-kuru) Kuru Üzüm ve Kavun.

Yenilebilir Olanlar: Elma, Armut, Cennet Meyvesi, Nar, Çilek, Karpuz, Şeftali, Altınbaş Kavunu, Kavun Kırkağaç, Yeşil Üzüm, Kuşüzümü, Misket Limon, Ahududu, Kivi, Mürver, Nektar, Kaktüs meyvesi!

Zararlı Olanlar: Muz, Mango, Hindistancevizi, Papaya, Portakal, Mandalina, Van Kavunu Kavun Baldamlası.

BAHARATLAR

Baharatlar genelde tatlandırıcı olarak kullanılır bizim sofralarımızda ama esasında onların hazım üzerinde ciddi etkileri de vardır. İyi seçilmiş bir baharat yenilen gıdanın sindirilmesini kolaylaştırır. Bu açıdan onlara da temas etmekte yarar var... Tabii ki insan zaman içinde hangi baharatın kendisine yarayıp yaramadığını kendisi de tespit edebilir.

Mamafih çoğumuzda gıda intoleransı oluştuğu için kesin olarak şu şifalıdır bu zararlıdır demek zorlaşıyor. O açıdan kişi kendi tecrübelerinden de yararlanmalıdır, baharatlar konusunda. Mesela, baharatlar Sıfır grupları için farklı anlam taşır. Dolayısıyla babası veya annesi Sıfır olan bir A grubu, kendisi için zararlı addedilmiş bir baharatı kullanabilir ve hiç de bir şey olmaz. Maalesef bu tür dengeler tam ve kesin bir yargı oluşturmayı engelliyor.

Herkes kendi mizacını daha iyi bilir ve anlar. Ona göre bakmak gerekir...

Şifa Olanlar: Arpa Maltı, Soya Sosu, Sarımsak, Zencefil, Hardal.

Yenilebilir olanlar: Yenibahar, Anason, Fesleğen, Defne Yaprağı, Badem Esansı, Bergamot, Kakule, Keçiboynuzu, Frenk Maydanozu, Tarçın, Karanfil, Kişniş, Kimyon, Köri, Dereotu, Nane, Hardal (kuru), Biberiye, Safran, Hindistancevizi, Kekik, Vanilya, Zerdeçal, Mercanköşk, Tatlı ve ekşi turşular.

Zararlı olanlar

Kapari, Elma Sirkesi, Üzüm Sirkesi, Balzamik Sirke, Karabiber, Kırmızı Biber, (toz, yaprak, pul), Keklik Üzümü, Ketçap, Mayonez, karışık baharatlar.

Çeşniler: Belki müstakil ele almak daha iyi olurdu ama baharatlar altında çeşnilerden de söz etmek gerekiyor. Hardal, A'lar için sindirime iyi bir yardımcıdır. Acı olmayan ve 'yenilebilir' sebze ve meyvelerden yapılmış turşular da sindirime yardımcı olur. Tabii reçel ve marmelatlar için de bu geçerlidir. Ama herkes özelikle de A'lar ketçap, mayonez, karışık baharatlı soslar ve asitlenebilen kırmızıbiber salçası ve domates salçasına karşı dikkatli olmalılar...

ÇAYLAR

A gruplarının en temel sıkıntısı ağır işleyen ve her şeyi hazmedemeyen sindirim sistemidir. Bu açıdan içilecek çaylar sindirime destek olmalıdır. Aksi takdirde sistemi bozarlar ve hazmı zorlaştırırlar.

Şifalı Olanlar: Kahve, Yeşil Çay, Sarısabır, Dulavratotu, Papatya, Zencefil, Ginseng, Akdiken, Kediotu, Binbirdelikotu, Kuşburnu.

Yenilebilir Olanlar: Öksürükotu, Kara Hindiba, Şerbetçiotu, Mürver, Meyan kökü, Nane, Sinameki, Maydanoz, Ihlamur, Ahududu, Çobançantası, Civanperçemi, Kekik, Huş.

Zararlı Olanlar: Mısır Püskülü, Arnavut Biberi.

A Grupları İçin Bazı Sağlık Uyarıları

Uyarı 1

Kırmızı et, süt, soda, gazoz ve tüm karbondioksit içeren içecekler; transgenik tatlandırıcılar, aromalar, boya, nişasta, glikoz, süt tozu, yumurta tozu, yağlı ve koruyucu kimyasallar içeren hazır içecek ve yiyecekler hazım yetersizliğine veya tam hazımsızlığa neden olabilirler. A gruplarının özellikle hazımsızlığa ve kabızlığa neden olacak gıdalardan uzak durması lazım.

Hazım açısından A grubundan olanların zencefil, kekik, mercanköşk, hardal, köri, çemen ve biberiye gibi baharatları her daim kullanmasında büyük yarar var. Tabii bunları sırayla kullanmak gerekir. Çünkü sürekli ve aşırı kullanılan her şey sisteme zarar verir. Bu baharatlar A grubuna mensup insanların mide ve bağırsaklarını kuvvetlendirir, sindirimlerini kolaylaştırır, iltihaplanma sürecini durdurur.

Uyarı 2

A gruplarının eti mümkün mertebe az kullanması gerekir.

Proteinlerden haftada 1-2 defa hindi veya tavuk eti,

1-2-3 defa balık,

1-2 defa taze yumurta (yumurtayı sadece taze olarak 1-3 günlük en fazla 7- 9 günlük) yiyebilirsiniz.

1-2 defa peynir,

Ve hemen hemen her gün kefir ve yoğurt (ev yoğurdu!) yiyin.

✓ Bizde yoğurt ve ayran "millî içecek" olmasından dolayı hemen her şeyle ikram edilir. Bu alışkanlığımızla sürekli iki tür proteini karıştırdığımızdan aslında kendimizi uzun vadede hasta ederiz.

Mercimek yemeğini ve çorbasını ihmal etmeyin. Haftada 3-4 defa hatta mercimek çorbası içebilirsiniz. Fakat unutmayın mercimek de bir proteindir ve süt ürünleri ile birlikte yenmemelidir.

Süt ürünlerini balık ile ve et ile birlikte yememek gerektiğini artık zaten biliyorsunuz, öyle değil mi?

Uyarı 3

Türkiye'de yaygın bir gelenek var. Nohut, kuru fasulye ve yeşil fasulye ile birlikte cacık da ikram edilir. Zinhar, *bu üçlü ile birlikte yoğurt ve ayran tüketmeyin!*

Biliyorum siz karışık et (sosis, salam, sucuk) yemezsiniz. Ama et dürümünü çok seversiniz. Onun yanında ayran içmeyi de. Çok yedikleri halde kansız, iyi beslendikleri halde hasta olmanın birinci nedeni -ülkemiz kültüründe- et ile birlikte süt ürünlerini tüketmektir. Çünkü süt ürünleri, besinlerin içindeki demirin kandan emilimini durduran bir işlev görüyor. Örneğin ıspanak başlı başına bir demir kaynağı iken bizim kültürümüzde sürekli yoğurt ile tüketilmesinden dolayı bu işlevini yerine getiremiyor maalesef.

Bizde yoğurt ve ayran "millî içecek" olmasından dolayı hemen her şeyle ikram edilir. Döner yeriz, beraberinde ayran içeriz. Tavuk döner yeriz, beraberinde ayran içeriz. Böylece içimize her gün biraz zehir atarak kendimizi uzun vadede hasta ederiz.

Et, balık gibi proteinlerin yanı sıra mercimek, nohut, kuru ve yeşil fasulye gibi sebze türevi proteinlerle birlikte asla yoğurt ve ayran kullanmayın!

Uyarı 4

Sarımsak yutmaya kendinizi alıştırın! İlk önce 3 dişten başlayarak 21 dişe kadar çıkarabilirsiniz. Sarımsak (ve karışımı) kansere, alerjiye, ağır enfeksiyonlara ve genetik mutasyonlara karşı vücudun direncini artırır.

Ömründe bir kere de olsa antibiyotik kullanmış, anestezi olmuş, ameliyat geçirmiş olanların sarımsak yutmaya devam etmeleri şarttır. Çünkü antibiyotikler ve anesteziler, enfeksiyona sebebiyet veren diğer mikro organizmalarla birlikte barsak florasındaki hazma yardımcı olan faydalı bakterileri de yok ederler.

Antibiyotik kullanmak, bir araziye girmiş üç beş kurt ve yılanı yok etmek için tüm ormanı ateşe vermeye benzer. Ama artık öyle hastalıklar var ki insan bazen illa da kullanmak zorunda kalıyor. İşte öyle durumlarda hemen uzun soluklu bir sarımsak yutma kürü başlatmalı ki o orman yeniden yeşerebilsin.

Uyarı 5

Yeşil sebzeyi çoğaltınız! Sizin durumunuzda havuç, çiğ ıspanak, hindiba, kereviz, maydanoz, semizotu, soğan, yeşillik, brokoli, kısaca "şifa olan" ve sizin de sevdiğiniz herhangi bir sebze -limon suyu ve zeytinyağı eklenerek- salata şeklinde her gün yenilebilir. Anadolu'da bir deyiş var, "Kırkına kadar davar eti yiyenler, *kırkında sonra davarın yediğini yemek zorunda kalırlar.*" diye...

Her grubun yeşillik yemesi zorunludur ama amiyane tabirle A grubundan olanların yeşillik yemesi farzdır...

Uyarı 6

A türü beslenme bazı konularda sıkıntıya sebep olur. Sindirim sistemlerinin zayıflığından ve barsaklarda tam bir emilimin gerçekleşmemesinden dolayı zaman zaman bazı vitamin eksiklikleri görülebilir. Bunların en başında B vitamini gelmektedir. B12, Demir ve C vitamini eksikliği A'larda sık görülür. O yüzden de zaman zaman takviye almalarında yarar var. B!" eksikliği için kepekli tahıllar (niasin), Soya sosu, yumurta yemelerinde ve balık yağı içmelerinde yarar olabilir. Keza C vitamini için çilek, böğürtlen, ahududu, yabanmersini, greyfurt, ananas, içmeyi brokoli yemeyi ihmal etmemelidir.

A grupları için demir depoları, kepekli hububatlar, fasulye ve özellikle kuru incirdir.

Ayı sıkıntı E vitamini için de vardır E vitamini, vücutta kansere karşı mücadele eden bir vitamindir. O yüzden takviye almakta yarar vardır. E vitamini eksikliğini gidermek için de daha çok lifli yeşil sebzeler, bitkisel yağlar ve yer fıstığından yararlanılabilir. Esasında A grupları, zeytin yağını, limonu, sarımsağı, yumurtayı, ananası, brokoliyi, havucu, ıspanağı, sarı kabağı, erik kurusun ve kuru inciri sofrasında eksik etmemelidir...

Uyarı 7

A gruplarının Sıfırlar ve B'ler kadar ağır egzersizler yapmaları gerekmiyor. Her gün 20 ila 40 dakika hızlı bir yürüyüş yapsalar veya 30-45 dakika aerobik yapsalar yahut 15 -20 dakika bir gerilme ve esneme hareketleri uygulasalar bedenlerinin ihtiyaç duyduğu günlük aktivite ihtiyacını gidermiş olurlar...

B GRUBU

Kan grubu B olanların sindirim sistemleri güçlü enzimlere sahip özgün bir sindirim sistemidir. Deyim yerinde ise B gruplarının asitleri taşın üstüne damıtılsa onu bile eritir. Onların sindirim mekanizmasını da motor benzetmemiz üzerinden değerlendirirsek, B'ler için motorin/mazot kullanan motorlar kategorisi en iyi örnek olurdu herhalde.

Türklerin göçebe yaşadıkları devirdeki esas kan grubunun B olduğuna dair araştırma sonuçları var. Anadolu'ya gelmeden önce, Türklerin ekserisi 'B' grubundan etobur yapıda idi. Zamanla her ırk gibi farklı kavimlerle karışarak değişik kan grupları ve mizaçların oluşması Türk ırkı için de gerçekleşmiştir.

B kan grubundan olanların sindirim sistemlerinin güçlü oluşundan kaynaklansa gerek, en uzun yaşayanlar da bu gruptan çıkar. Tabii özellikle karışık beslenmenin getirdiği arazlardan kendini koruyanlar, aynı zamanda sağlıklı bir ömür sürerler.

Ben kendi gözlemlerime dayanarak (tabii Anadolu'daki mantılı, İskenderli, döner-ekmek-ayranlı beslenme kültürünü esas alarak söylüyorum) diyebilirim ki kan grubu A olup da sekseni geçmiş insan hemen hemen hiç görmedim. Seksen yaşını geçmiş olanların yarısı Sıfırdır, yarısı B'dir. Doksanı geçmiş olanların yüzde otuzu Sıfır ise yüzde 70'i B'dir.

✓ Kan grubu B olanların sindirim sistemleri güçlü enzimlere sahiptir. Deyim yerinde ise B gruplarının asitleri taşın üstüne damıtılsa onu bile eritir. O sebeple bu enzimlerin hazmedeceği gıdalar tüketmelidirler

Yüze ulaşmış olanların yüzde 80-85'i B grubundan olanlardır. Tabii ki temel esas B grubuna mensup olmak değildir sadece. B grubuna mensup olup aynı zamanda doğru beslenmektir esas...

Zaten daha önceki sayfalarda da temas ettiğimiz gibi insanın ortalama fıtrî ömrü 120 civarındadır. 120 olmadan ölen herkes, erken ölmüştür... Ve erken ölümün tek sebebi de beslenme değil. Sağlıklı olmak ile ecelin kaderi, Yaratıcı katında ayrıdır. Bir insan sağlıklıdır diye uzun yaşamayacağı gibi hastadır diye de hemen ölmesi lazım gelmez. Nice yatalak ve hasta insan vardır ki yıllarca o durumda ömürlerini sürdürürler. Nice sağlıklı insan da vardır ki aniden ölüverir. Üstelik "kaza-kader" dediğimiz bir durum vardır ki kazalar başka hak edişlerin neticesi olduğu için, kimin ne kadar yaşayacağının bilgisi ancak Cenab-ı Hakk'ın takdiri ile düzenlenir. Çoğumuz, arka plandaki ilahî işleyişi bilmediğimiz için kimin ne zaman öleceği bilgisi de insanoğlu için "gayb" bilgisidir.

Bizim burada sözünü ettiğimiz şey, insanın beslenme temelli problemlerinin giderilmesi için önceden alınabilecek tedbirler bağlamında değerlendirilmelidir. Cenab-ı Allah, "İn ahsentum ahsentum li enfusikum, ve in ese'tum felehe." (İsra, 7) buyuruyor. Yani kendinize iyi davranır, usule ve fıtrata uygun yaşarsanız (beslenirseniz/davranırsanız), Allah neden size hastalık versin ki? Siz iyi şeyler yapar, kendinize iyi bakar, sağlıklı beslenirseniz, bunun karşılığını da iyilik olarak bulursunuz. Kendinizi ihmal ederseniz sonuçta siz hastalanırsınız. Yani, programınızın yarıdan kesilip iptal edilmesine neden olacak bir vebal veya kural ihlalini, sürekli kılmazsanız, Allah neden size bu hayatı çekilmez kılsın ki diyor Yaratıcımız.

Bu mesele, kader bahsine girdiği için bu kitabın konusunu aşar. Burada hatırlatmaya çalıştığım şey; kişinin beşerî ve fıtrî kurallara uymasının bir neticesi olarak (nankörlük yapmaması, sünnetullaha uyması) Allah'ın da ona azap (hastalık, kaza, bela, musibet, fakirlik, çaresizlik ve nihayet vakitsiz ölümü) vermeyeceği hakikatidir.

Kur'an'da şöyle buyrulur: "Eğer şükreder (usule uygun hareket eder) ve iman ederseniz (evrensel kurallara uyarsanız), Allah size niye azab etsin ki? Allah, şükrün (doğru hareket etmenin ve usule uygun yaşamanın) karşılığını verendir, (insanın neyi niçin hak ettiğini) hakkıyla bilendir." [Nisa (Kadın) Suresi, 145]

Evet, yeme içme usulü, daha çok B'lere uygun olan memleketimizde uzun yaşayanların ekseriyetinin B olması da bir işarettir ki insanlar fıtrat ve mizaçlarına uygun beslenseler, hasta olmayacakları gibi uzun da yaşayabilirler.

Şimdi B gruplarının neler yiyip içmesi gerektiği konusuna gelebiliriz.

ETLER

B grubu bir etoburdur. Ama yağlara karşı hassastır. O yüzden de mümkün mertebe yağsız eti tercih etmeleri gerekiyor. Yağsız olduğu için daha çok dana etini tercih etmeleri gerektiği düşünülse sığır etinin B'ler tarafından rahat hazmedilemediği bir gerçek. Elbette sığır eti onlara zarar vermiyor ama 'şifa' kategorisine girmiyor. Daha çok kuzu ve koyun etini ve özellikle de tavşan ve geyik gibi yaban etini tercih etmeleri gerekiyor. Hasta olan B'ler şifa olan etlerden bolca yiyerek -tabii ekmeksiz- vücutlarının sağlık kazanmasına hizmet edebilirler

Şifalı olanlar: Kuzu Eti, Koyun Eti, Tavşan Eti ve Geyik Eti...

Yenilebilir Olanlar: Sığır Eti, Bofalo Eti, Dana Eti, Ciğer. Kanatlılardan da Sülün Eti ile Hindi Eti yenilebilir. İçerdikleri lektinler B'lere zarar vermez.

Zararlı Olanlar: Tavuk Eti, Ördek Eti, Kaz Eti, Keklik Eti, Bıldırcın Eti, Jambon ve Yürek.

Nispeten yağsız olan Tavuk etinin zararlı olması sizi şaşırtmasın. Berada esas olan yağ değil, tavuk etinin içerdiği lektinlerdir. Tavuk etindeki lektinler, B'lerde kanı tehdit eden ajanlardır. Tavuk etindeki lektinler, James D'Adamo'nun ifadesiyle kan damarlarına saldırarak, felçlere, bağışıklık bozukluklara neden olabilmektedir. Kolesterol, tansiyon da cabası.

DENİZ ÜRÜNLERİ

B'lerin deniz ürünlerinde dikkat edecekleri tek bir husus var. O da kabuklu deniz ürünlerinden uzak durmaları. Bunun dışında hemen hemen her tür deniz ürününü yiyebilirler. Ama som balığı, morina ve dil balığı favori balık etleridir B'ler için

Şifalı Olanlar: Dilbalığı, Som Balığı, Morina, Deniz Alabalığı, Uskumru, Mezgit, Barlam (bir tür mezgit), Hani Balığı, Mersin Balığı, Turna Balığı, Uskumru, Tirsi Balığı ve Sardalye.

Yenilebilir olanlar: Tuna, Ringa, Deniztarağı, Alabalık, tatlı Su Levreği, Gümüş Balığı (Çamuka), Kalamar, Kılıç Balığı, Köpekbalığı.

Zararlı Olanlar: Hamsi, İstiridye, Yılanbalığı, Kerevides, Istakoz, Füme Somon, Karides, Levrek, Midye.

SÜT ÜRÜNLERİ

Süt ürünleri konusunda en rahat kan grubu B kan gurubuna mensup olanlardır. Esasında B kan gurubu bir mutasyon kan olduğu ve süt ürünlerinde bulunan D-Galakozamin amino asidinin, sıfır kan hücresine kendisini monte etmesiyle meydana gelmiş bir kan grubudur. Dolayısıyla süt ürünleri bir grup için fazla zarar oluşturmuyorsa o kan gurubu B'dir... Çok az tür dışında hemen hemen her türlü süt ürünün yiyebilirler. B grupları her türlü süt ürününü sindirebilen tek kan grubudur... Yeter ki onu etle ve tahıl proteinleri ile birlikte yemesinler. Baharat katılmış yoğurt da B'ler için yararlıdır.

Şifalı Olanlar: Beyaz Peynir, Süzme Peynir, Keçi Peyniri, Keçi Sütü, Yağsız Süt, Yoğurt, Kefir, Mozzarella.

Yenilebilir Olanlar: Tereyağı, Yayık Ayranı, Yağlı Süt, Manda Sütü ve Yağı, Brie (Fransız) Peyniri, Kazein, Çedar, Gouda Permesan, Gravyer Peyniri, İsviçre Peyniri, Soya Sütü ve Peyniri.

Zararlı Olanlar: Amerikan Peyniri, hazır Dondurma, Şerit Peynir ve Mavi Peynir.

YAĞLAR

Yağlar konusunda da B'ler şanslıdır. Zeytinyağı onlar için de en yararlı yağdır. Keza tereyağının suyundan arındırılıp eritilmesiyle elde edilen sadeyağ da B'ler için şifalı bir yağdır.

Şifalı Olanlar: Zeytinyağı, Sadeyağ.

Yenilebilir Olanlar: Balık Yağı, Keten Tohumu Yağı, Badem Yağı, Ceviz Yağı.

Zararlı Olanlar: Mısırözü Yağı, Ayçiçek Yağı, Pamuk Tohumu Yağı, Avokado Yağı, Yerfıstığı Yağı (Bazı B'ler yiyebilirler), Susam Yağı, Soya Yağı, Kolza Yağı.

KABUKLU (KURU) YEMİŞLER

B gruplarının başının dertte olduğu tek gıda grubu kabuklu yemişlerdir, yani kuruyemişler. Esasında B'ler için faydalı yahut yenilebilir kuru yemiş bile azdır... Mümkün mertebe, çekirdekli ve kabuklu yemişlerden -özellikle de kavrulmuşlarsa- uzak durmaları daha iyidir.

Şifalı Olanlar: B grubuna yararlı kuru yemiş yoktur. Yerfıstığı, Susam ve Ayçiçeği çekirdeği lektinleri tam zararlıdır.

Yenilebilir Olanlar: Badem, Ceviz, Kestane.

Zararlı Olanlar: Esasından yenilebilenler dışında kalan tüm kuru yemişler zararlıdır denilebilir ama daha çokça zararlıları saymakta yarar var. Onlar da Mahun Cevizi, Kaju, Antep Fıstığı, Çam Fıstığı, Yerfıstığı, Fındık, Haşhaş, Tahin, Kabak Çekirdeği, Susam, Ayçiçeği Çekirdeği.

BAKLİYAT

B'ler için de uygun hububatlar vardır muhakkak ama sanırım hububata karşı en duyarlı kan gruplarından biridir B. Mercimek ve börülce onlara ciddi zarar verir. Anadolu halkının genetik bir dayanıklılığı var tabii tahıla ve bakliyata karşı ama yine de B kan gurubuna mensup olanlar bakliyata karşı dikkatli olsalar iyi olur. Bununla birlikte kuru fasulye bir tek B'ler için şifadır.

Şifalı Olanlar: Kuru Fasulye, Kırmızı Soya Fasulyesi, Lima Fasulyesi

Yenilebilir Olanlar: Bakla, Yeşil Fasulye, Bezelye.

Zararlı Olanlar: Mercimek (Yeşil, Kırmızı, Sarı) ve Börülce.

TAHILLAR

B gruplarının tahıllara da şaşırtıcı bir dayanıklılıkları var. Buğdaya karşı da dayanıklıdırlar ama yine de buğday konusunda dikkatli olmaları tavsiye edilir. Hele çoğu kan grupları için tavsiye edilir. Çavdar onlar için tam zarardır. Ekmek yerine de yulaf ve pirinci tercih etseler onlar için daha faydalıdır. Pirinç pilavına safran katmaları tavsiye edilir.

Şifalı Olanlar: Akdarı, Yulaf Kepeği, Yulaf Ezmesi, Pirinç, Kızıl (Kaplıca) Buğday.

Yenilebilir Olanlar: Mısır unu, Mısır nişastası.

Zararlı Olanlar: Arpa, Esmer Buğday, Mısır Gevreği, Çavdar, Esmer Bulgur, Buğday Kepeği, Yabani Pirinç, Kuskus.

Ekmekler: B'ler, Esene ekmeğini, Hezekiel ekmeğini, esmer pirinç ekmeğini ve Akdarı ekmeğini tercih etmeliler. Kızıl buğday ekmeği ve glütensiz ekmeği ve hata beyaz un ekmeğini zararsız yiyebilirler. Ama karışık tahıllı ekmekler, çavdar ekmeği, kepekli ekmek, makarnalık durum buğdayından yapılan ekmekler onlara zarar verir. Kayısı katılmış ekmek de onlar için son derece yararlıdır.

SEBZELER

B kan grubunda yer alan insanlarımızın, Türk sofra kültürü açısından en şanslı grup olduğunu söylemiştik. Bu durum sebzeler açısından da böyledir. B'lere zarar verecek sebze çok azdır. Bir tek domatese karşı ciddi reaksiyonları var. Çünkü domatesin lektini B'lerin mide çeperini aşındırıyor...

Şifalı Olanlar: Pancar ve yaprağı, Havuç, Brokoli, Beyaz ve Kırmızı Lahana, Kara Lahana, Bürüksel Lahanası, Karnabahar, Patlıcan, Lima Fasulyesi, Yabani Havuç, Taze Hardal, Maydanoz, Tere, Roka, Dolmalık Biber, Yeşil ve Kırmızıbiber, Sivri Biber, Patates, Taze Hardal.

Yenilebilir Olanlar: Kuşkonmaz, Kereviz, Hindiba, Salatalık, Yeşil Soğan, Sarımsak, Zencefil, Bayır Turpu, Pırasa, Bamya, Pazı, Ispanak, Soğan, Patates, Şalgam, Deniz Yosunu, Kapari, Bezelye.

Zararlı Olanlar: Domates, Acur, Enginar, Yerelması, Balkabağı, Avokado, Yeşil Üzüm, Ananas, Kırmızı Erik, Kara Erik, Yeşil Erik, Kırmızı Üzüm, Papaya.

MEYVELER

B gruplarının uzak durması gereken birkaç meyvenin en başında Trabzon hurması ile nar gelir. Nar en büyük antioksidandır ama aynı zamanda kanı ağırlaştırıcı, pıhtılaştırıcı özelliği de vardır. Kanın kabuğundaki lektinler en yüksek kan durdurucudur. Bir yaraya nar kabuğunun tozunu atın hemen kanı akışı durur.

Buna karşılık Ananas iyi bir hazmettiricidir... Hurmalara ve özellikle de Kudüs hurmasına -ki tamamen yapay bir hurmadır- B'lerin tepkisi vardır...

Şifalı Olanlar: Üzüm, Papaya, Ananas, Lahana Suyu,

Yenilebilir Olanlar: Elma, Kaysı, Kiraz, Havuç, Greyfurt, Portakal, Erik.

Zararlı Olanlar: Çok sakıncalı sayılabilecek meyve yoktur ama B'lerin yine de Nar, Hindistancevizi, Trabzon Hurması ve Hint İncirinden uzak durmalarının yararı vardır.

BAHARATLAR

B'ler susamdan, tarçından, karabiberden uzak durmalarında yarar var. Buna karşılık, zencefil, kırmızı biber, köriyi bol bol kullanabilirler.

Şifalı Olanlar: Kırmızıbiber, Köri, Zencefil, Maydanoz, Nane.

Yenilebilir Olanlar: Anason, Fesleğen, Defneyaprağı, Dereotu, Bergamot, Kakule, Karanfil, Kişniş, Kimyon, Kapari, Keçiboynuzu, Mercan Köşk, Tarhun, Vanilya, Biberiye, Safran, Tuz, Soya Sosu, Sirke (her türlüsü), Karabiber, Pulbiber, Melas, Zerdeçal, Kekik, Hardal, Tane Karabiber, Keçiboynuzu, Demirhindi, esmer şeker her türlü sirke.

Zararlı Olanlar: Yenibahar, Toz Karabiber, Tarçın, Badem Esansı.

Çeşnilerden de bir tek ketçaptan uzak dursalar yeter.

ÇAYLAR

Amerikalı gıda uzmanı ve fitoterapist James D'Adamo, kronik yorgunlukları olan B'lerin ginseng çayı içmelerini tavsiye etmiş. Esasında siyah çayın da zarar vermediği bir kan grubudur B kan grubu.

Şifalı Olanlar: Yeşil Çay, Zencefil, Meyankökü, Ginseng, Maydanoz, Nane, Ahududu Çayı, Adaçayı, Kuşburnu.

Yenilebilir Olanlar: Dulavratotu, Kedi Nanesi, Papatya, Kuşu Otu, Akdiken, Mürver, Dut, Çilek Yaprağı, Mine Çiçeği, Kekik, Huş Ağacı, Civanperçemi.

Zararlı Olanlar: Mısır Püskülü, Öksürükotu, Şerbetçiotu, Ihlamur, Sığırkuyruğu, Sarı Sabır, Kızıl Yonca, Ravent, Sinameki, Çobançantası.

B Grupları İçin Bazı Sağlık Uyarıları

Uyarı 1

Özellikle B grubundan olanların sabah güneş doğmadan önce kalkmaları çok mühimdir. Güneş doğarken uyumak, hiçbir grubu B grubundan olanlar kadar rahatsız etmez. İkindi ile akşam arasında uyumak da özelikle sindirim sistemi açısından tembelliğe sebebiyet verir. Öyleyse o saatlerde uyumamaya özen gösterin.

Akşam güneşin batmasına 1-2 saat kala uyuyanların uyku, yorgunluk ve tembelliği çoğalır. Çünkü vücut, sinir sisteminin dengeli olabilmesi için gerekli olan maddeleri o saatlerde üretiyor. Uykuda ise bu süreçler yavaşlıyor. Bu durum psikolojik ve psişik rahatsızlıklara da yol açıyor. Zaten bildiğiniz gibi dinen de o saatlerde uyumak sakıncalı bulunmuş...

Uyarı 2

Şekeri azaltın, tatlandırıcı ve hazır içecek ve yiyecekleri hiç kullanmayın!

Buğday (tip 405-550, durra buğdayı), çavdar ve mısırdan uzak durun! Bunlar özellikle B'lerde beyin damarlarında daralmaya sebebiyet verdiğinden hafıza kaybına, konsantrasyon bozukluğuna ve şeker hastalığına zemin hazırlar.

Uyarı 3

Süt ürünlerini balık ve et ile fasulyeyi yoğurt ile birlikte yemeyin. Karışık et (salam, sucuk, sosis gibi) tüketmeyin. Bu besinler B'lerde hazım bozulmasına, zehirli kalıntıların oluşmasına, cilt hastalıklarına sebebiyet verir. Sara hastası B'lerin karışık etlerden özellikle uzak durması lazım. Çünkü karışık et yemenin genel zararları yanında sara krizlerini çoğalttığı da bilinmektedir. Karışık et, karaciğer hastalıklarının da en temel sebebidir.

Uyarı 4

Hazır vitamin kullanımında son derece dikkatli olun. Hap vitaminler diğer gruplara da zarar verir ama bu etkisi B'lerde çok daha yüksektir. Çünkü "doğal" denilenleri de dâhil hemen tüm vitaminler genetiği değiştirilmiş mısır ve benzeri ürünlerden yapılıyor. Bu da özellikle B grubundan olanlara ciddi zarar vermektedir. Dikkatli olun!

✓ *Özellikle B grubundan olanların sabah güneş doğmadan önce kalkmaları çok mühimdir. Güneş doğarken uyumak, hiçbir grubu B grubundan olanlar kadar rahatsız etmez.*

Uyarı 5

B grupları güneş doğarken asla uyumamalılar. Hiçbir grubu, o saatte uyumak, B'ler kadar yormaz. B'lerin egzersizleri de nispeten ağır olmalıdır. A grubundan biri 17. dakikadan itibaren terler ve yağ yakmaya başlar, buna karşılık B ve Sıfır grubundan olanların yağ yakmaları ancak ağır bir egzersizin 35. dakikasından gerçekleşir. B'ler haftada en az üç kere 45-60 dakika aerobik veya 30-60 dakika hızlı yürüme egzersizi yaparlarsa yağları ve kolesterolü dengelerler. Ağırlık çalışmaları, bisiklet binmeleri, jimnastik yapmaları, koşmaları zorlu ve uzun soluklu olmalıdır. Haftada en az üç kere bu tür egzersiz yapabilen B'ler zinde yaşarlar...

AB GRUBU

AB kan grubu, aynı zamanda insan ırklarının karışmasını, yani melezliği ifade eden bir gruptur. Birer mutasyon kan olan B ile A'nın karışımıyla ortaya çıkmış ve en fazla bin beş yüz-bin altı yüz yıllık geçmişi bulunan, evlilikler yoluyla meydana gelmiş bir kandır.

AB grubundan olanların sindirim sistemini de *"süper benzin"*'le çalışan motora benzetiyorum. AB'lerin sindirim sistemi A'lara göre bile daha hassastır. Fakat kırmızı et kullanımında A'lardan biraz daha iyi durumdadırlar.

A gruplarına kırmızı et tüketimi çok çok kısıtlı iken AB'ler koyun/kuzu etini rahatlıkla yiyebilirler. Hindi eti AB'ler için *"şifa"* kategorisine girer.

Çok yönlü antijenleri nedeniyle bazen A gibi bazen de B gibi değerlendirilmesi gerekiyor AB'lerin. O yüzden de AB'lerin ne yiyip yemeyeceği konusu hâlâ da tartışmalıdır.

A oldukları için bir tür vejetaryendirler ama aynı zamanda da B oldukları için hem et hem süt ürünü yiyebilecek bir enzim yapısına sahiptirler. Dolayısıyla AB'lerin, neyin kendilerine yarayıp yaramadığını kendi tecrübeleri ile de belirlemelerinde fayda vardır. Çünkü A ve B'lere zararlı olanlar AB'lere de zararlıdır. Ama A ve B'lere yararlı olan her daim onlar için de yararlı olmayabiliyor.

> ✓ *AB'lerin sindirim sistemi çok hassastır. Fakat kırmızı et kullanımında A'lardan biraz daha iyi durumdadırlar. AB'ler koyun/kuzu etini rahatlıkla yiyebilirken A grubundan olanlar çok hassas olmalıdır.*

AB'lerin mutlaka uzak durmaları gereken yiyecekler, tavuk eti, dana eti, kuru fasulye, çekirdekler ve mısırdır.

Bunlar aynı zamanda kilo almalarına neden olan ve şeker hastalığının ortaya çıkmasına zemin hazırlayan gıdalardır.

Bu açıdan bakıldığında;

Et: Az sindirilebiliyor, yağ olarak depolanıyor. (Tavuk eti ve Dana eti özellikle)

Kuru Fasulye: İnsülin verimliliğini engelliyor, metabolizmayı yavaşlatıyor, hipoglisemi.

Mısır: İnsülin verimliğini engelliyor.

Çekirdekler: Hipogilisemiye neden oluyor.

Esemer buğday/Buğday: Hipogilisemiye neden oluyor, insülin etkisini azıltıyor, metabolizmanın hızını yavaşlatıyor.

Buna karşılık;

Sebzeler: Sindirimin etki gücünü arttırıyor.

Ananas: Sindirime yardımcı oluyor, barsak hareketlerini hızlandırıyor.

Deniz ürünleri: Metabolizmayı destekliyor.

Süt Ürünleri: İnsülin üretimini destekliyor.

Kelp (deniz yosunu): İnsülin üretimini destekliyor.

ETLER

Az miktarda (porsiyon olarak) yedikleri takdirde, AB'ler kırmızı etten zarar görmezler. Tabii dana eti ve tavuk eti hariç! Esasında AB'ler et konusunda B'lere tabidirler.

Şifalı Olanlar: Kuzu eti, koyun eti, tavşan eti, hindi eti.

Yenilebilir Olanlar: Hindi eti, sülün eti ve ciğer.

Zararlı Olanlar: Tavuk ve Sığır Eti, Bofalo, Ördek Eti, Kaz Eti, Bıldırcın Eti, Geyik Eti, Dana Eti, Sülün Eti (bazı AB'lerde).

DENİZ ÜRÜNLERİ

Kırmızı etler konusunda B'lere benzeyen AB'ler, deniz ürünleri konusunda maalesef A'lara benziyorlar. Başta Dil Balığı olmak üzere A'lar için zararlı olan tüm deniz ürünleri AB'ler için de sakıncalıdır.

Şifalı Olanlar: Tuna, Uskumru, Turna, Tirsi, Barlam, Levrek, Hani (Lüfer) Balığı, Barlam, Turna Balığı, Mersin Balığı, Sinarit, Sardalye, Morina, Maymun Balığı, Som Balığı.

Yenilebilir Olanlar: Ringa, Deniztarağı, Alabalık, Tatlı Su Levreği, Gümüş Balığı (Çamuka), Alabalık, Midye, Havyar, Kalamar, Kılıçbalığı, Turna Balığı, Köpekbalığı, Yayın Balığı.

Zararlı Olanlar: Hamsi, İstiridye, Yılanbalığı, Kerevides, Istakoz, Füme Somon, Karides, Levrek, Mezgit, Somon, Dil Balığı.

SÜT ÜRÜNLERİ

Süt ürünleri konusunda da B'lere benzerler. Bu açıdan bayağı şanslıdırlar AB'ler de. Süt ürünleri sizin için de çok yararlıdır. Özelikle de fermente edilmiş kefir, yoğurt, yağsız ekşi krema. Süt ürünlerinde dikkat etmeniz gereken şey yağsız olması. Karma sütlerden uzak durmanız lehinizedir.

Esasında herhangi bir süt ürünü kullandığınızda eğer genzinizi temizleme ihtiyacı duyuyorsanız emin olabilirsiniz ki o size uygun değil. Ölçünüz bu olsun.

Yumurta da sizin için çok yararlıdır. Ancak bir şartla: Sarısı size yaramaz. Bir tam yumurta yiyeceğinize sarısı alınmış iki yumurtanın akını yemeyi tercih edin...

Şifalı Olanlar: Hamsi, İstiridye, Yılanbalığı, Kerevides, Istakoz, Füme Somon, Karides, Levrek, Mezgit, Somon, Dil Balığı.

Yenilebilir Olanlar: Süt, Kazein, Peynir Suyu, Edam, Çedar, Gouda, Gravyer Peynirler, Soya Peyniri, İsviçre Peyniri.

Zararlı Olanlar: Amerikan Peyniri, Dondurma, Tereyağı, Şerit Peynir, Mavi Peynir, Karışık Süt, Yayık Ayranı.

YAĞLAR

Yağlar konusunda da AB'ler B'ler gibidir. Sade yağ ve Zeytinyağı en yararlı yağlardır AB'ler için.

Şifalı Olanlar: Zeytinyağı, Sade Yağ.

Yenilebilir Olanlar: Balık Yağı, Keten Tohumu Yağı, Yerfıstığı Yağı.

Zararlı Olanlar: Mısır, Ayçiçeği, Pamuk Tohumu ve Susam Yağı.

KABUKLU (KURU) YEMİŞLER

Kuruyemişler açısından en şanssız gurup AB'dir. Kuruyemişlerden mümkün mertebe uzak durmaları yarlarınadır. Bununla birlikte kuruyemişlere karşı tepkileri, A gruplarının tepkilerine benzer. Çekirdeklerden uzak durmaları, bilhassa fındık, kabak çekirdeği ve Antep fıstığı AB'lerde kanın ağdalaşmasına sebebiyet veriyor ve kalori kullanımını engelliyor...

Şifa olanlar: Kestane, Ceviz, Yerfıstığı, Yerfıstığı Ezmesi.

Yenilebilir Olanlar: Badem, Mahun Cevizi, Amerikan Cevizi, Çam Fıstığı, Kaju.

Zararlı Olanlar: Fındık, Kabak Çekirdeği, Susam, Tahin, Ayçiçeği Çekirdeği, Antep Fıstığı.

BAKLİYAT

AB'ler bakliyat konusunda da A'lara benzerler. Mesela mercimek B'ler için çok zararlıdır ama AB'ler yiyebilirler. Hatta kansere karşı yüksek direnç oluşturabiliyor yeşil mercimek A'larda ve AB'lerde... Fakat kuru fasulye ve Lima Fasulyesine tepkileri A'lara benzer. Buna karşılık, A'larda insülin verimliliğini engelleyen Kuru Fasulye AB'lerde de aynı sıkıntıları yaratabiliyor.

Şifalı olanlar: Kırmızı Soya Fasulyesi, Yeşil Mercimek, Barbunya.

Yenilebilir olanlar: Yeşil Fasulye, Kırmızı (Sarı) Mercimek, Bezelye.

Zararlı Olanlar: Bakla, Kuru Fasulye, Lima Fasulyesi, Börülce.

TAHILLAR

AB'lerin dikkatli kullanmaları gereken tahılların başında Buğday gelir... Buğday, AB'lerde dokularda asit tutulmasına neden olur. Bu da zaman içinde doku yıkılmalarını beraberinde getirir. Bununla birlikte tahıllar AB'ler için yararlıdır.

Şifalı Olanlar: Akdarı ve Ekmeği, Yulaf Kepeği, Yulaf Ezmesi, Pirinç, Kızıl (Kaplıca) Buğday, Çavdar Ekmeği, Ezekiel Ekmeği, Alman Buğdayı.

Yenilebilir Olanlar: Arpa, Mısır Unu ve Nişastası, Bulgur, Yarma, Buğday Kepeği, Gulutensiz Ekmek, Durum Buğdayı, Kepekli Buğday, Karışık Tahıl Ekmeği.

Zararlı Olanlar: Esmer Buğday, Mısır Gevreği.

Ekmekte AB'ler B'yi taklit etmeli. B'lere yarayanlar AB'lere de yarar. Arpa unu, durum buğdayı unu, kızıl buğday unu, beyaz un, bulgur buğdayı unu ve glütenli ve kepekli undan yapılmış ekmekleri yiyebilirler. Kuskus ve İrmik unundan yapılan makarna dâhil.

SEBZELER

Şifalı Olanlar: Pancar ve Yaprağı, Havuç, Brokoli, Salatalık, Lahana, Tofu, Deniz Yosunu, Karnabahar, Patlıcan, Taze Hardal, Maydanoz, Yabani Havuç ve Patates.

Yenilebilir Olanlar: Kuşkonmaz, Kereviz, Hindiba, Salatalık, Çin Lahanası, Yeşil Soğan, Sarımsak, Zencefil, Havuç, Bamya, Pırasa, Ispanak, Soğan, Patates, Şalgam, Balkabağı, Pazı, Domates.

Zararlı Olanlar: Enginar, Yerelması, Mısır, Siyah ve Yeşil Zeytin, Biber (her türü), Turp, Ananas, Kırmızı Erik, Kara Erik, Yeşil Erik, Kırmızı Üzüm, Papaya, Domates.

MEYVELER

Şifalı Olanlar: Kiraz, Üzüm, Erik (her türü), Greyfurt, Limon, Kivi, İncir.

Yenilebilir Olanlar: Elma, Kayısı, Böğürten, Yabanmersini, Kuşüzümü, Hurma, Papaya, Karpuz, Kavun, Nektar, Şeftali, Armut, Ahududu, Çilek, Mandalina, Hint İnciri.

Zararlı Olanlar

Muz, Cennet Meyvesi, Hindistan Cevizi, Nar, Portakal, Mango.

BAHARATLAR

Şifalı Olanlar: Köri, Zencefil, Maydanoz, Sarımsak, Bayır Turpu, Mayonez, Hardal, Salata sosu.

Yenilebilir Olanlar: Fesleğen, Defneyaprağı, Bergamot, Kakule, Karanfil, Kişniş, Kimyon, Dereotu, Keçiboynuzu, Frenk Soğanı ve Maydanozu, Nane, Mercanköşk, Tarhun, Vanilya, Biberiye, Safran, Tuz, Soya Sosu, Toz Karabiber, Melas, Zerdeçal, Kekik, Demirhindi, Kekik, Tarçın, Zerdeçal, Şeker.

Zararlı Olanlar: Yenibahar, badem, anason, kapari, tane karabiber, kırmızıbiber, pul biber, sirke (her türü)

ÇAYLAR

Şifalı Olanlar: Yeşil Çay, Zencefil, Meyankökü, Ginseng, Dulavratotu, Adaçayı, Kuşburnu, Çilek Yaprağı Çayı, Akdiken Çayı.

İçilebilir Olanlar: Nane Çayı, Kuşburnu, Adaçayı, Karahindiba, Kekik, Mine Çiçeği, Civan Perçemi, Arnavut Biberi, Mürver, Ahududu Yaprağı.

Zararlı Olanlar: Sarısabır Çayı, Öksürük Otu, Mısır Püskülü, Ihlamur, Kızıl Yonca, Sinameki, Sığırkuyruğu Çayı.

AB Grupları İçin Bazı Sağlık Uyarıları

Uyarı 1

Sizin fıtratınız için zararlı gıda tüketimini bırakın. Onlar sizin için sadece hastalıktır. Tavuk, mısır, soda, gazoz ve tüm karbondioksitli içecekler, glikoz ve früktoz içeren hazır içecek ve yiyecekler AB grubundaki insanların sağlık açısından düşmanlarıdır!

Uyarı 2

Karışık et (salam, sucuk, sosis gibi) yemeyiniz; süt ürünleri et ve balık ile; fasulyeyi yoğurt ile yemeyiniz!

Uyarı 3

Hazım bozulmasına, zehirli kalıntı oluşturmasına, karaciğer hastalıklarının başlamasına yol açmayınız! Yukarıda saydıklarımız hazmı bozacak şeylerdir.

Uyarı 4

Eti azaltın! Proteinleri; haftada 1-2-3 defa hindi veya koyun eti, 1-2-3 defa balık, 1- 2 defa taze yumurta, 3-4 defa peynir, hemen hemen her gün yoğurt (ev yoğurdu!), 1-2 defa yeşil mercimek şeklinde yiyebilirsiniz.

Uyarı 5

Sarımsak yutmaya kendinizi alıştırın! İlk önce 3 diş, sonra günde 30 dişe kadar (sabah 10, öğle 10, akşam 10) çoğaltabilirsiniz. Böylece yılda 1-2 defa 21 günlükten sarımsak kürleri yaparsanız kaybolan sağlığınızı yeniden kazanmak mümkün olabilir. Veya bunu sürdürürseniz hastalıkların çoğunu bertaraf etmiş olursunuz. Ama ne olursa olsun her akşam en az 3 diş sarımsak yutmayı hiç bırakmayın.

Uyarı 6

Yeşil sebzeyi çoğaltın! AB'lerin, çiğ ıspanak, maydanoz, semiz otu, soğan her gün, brokoli haftada 2-3 defa yemeleri lazım. Havuç ve havuç suyu, kırmızı pancar ve kırmızı pancar suyu sizin vücudunuzun şifa kaynaklarıdır. Asla ihmal etmeyin!

Uyarı 7

Mevsiminde karpuz yemeyi tüm hastalıklara karşı büyük nimet olarak görün!

Faydalılar kısmında andığımız yiyecekler sizin için en kuvvetli ilaçlardır. Sebze ve meyvenin genetiği değiştirilmemiş olmasına dikkat edin.

Uyarı 8

Hazır yiyecek ve içeceklerden, parfüm ve deterjan türü temizlik maddeleri ve kokularından uzak durmaya çalışın! Onlar özellikle AB'lerde alerjilere, tanımlanmayan, bugüne kadar bilinmeyen hastalıklara yol açarlar.

Uyarı 9

Damacana suları, tüm kan grupları için ciddi bir sıkıntıdır. Ambalajlanmış olmasından dolayı çoğu kişiye damacana su daha sağlıklı imiş gibi gelse de gerçekte durum öyle değildir. Sağlıklı su, akan sudur. O da şehirde bulunmaz. Öyleyse suyunuzu dondurup çözerek tüketin. Donduktan sonra eriterek kaynağından ilk çıktığı hale getirdiğiniz suyu 8 saat içinde tüketin. Dondurulan su en başlangıca döndüğü için kendisini yeniliyor.

Uyarı 10

Genel bir kural olarak tüm kan gruplarının başlangıçta yılda (ilkbahar ve sonbahar olmak üzere) iki kere hacamat yaptırması gerekir. Böylece yıl içerisinde kirlenip asitlenen kanı temizlemiş ve tıkanan kılcal damarları aktif hale getirmiş olursunuz. Kanın asitlenmesinden kaynaklanan ve ilerleyen yaşlarla birlikte ilaca bağımlı kılan bir dizi rahatsızlıktan, sadece hacamatlarla ve beslenme ilkelerine riayet ederek kurtulmak pekâlâ mümkün. Hacamatlarınızı ehil kişilere yaptırın ve hacamat yaptırdığınız zamanların uygun tarihler ve günler olup olmadığına dikkat edin.

✓ *Tüm kan gruplarının başlangıçta yılda (ilkbahar ve sonbahar) iki kere hacamat yaptırması gerekir. Böylece yıl içerisinde kirlenip asitlenen kanı temizlemiş ve tıkanan kılcal damarları aktif hale getirmiş olursunuz.*

Sonuç

Söz Biterken...

İnsan ilk dünyaya geldiğinde, fabrik ayarları düzgün olarak yüklenmiş, iyi çalışan bir makine gibidir. Belli bir boy uzunluğu, o uzunlukla mütenasip bir kilo, sadece anne sütü ile beslendiğinde uygun bir gelişim grafiği... kısacası bugünkü tıp dilinin *"vücut kitle endeksi"* adını verdiği, her kişinin kendine özgü oranı, bu bünyenin doğal denge yapısındadır insanoğlu. Vücudun bir anlamda sağlıklı geri yükleme noktasıdır bu hal ve insan bu dengeyi kaybettiğinde *"vücut kitle endeksi"* dediğimiz boy kilo orantısını tekrar sağlayarak bedenini sağlıklı ölçülere getirebilir. Kitabın başından beri bir yöntem ve beslenme felsefesi olarak verdiğimiz ve insanı bu denge sınırı içinde tutacak olan bu ilkeler, devam edegelen hayatımızı da sağlıklı bir şekilde sürdürmemizi kolaylaştırır.

Kuran'ın anahtarı olan Fatiha suresinde, Cenab-ı Allah insanlara şöyle dua etmelerini telkin eder:

"Bizi doğru 'yol'a ilet. Kendisine 'nimet' verdiklerinin yoluna..." (Fatiha, 5-6)

Burada 'yol'dan maksat, insanın hayat içinde yaşamını sürdürebileceği; evrensel kurallara mutabık olan yöntemdir, yaşam tarzıdır. Hangi yaşam tarzının insanı mutlu edebileceği, başarıya götüreceği; kişinin kendisine verilen yetenekleri -ki gerçek kulluk odur- insanın en kolay nasıl geliştirebileceği ve gerçekleştirebileceğini ihtiva eden yaşam biçimidir.

"Kendilerine nimet verilenler" bunu gerçekleştirebilmiş, başarmış olanlardır. Peki, *"nimet verilenler"*in kimler olduğunu nereden bileceğiz?

Onu da bize yine Kur'an, bir başka ayetinde bildiriyor: *"İşte bunlar, Âdem'in ve Nûh ile beraber (gemiye) bindirdiklerimizin soyundan, İbrahim'in, Yakub'un ve doğru yola iletip seçtiklerimizin soyundan kendilerine nimet verdiğimiz nebilerdir. Kendilerine Rahman'ın âyetleri okunduğu zaman ağlayarak secdeye kapanırlardı."* (Meryem 58)

Neden secdeye kapanırlardı?

Çünkü secde, bir tür tazim ve saygı ifadesidir. Kendilerine verilen doğru bilgiye duydukları saygıdan dolayı, bunun farkında olanlar secdeye kapanır ve bu şekilde şükrünü ifade ederler. O ne muazzam bir nimettir ki neyin yararlı, neyin zararlı, neyin isabetli neyin isabetsiz olduğu bilgisini size önceden haber veriyor. Acaba, atacağımız adımın veya ayağımızı koyacağımız yerin mahiyetini bilmekten daha büyük hangi nimet vardır şu dünyada? Öyle bir bilgi düşünün ki yapacağınız bir sonraki eylemin iyi mi kötü mü olduğunu size gösterebiliyor. Bunu size sağlayana teşekkürlerinizi bildirmez de ne yapardınız? İşte Kur'an'ın insana gösterdiği hakikatler böylesi bir şükrü gerektiren hayatî bilgilerdir.

"Nimet" malum oldu gibi öncelikle yenilebilen içilebilen rızıkları da çağrıştırır. Nitekim bizim dilimizde *"nan u nimetini gördüm"* denir ki bu doğrudan beni besledi, bana baktı anlamına gelir.

Dolayısıyla Kur'an'ın *açılış* suresi olan Fatiha'daki *"Bizi kendilerine nimet verdiklerinin yoluna ilet"* duası ve talebi, sağlıklı beslenme talebini de içerir. Nitekim dinin yarısı yeme içme, helaller ve haramlardan ibarettir. Çünkü bizi de o yiyecekleri de yaratan Yüce Allah'tır. Neyin bünyemize uygun, neyin uygunsuz olduğunu en iyi bilen de O'dur. Helal dairesi geniş tutulmuştur ama ayrıca akıl sahiplerine *"Siz yine de temiz olanlarını seçiniz!"* uyarısı da yanı sıra verilmiştir. Böylece her gıdanın herkese uygun olmayabileceğini, insanoğlu nasıl ki farklı motorlar için farklı yakıtlar icat etmişse insanların da farkı yakıtlar gerektiren değişik mizaçlarda yaratıldıkları için farklı gıdalara ihtiyaç duyabileceklerini Kur'an bize sık sık vurguluyor.

Bakara suresinde Cenab-ı Hak *"Allah ki, yeri sizin için döşek, göğü de bina yapan, gökten su indirip onunla size rızık olarak çeşitli ürünler çıkarandır. Öyleyse siz de bile bile Allah'a ortaklar koşmayın."* (Bakara, 22) diyerek, her bir nimetin, kendisi tarafından bizzat var edilip fıtratının kendisi tarafından seçildiğini bize hatırlatıyor ve *"Bana ortak koşmayın!"* ihtarında bulunarak adeta *"nimetlerin yapısını ve fıtratını bozmamamız gerektiğini"* bize hatırlatıyor!

Hemen ardından gelen Bakara 27. ayette bu tembih tam bir uyarı şeklini alır ve *"Onlar, Allah'ın korunmasını emrettiği bağları* (akrabalık, beşerî ve ahlâkî bütün ilişkiler ve tabii gıdaların arasında da bir tür akrabalık ilişkisi olarak görebileceğimiz korunması gereken yapıları -genetik bağları/akrabalıkları-) *koparan ve yeryüzünde bozgunculuk yapan kimselerdir. İşte onlar ziyana uğrayanların ta kendileridir."* diyerek, Allah'ın eşyada ve nimetlerde var ettiği yapının bozulmaması gerektiğine ısrarla vurgu yapılır. "Bu yapı bozulduğu zaman, işin nereye varacağını siz tahmin edemezsiniz..." diyerek insanı bu gibi eylemlere girmekten sakındırırken esasında insanın böyle bir yola sapacağını da üstü örtülü olarak haber verir.

Fıtrata uygun yaşamanın, daha doğrusu nimetleri tabiattaki halleriyle taze taze yiyip içmenin bir tür cennet hali olduğunu ise aşağıdaki ayet bize hatırlatıyor. Çünkü yasaklanmış ve haram kılınmış şeylerin ardındaki hikmet, aynı zamanda bunların insan fıtratına aykırı oluşundan kaynaklanmaktadır:

"Biz dedik ki, Ey Adem! Sen ve eşin cennete yerleşin. Orada dilediğiniz gibi bol bol yiyin, ama şu ağaca yaklaşmayın, yoksa zalimlerden olursunuz." (Bakara, 35)

Bizler, ayeti okuduğumuzda bu ikazı hasseten ve yalnızca Hz. Adem (as)'a yapılmış gaybî bir tembih gibi algılıyoruz. O yüzden bir "adem" olan kendimize de bir ders çıkarma ihtiyacı duymuyor, yahut bu ihtarın bir muhatabının da tüm ademoğulları olduğunu düşünmüyoruz. Oysa bu ayet, özelde Hz. Adem (as)'ı muhatap aldığı kadar genelde hepimize, ademoğluna da hitap ediyor. Nimetleri fıtratını bozmadan tüketmeyi, haram kılınanlardan uzak durmayı telkin ediyor ve eğer bunu başarabilirsek bir tür cennet hayatı denebilecek kaliteli bir yaşam süreceğimizi belirtiyor. Bu ayeti, "Tıpkı Adem (as) gibi onun evlatları olan bizler de heveslerimize (Şeytana) uyup hazlarımızın peşinden koşar ve yememiz gereken yasak gıdalar alırsak cehennemî bir hayata düçar oluruz." şeklinde tefsir etmek ve anlamak da pekala mümkün.

"Allah'ın ahdini bozanlar" ifadesinden, diğer tüm anlamları yanında, nimetin fıtratını bozan, genetik yapıyla oynayıp onu ezelde takdir edildiğinden farklı -ve çoğunlukla zararlı- hale getirenler de nasibini alırlar!

İnsanın, Şeytanın (hırs ve merakın) kışkırtmasıyla, gıdaların yapısını bozmaya kalkışacağını (Nisa,119-120) Cenab-ı Allah bize haber veriyor.

Kur'an'da nimet olarak adı ilk zikredilen gıdalar et ve helvadır. İsrailoğulları, -ki Kur'an'da bu tabir genel anlamda inananları ifade etmek niyetiyle de kullanılır. Salt kavim olarak İsrailoğulların ıanlatmak için değil- Hz. Musa (as) ile birlikte denizden geçirilip de çöle geldiklerinde Allah bir mucize eseri olarak onların üzerine *"menn"*, (bünyede et fonksiyonu gören bir tür mantar) ve *"selva"* (bir tür tatlı) indirdi. (Bakara, 57)

Bu dahi büyük bir rahmetin ucunu gösteriyor. Zira bugün artık iyi anlaşılmıştır ki şehvet dediğimiz insanın motor gücünü en iyi besleyen et ve tatlıdır. Allah İsrailoğullarını neden böyle bir bakıma tâbi tuttu?

Bunun da bir hikmeti var elbet. Firavun, Hz. Musa (as)'ın doğmasına engel olmak için, tüm kavmin erkek çocuklarını tabir caizse toplu bir imhaya tâbi tutmuştu. Bu sebeple o günün İsrail halkının üçte ikisinden fazlası kadınlardan oluşuyordu. Erkekler, çok azdı. Hem nüfusun çoğalması, hem erkeklerin gerekli güce kavuşması için, Cenab-ı Hak onlara böyle bir nimet vermiştir.

Fakat o ayetin hemen arkasından tam da bu kitabın esasını teşkil eden ayet geliyor:

"Bulutu üstünüze gölge yaptık. Size, kudret helvası ile bıldırcın indirdik. 'Verdiğimiz rızıkların iyi ve güzel olanlarından yiyin.' (dedik). *Onlar* (kendilerine uygun olan nimetleri ayırt etmeksizin, temiz olanlarını değil de canlarının çektiğini yemekle) *bize zulmetmediler,* (bize zarar vermediler) *aksine kendilerine zulmediyorlardı* (kendilerine zarar veriyorlardı)*."* (Bakara, 57) Bu ayet, hastalıkların, bedenimize arız olan ve yaşam kalitemizi düşüren hallerin, yeme-içme konusundaki hatalarımızdan ve kendi tercihlerimizden kaynaklandığını, İsrailoğulları örneğinde bize de ihtar etmektedir.

Cenab-ı Hak, sıklıkla *"Ben zulmetmedim, siz kendinize zulmediyorsunuz."* mealinde ayetlerle bizi sürekli seçimlerimiz ve yaptıklarımız konusunda uyarıyor. Bize ısrarla, başımıza gelenlerin kendi seçimlerimizin bir eseri olduğunu tekrar tekrar hatırlatıyor ve bu halden vazgeçmemizi telkin ediyor ama biz bunu bile doğru anlamıyoruz.

Bugün *"Neden hasta oldunuz?"* yahut *"Sizce böyle bir hastalığın size isabet etmesinin sebebi nedir?"* diye ortalama yüz insana sorsanız kimse böylesi bir sonuçtan kendini mesul tutmayacaktır. İnsanımızın vereceği cevap büyük oranda, *"Benim bu hastalığımı Allah bana verdi. Ya imtihan ya bela olarak..."* şeklinde olacaktır. Kimse hastalanmasında kendi yedikleri ve içtiklerinin, kendi tercihlerinin rolünü aklına getirmeyecek. Kimse bir öz eleştiri yapıp da kendine *"Ben abur cubur yedim, haram* (içki, domuz eti ve benzeri gibi insan vücuduna uygun olmayan) *helal* (insan fıtratına uygun helal kılınan sekiz çift hayvan ile sebze ve meyveler) *konu-*

suna dikkat etmedim de şu vücut sarayımı tahrip ettim. Sonuçta Cenab-ı Hak da vücudumda hastalıkları karar kıldırdı." demeyecektir. Oysa Allah yine sık sık *"Ben kuluma zulmü murat etmedim."* buyurarak (Âl-i İmran, 108) hiçbir kulunu sebepsiz yere sıkıntıya atmayacağını belirtiyor.

Evet, her şey Allah'tan gelir. Daha doğrusu, iyi kötü her bir şeyi Allah yaratır ama bu yarattıklarından neyin bize isabet edeceğine tercihlerimiz, tavırlarımız ve duruşumuzla biz karar vermekteyiz.

Bu seçimler meselesini, konumuz olan beslenme ile sınırlayarak şu soruyu yöneltelim kendimize: Doğru beslenen, Allah'ın koyduğu (yani evrensel) kurallara uygun yaşayan, kurallara uymayan gibi muamele görse bu nasıl hak olabilir? Allah, *"Müslümanlara* (selim olanlara yani evrende ve eşyada geçerli kural ve tenbihlere uygun yaşayanlara), *facir ve fasıklara* (kural tanımayan/haram helal bilmeyenlere) *davrandığı gibi mi davranır sanıyorsunuz?"* (Kalem, 35) diyerek, başarılı olanların o başarılarının altında, başarısız olanların da başarısızlıklarının altında *"kendi seçimleri"*nin yattığı hikmetini bize hatırlatır.

Evet üzerlerine et ve helva indirilen "İsrailoğulları" da (o günün inananları) çoğu insan gibi kendilerine lütuf olarak verilen bu iki gıda ile yetinmediler ve toprağın yetiştirdiği sebze ve tahıllardan da istediler. Cenab-ı Allah da onları ekip biçecekleri meyve ve ürünlerinden taze taze yiyebilecekleri bir toprak önerdi: *"Girin şu köye (karye) orada dilediğiniz gibi bol ve taze taze yiyin."* (Bakara, 58) Ama onlar o toprağa sahip olmak için mücadele vermeye de yanaşmadılar. Böylece kolaycılığa kaçarak, kendisi için zahmet çekilen yiyecekleri bırakıp rahat, kolay olanları tercih ettiler.

Esasında bu anlatılanlar bize şunu telkin ediyor: Kişinin en iyi nimeti, kendi ekip biçtiği veya en azından nasıl yetiştirildiğinden haberdar olduğu gıdalardır. Bugün artık yediklerimizin gerçekten sağlıklı olduğundan emin olmak için bir gıdanın genetiğinin değiştirilip değiştirilmediğinden tutun da kullanılan gübrenin o tahıla veya sebzeye neler yüklediğini bilmeye kadar birçok soruya cevap verilmesi gerekiyor. Ama hayır. Bugün insanlarımız soğanın bile doğranmış yahut toz halinde paketlenmişini marketlerden alıp hiçbir zahmete girmeden tüketmeyi tercih ediyorlar. İşte bu kolaycılığa düşkünlüğün, insanı tembelliğe ve başkalarının hazırlayıp sunduğu ve içinde ne olup olmadığını tam bilmediği yiyecekleri tüketmeye yönlendirdiğini, bunun da sağlığı bozan unsurların başında geldiğini Kur'an, bize farklı örnekler ve kıssalar ışığında sık sık hatırlatıyor ve *"Siz kendiniz ekin biçin ve taze taze yiyin."* diye emrediyor adeta!

Elbette ki bu şehir hayatı şartlarında bahçe ekip biçmek her zaman mümkün değil. Ama herhalde, satın alsa dahi insanın ne yediğine dikkat etmesi de insanî görevleri arasında olmalı. Helal gıda diye yedirilen şeyin gerçekten helal veya temiz olduğundan emin olmadan yemek, insanın sadece sağlığına değil ahlakına da zarar veriyor, doğal yapısına da... Mutasyon ve nesilden nesile aktarılan genetik deformasyonlar dahi insanın kendi yedikleri neticesinde gerçekleşiyor.

Nitekim Allah maymuna dönüştürülenlerin bu işleme tâbi tutulmalarının sebebi olarak yiyecek konusundaki yasağa uymamalarını gösterir. Sürekli balık tüketen bir kavmi, haftada bir gün başka bir şey yemeye, balıktan uzak durmaya, balık tutmamaya davet eder. Ve haftanın bir gününü, balık tutmanın yasak olduğu gün ilan eder ama onlar bu yasağa da uymazlar. Sonunda (sürekli hayvanî gıda tüketmekten dolayı) bir alt mertebeye düşerler ve maymun tabiatı kazanırlar. İnsanoğlu için bir şifa ve güç kaynağı olan eti sürekli tüketmenin, insan bünyesinde ne gibi arazlara yol açtığı artık tıbben de bilinmektedir... Et elbette aynı zamanda insan için vazgeçilmez bir şifa ve güç kaynağıdır ama yerinde ve miktarınca tüketilmek kaydıyla...

Mutasyon, gelecekte insanlığın önündeki en ciddi tehlikelerden biri... Bugünkü nesil dahi o tehlike ile karşı karşıya. Çünkü üretilen birçok ilaç ve gıdada, doğrudan kendisini genum ile ilintilendirip monte edecek ajan genler bulunmaktadır. Yiyeceklere farklı tadlar katmak, meyveleri bir halden başka hale dönüştürmek için yapılan çalışmaların nereye varacağını ve insan tabiatında ne gibi değişikliklere neden olacağını şimdiden kestirmek zor... Bu işlemlerin neticelerini, böylesi gıdalarla beslenen nesillerin akıbetini görerek anlayacak insanoğlu.

Semavî metinlerin, insanın yemesi içmesi hususunda gösterdiği titizlik ve bu konuya ayırdıkları bahisler insanı hayrete düşürecek kadar çok ve çeşitlidir. Kuran'ın nerede ise tüm surelerinde yeme içmeye doğrudan ya da dolaylı temas vardır. Çünkü, dinlerin, insanda var etmek istediği güzel ahlakın bile yenilip içilenlerin temiz olup olmamasıyla doğrudan ilgisi var. Müminun (İnananlar) suresinin 51. ayetinde Cenab-ı Hak, *"... Temiz gıdalardan yiyin ve salih ameller işleyin."* diyerek, güzel ahlaklı; iyi/başarılı olmayı isteyen kullarına, "temiz gıdalarla" beslenmeyi önerir.

Aracımıza temiz ve katkısız yakıt almak için gösterdiğimiz özeni, midemiz için de göstermemiz gerekir. Aracımızdan yüksek performans elde etmek için nasıl temiz ve uygun bir yakıt kullanmak icap ederse insanın dahi güzel ahlaklı ve huzurlu bir yaşam için temiz ve tabiatına uygun gıdalar alması gerekmektedir.

Kur'an'da geçen *"yiyiniz"* (vekulû) ifadesi ile *"temiz olan"* (Tayyibat) kelimelerine kaba taslak bir tarama ile baktığımızda tam yarı yarıya bir oran ortaya çıkmaktadır. *"Kulû"* (yiyiniz) ifadesinin geçtiği ayet sayısı 40, *"tayyibat"* (temiz) ifadesinin geçtiği ayet sayısı 20. Bu da gösteriyor ki, rızık olarak tanımlanan her iki gıdadan biri size uygun olmayabilir. Yani yenilebilin her bir şey temiz olmadığı gibi, temiz olanların da hepsi herkese uymaz.

Daha önceki satırlarda değindiğimiz gibi, nasıl ki, en temiz dizel yakıtını bulup benzinle çalışan motora koyduğunuzda ona iyilik yapmadığınız gibi, bünyenize uymayan gıdaları tükettiğinizde de ne kadar lezzetli olursa olsun kendinize iyilik yapmış olmazsınız.

Nihayet şu muhteşem ayet ile şu naçiz çalışmamı hitame erdirmek istedim ki temiz rızkın ne muazzam bir lütuf olduğunu Kur'anî ifadeyle dile getireyim:

"Allah odur ki, yeryüzünü sizin için durulacak yer, göğü bir bina yaptı; sizi yaratıp donattı ve görünüşünüzü güzel yaptı, sizi temiz ve güzel nimetlerle rızıklandırdı. İşte bu Allah'tır sizin Rabbiniz! Âlemlerin Rabbi olan Allah ne kadar yücedir!" (Mü'min, 64)

KAYNAKÇA

Akyüz, Prof. Dr. Davut, Kur'an-ı Kerim'de Besinler ve Şifa, s. 216, Altınburç Yayınları, 2006.

D'Adamo, Peter J., Kan Grubunuza Göre Diyet, Çev. Ebru Bilun Akyıldız, Alev Akyıldız, 359 s., Beyaz Yayınları, İstanbul, 1999.

Demirhan, Doç. Dr. A. - Ersoy, M. Sc. N. Ermin, "Hekim İbn Şerif'in Yâdigâr Adlı Kitabından Bazı Örnekler ve Günümüz Tıbbındaki Yeri", Tıp Fakültesi Mecmuası, 50. Sayı, S. 375-382, 1987.

Kur'an-ı Kerim.

Kütüb-i Sitte.

Mealler; Hasenat Programı içinde var olan tüm meallerden zaman zaman yararlanılmıştır.

Nursi, Bediuzzaman Said, İktisat, Ramazan ve Şükür Risaleleri, (Risale-i Nur Külliyatı)

Sakin, Orhan, Okutan, M. Yahya, Koçer, Doğan, Mecit Yıldız Yadigar-ı İbni Şerif, Sade., II Cilt, Merkezefendi Geleneksel Tıp Derneği Yayını, 2003.

Salih, Aidin, Gerçek Tıp - Yitik Şifanın İzinde, Yazı Yayıncılık, 2007.

Sina, İbni, El-Kanun fi't-Tıbb, II Cilt, Çev. Prof Dr. Esin Kahya, (2. Baskı), Atatürk Kültür Merkezi Yayınları, 2009.

Yahya, Harun, Savunma Sistemi Mucizesi, (http://www.harunyahya.org/bilim/hy_savunma_sistemi_mucizesi/savunma2.html)

EK

Kan Gruplarına Göre Besinler Tablosu

RENKLER

TABLODA YER ALAN RENKLERİN ANLAMLARI	
Yeşil:	En Faydalı Besinler (Şifa Olanlar)
Sarı:	Yenilebilenler (Gıda Olanlar)
Kırmızı:	Zararlı Olanlar

KASAP KÜMES VE AV HAYVANLARI

	GIDA CİNSİ	KAN GRUBU				LINK
1	Bıldırcın	A	B	AB	0	Quail
2	Dana eti	A	B	AB	0	Veal
3	Dana karaciğeri	A	B	AB	0	Liver (Calf)
4	Deve Kuşu	A	B	AB	0	Ostrich
5	Geyik eti	A	B	AB	0	Venison
6	Hindi	A	B	AB	0	Turkey
7	Kaz	A	B	AB	0	Goose
8	Keçi	A	B	AB	0	Goat
9	Keklik	A	B	AB	0	Partridge
10	Koyun	A	B	AB	0	Mutton
11	Kuzu	A	B	AB	0	Lamb
12	Manda	A	B	AB	0	Buffalo
13	Orman Tavuğu	A	B	AB	0	Grouse
14	Ördek	A	B	AB	0	Duck
15	Sığır Eti	A	B	AB	0	Beef
16	Sülün	A	B	AB	0	Pheasant
17	Tavşan	A	B	AB	0	Rabbit
18	Tavuk	A	B	AB	0	Chicken
19	Uykuluk	A	B	AB	0	Sweetbreads
20	Yürek/Sığır	A	B	AB	0	Heart (Beef)

BALIKLAR DENİZ ÜRÜNLERİ		GIDA CİNSİ	KAN GRUBU				LINK
	1	Ahtapot	A	B	AB	0	Octopus
	2	Alabalık	A	B	AB	0	Trout (Brook)
	3	Kalamar	A	B	AB	0	Squid (Calamari)
	4	Palamut, Torik, Orkinos (Ton Balığı)	A	B	AB	0	Tuna
	5	Deniz Alası Yerli Somon	A	B	AB	0	Trout (Sea)
	6	Dil Balığı	A	B	AB	0	Sole
	7	Gri Dil Balığı	A	B	AB	0	Gray Sole
	8	Hamsi	A	B	AB	0	Anchovy
	9	Havyar	A	B	AB	0	Caviar
	10	İskorpit	A	B	AB	0	Bullhead
	11	Istakoz	A	B	AB	0	Lobster
	12	İstiridye	A	B	AB	0	Oyster
	13	Kalkana, dile benzer bir tür	A	B	AB	0	Halibut
	14	Karides	A	B	AB	0	Shrimp
	15	Kılıç Balığı	A	B	AB	0	Swordfish
	16	Köpek Balığı	A	B	AB	0	Shark
	17	Kum Midyesi	A	B	AB	0	Abalone
	18	Levrek	A	B	AB	0	Bass (Bluegill)
	19	Levrek - ak	A	B	AB	0	Perch (White)
	20	Levrek - çizgili	A	B	AB	0	Bass (Striped)
	21	Levrek - Deniz	A	B	AB	0	Bass (Sea)
	22	Levrek - gümüş	A	B	AB	0	Perch (Silver)
	23	Levrek sarı	A	B	AB	0	Perch (Yellow)
	24	Lüfer	A	B	AB	0	Bluefish
	25	Mercan Türü	A	B	AB	0	Red Snapper
	26	Mersin	A	B	AB	0	Beluga
	27	Mersin Balığı	A	B	AB	0	Sturgeon
	28	Barlam	A	B	AB	0	Hake
	29	Mezgit	A	B	AB	0	Whiting

		GIDA CİNSİ	KAN GRUBU				LINK
BALIKLAR DENİZ ÜRÜNLERİ	30	Midye	A	B	AB	0	Clam
	31	Midye	A	B	AB	0	Mussels
	32	Morina	A	B	AB	0	Cod
	33	Ringa	A	B	AB	0	Herring
	34	Sardalya	A	B	AB	0	Sardine
	35	Sazan	A	B	AB	0	Carp
	36	Somon	A	B	AB	0	Salmon
	37	Somon Havyarı	A	B	AB	0	Salmon Roe
	38	Sudak - Tatlı su	A	B	AB	0	Haddock
	39	Tarak	A	B	AB	0	Scallop
	40	Tekir	A	B	AB	0	Mullet
	41	Tirsi	A	B	AB	0	Shad
	42	Turna	A	B	AB	0	Pike
	43	Uskumru	A	B	AB	0	Mackerel
	44	Yayın	A	B	AB	0	Catfish
	45	Yengeç	A	B	AB	0	Crab
	46	Yılan Balığı	A	B	AB	0	Eel/Japanese Eel
MANDRA	1	Beyaz Peynir	A	B	AB	0	Feta Cheese
	2	Camamber	A	B	AB	0	Camembert Cheese
	3	Çedar	A	B	AB	0	Cheddar Cheese
	4	Dondurma / Hazır	A	B	AB	0	Ice Cream
	5	Edam Peyniri	A	B	AB	0	Edam Cheese
	6	Emmental Peyniri	A	B	AB	0	Emmenthal Cheese
	7	Gouda Peyniri	A	B	AB	0	Gouda Cheese

		GIDA CİNSİ	KAN GRUBU				LINK
MANDRA	8	Gravyer Türleri	A	B	AB	0	Gruyere Cheese
	9	Kaymak	A	B	AB	0	Buttermilk
	10	Keçi Peyniri	A	B	AB	0	Goat Cheese
	11	Kefir	A	B	AB	0	Kefir
	12	Kesik Süt Suyu	A	B	AB	0	Whey
	13	Köy beyaz peyniri	A	B	AB	0	Farmer Cheese
	14	Krem Peynir	A	B	AB	0	Cream Cheese
	15	Mozarella ve Dil Peyniri	A	B	AB	0	Mozzarella Cheese
	16	Parmesan	A	B	AB	0	Parmesan Cheese
	17	Rokfor ve Benzerleri	A	B	AB	0	Blue Cheese
	18	Sadeyağ	A	B	AB	0	Ghee
	19	Süt - Keçi	A	B	AB	0	Milk (Goat)
	20	Süt - tam yağlı	A	B	AB	0	Milk (Cow-Whole)
	21	Süt - yağsız	A	B	AB	0	Milk (Cow-Skim or 2%)
	22	Süzme yogurt benzeri bir tür peynir	A	B	AB	0	Cottage Cheese
	23	Şanti Türleri	A	B	AB	0	Sour Cream (low/non-fat)
	24	Tereyağ	A	B	AB	0	Butter
	25	Turuncu renkli Amerikan Peyniri	A	B	AB	0	American Cheese
	26	Yoğurt	A	B	AB	0	Yogurt
	27	Yumurta akı	A	B	AB	0	Egg White (chicken)
	28	Yumurta - Ördek	A	B	AB	0	Duck Egg
	29	Yumurta - Tavuk	A	B	AB	0	Egg (chicken)
	30	Yumurta Bıldırcın	A	B	AB	0	Quail Egg
	31	Yumurta Kaz	A	B	AB	0	Goose Egg
	32	Yumurta sarısı	A	B	AB	0	Egg Yolk (chicken)

MEYVALAR MEYVA SULARI	GIDA CİNSİ	KAN GRUBU				LINK
1	Ahududu ve suyu	A	B	AB	0	Raspberry
2	Ananas	A	B	AB	0	Pineapple
3	Ananas Suyu	A	B	AB	0	Pineapple Juice
4	Armut ve Suyu	A	B	AB	0	Pear/Pear Juice
5	Avocado / Suyu	A	B	AB	0	Avocado
6	Ayva ve suyu	A	B	AB	0	Quince
7	Bir tür Böğürtlen	A	B	AB	0	Loganberry
8	Böğürtlen / Suyu	A	B	AB	0	Blackberry/ Blackberry Juice
9	Çilek ve suyu	A	B	AB	0	Strawberry
10	Dut	A	B	AB	0	Mulberry
11	Elma / suyu / Sirkesi	A	B	AB	0	Apple/Apple Juice/Cider
12	Erik ve suyu	A	B	AB	0	Plum (Dark/ Green/Red)
13	Greyfurt	A	B	AB	0	Grapefruit
14	Greyfurt Suyu	A	B	AB	0	Grapefruit Juice
15	Hindistan Cevizi	A	B	AB	0	Coconut
16	Hindistan Cevizi Sütü	A	B	AB	0	Coconut Milk
17	Hurma	A	B	AB	0	Date (all)
18	İncir, taze-kuru	A	B	AB	0	Fig (Fresh/ Dried)
19	Kaktüs Meyvesi ve suyu	A	B	AB	0	Prickly Pear
20	Karpuz ve suyu	A	B	AB	0	Watermelon
21	Kavun - kaygan kabuklu yuvarlak	A	B	AB	0	Cantaloupe
22	Kavun - Kırkağaç benzeri	A	B	AB	0	Casaba Melon
23	Kavun - kokulu bal damlası	A	B	AB	0	Honeydew
24	Kavun yerli, bilinen	A	B	AB	0	Musk Melon
25	Kayısı / suyu	A	B	AB	0	Apricot/Apricot Juice
26	Kiraz / Vişne	A	B	AB	0	Cherry (all)
27	Kivi	A	B	AB	0	Kiwi

MEYVALAR MEYVA SULARI		GIDA CİNSİ	KAN GRUBU				LINK
	28	Kızılcık	A	B	AB	0	Cranberry
	29	Kızılcık Suyu	A	B	AB	0	Cranberry Juice
	30	Kuru Erik	A	B	AB	0	Prune/Prune Juice
	31	Kuru Üzüm	A	B	AB	0	Raisin
	32	Kuşüzümü	A	B	AB	0	Currants (Black/ Red)
	33	Limon / Limonsuyu	A	B	AB	0	Lemon/Lemon Juice
	34	Limonlu Su	A	B	AB	0	Water & Lemon
	35	Mandalin ve suyu	A	B	AB	0	Tangerine/ Tangerine Juice
	36	Mango	A	B	AB	0	Mango/Mango Juice
	37	Misket Limonu	A	B	AB	0	Lime/Lime Juice
	38	Muz / Suyu	A	B	AB	0	Banana
	39	Nar ve suyu	A	B	AB	0	Pomegranate
	40	Papaya	A	B	AB	0	Papaya/Juice
	41	Portakal ve Suyu	A	B	AB	0	Orange/Orange Juice
	42	Şeftali	A	B	AB	0	Peach
	43	Guava	A	B	AB	0	Guava/Guava Juice
	44	Nektarin / Suyu	A	B	AB	0	Nectarine/ Nectarine Juice
	45	Üzümler	A	B	AB	0	Grape (all)
	46	Vişne, Kiraz ve Suları	A	B	AB	0	Cherry Juice (Black)
	47	Yaban Mersini	A	B	AB	0	Blueberry
	48	Yıldız Meyvesi ve suyu	A	B	AB	0	Starfruit (Carambola)

SEBZELER SEBZE SULARI

	GIDA CİNSİ	KAN GRUBU				LINK
1	Acur / Suyu	A	B	AB	0	Bitter Melon
2	Balkabağı	A	B	AB	0	Pumpkin
3	Bambu Filizi	A	B	AB	0	Bamboo Shoot
4	Bamya	A	B	AB	0	Okra
5	Bezelye	A	B	AB	0	Pea (Green/ Pod/Snow)
6	Biber Kırmızı	A	B	AB	0	Pepper (Red/ Cayenne)
7	Biber, sivri, çarliston	A	B	AB	0	Pepper (Green/ Yellow/ Jalapeno)
8	Brokkoli	A	B	AB	0	Broccoli
9	Brüksel Lahanası	A	B	AB	0	Brussel Sprout
10	Deniz Yosunu	A	B	AB	0	Kelp
11	Deniz Yosunu	A	B	AB	0	Seaweed
12	Domates ve Suyu	A	B	AB	0	Tomato/Tomato Juice
13	Enginar ve Yer Elması ve Suları	A	B	AB	0	Artichoke (globe/ Jerusalem)
14	Hardal otu	A	B	AB	0	Mustard Greens
15	Havuç	A	B	AB	0	Carrot
16	Havuç - yabani	A	B	AB	0	Parsnip
17	Havuç Suyu	A	B	AB	0	Carrot Juice
18	Hıyar	A	B	AB	0	Cucumber
19	Hıyar Suyu	A	B	AB	0	Cucumber Juice
20	Ispanak	A	B	AB	0	Spinach/ Spinach Juice
21	Kabak	A	B	AB	0	Squash (Summer/ Winter)
22	Kapari	A	B	AB	0	Caper
23	Kara Kabak	A	B	AB	0	Zucchini
24	Kara Lahana	A	B	AB	0	Collard Greens
25	Kara Lahana - kıvırcık	A	B	AB	0	Kale
26	Karahindiba	A	B	AB	0	Dandelion

SEBZELER SEBZE SULARI		GIDA CİNSİ	KAN GRUBU				LINK
	27	Karaturp	A	B	AB	0	Horseradish
	28	Karnabahar	A	B	AB	0	Cauliflower
	29	Kereviz ve Suyu	A	B	AB	0	Celery/ Celery Juice
	30	Kırmızı Biber	A	B	AB	0	Chili Pepper
	31	Kıvırcık	A	B	AB	0	Lettuce (except Romaine)
	32	Kuşkonmaz	A	B	AB	0	Asparagus
	33	Lahana	A	B	AB	0	Cabbage (Chinese/Red/ White)
	34	Lahana Suyu	A	B	AB	0	Cabbage Juice
	35	Mantar	A	B	AB	0	Mushroom (Abalone)
	36	Mantar - Kayın	A	B	AB	0	Mushroom (Oyster)
	37	Mantar - Kültür	A	B	AB	0	Mushroom (Domestic white "Button" "Silver Dollar")
	38	Mantar - Shiitake	A	B	AB	0	Mushroom (Shiitake)
	39	Marul	A	B	AB	0	Lettuce (Romaine)
	40	Pancar	A	B	AB	0	Beet
	41	Pancar Yaprağı	A	B	AB	0	Beet Greens
	42	Patates	A	B	AB	0	Potato (White/ Red/Blue/ Yellow)
	43	Patates - Tatlı	A	B	AB	0	Potato (Sweet)
	44	Patates - Tatlı	A	B	AB	0	Yam
	45	Patlıcan	A	B	AB	0	Eggplant
	46	Pazı	A	B	AB	0	Swiss Chard
	47	Pırasa	A	B	AB	0	Leek
	48	Radika	A	B	AB	0	Radicchio

		GIDA CİNSİ	KAN GRUBU				LINK
SEBZELER SEBZE SULARI	49	Ravent	A	B	AB	0	Rhubarb
	50	Rezene	A	B	AB	0	Fennel
	51	Roka	A	B	AB	0	Arugula
	52	Sarısabır	A	B	AB	0	Aloe/Aloe Tea/ Aloe Juice
	53	Sarmısak	A	B	AB	0	Garlic
	54	Soğan	A	B	AB	0	Onion (Red/ Spanish/Yellow/ White/Green)
	55	Su Teresi	A	B	AB	0	Watercress
	56	Şalgam	A	B	AB	0	Turnip
	57	Turp / Kırmızı	A	B	AB	0	Daikon Radish
	58	Turp	A	B	AB	0	Radish
	59	Turpotu	A	B	AB	0	Radish Sprouts
	60	Turşu sirkeli	A	B	AB	0	Pickle (in vinegar)
	61	Turşu tuzlu suda	A	B	AB	0	Pickle (in brine)
	62	Zencefil	A	B	AB	0	Ginger
	63	Zeytin Kimyasala Siyahlaştırılmış	A	B	AB	0	Olive (Black)
	64	Zeytin Yeşil	A	B	AB	0	Olive (Green)
HUBUBAT UNLU ÜRÜNLER	1	Ak Darı - Kum Darısı	A	B	AB	0	Millet
	2	Alman Buğday Ürünleri	A	B	AB	0	Spelt Flour/ Products
	3	Alman Buğdayı	A	B	AB	0	Spelt (whole)
	4	Arpa	A	B	AB	0	Barley
	5	Buğday - beyaz	A	B	AB	0	Wheat (Gluten Flour Products)
	6	Buğday - esmer	A	B	AB	0	Wheat (Refined Unbleached)
	7	Buğday beyaz unlular	A	B	AB	0	Wheat (White Flour Products)
	8	Buğday kepeği	A	B	AB	0	Wheat (Bran)

HUBUBAT UNLU ÜRÜNLER

	GIDA CİNSİ	KAN GRUBU				LINK
9	Buğday Kepekli Ürünler	A	B	AB	0	Wheat (Whole Wheat Products)
10	Bulgur	A	B	AB	0	Couscous (Cracked Wheat)
11	Karabuğday	A	B	AB	0	Buckwheat/ Kasha
12	Karabuğday makarnası	A	B	AB	0	Soba Noodles (100% Buckwheat)
13	Çavdar	A	B	AB	0	Rye Flour (whole rye)
14	Enginar unu	A	B	AB	0	Artichoke Flour/ Pasta
15	Horoz İbiği Tohumu	A	B	AB	0	Amaranth
16	İrmik Ürünleri Makarnalar	A	B	AB	0	Wheat (Semolina Flour Products)
17	Çimlendirilmiş çavdar ekmeği	A	B	AB	0	Essene Bread (Manna Bread)
18	Çimlendirilmiş buğday ekmeği	A	B	AB	0	Ezekiel Bread
19	Mısır	A	B	AB	0	Corn (all)
20	Glutensiz Ekmek	A	B	AB	0	Gluten Free Bread
21	Patlamış Mısır	A	B	AB	0	Popcorn
22	Pirinç	A	B	AB	0	Rice (Cream of)
23	Pirinç	A	B	AB	0	Rice (Puffed)
24	Yabani pirinç	A	B	AB	0	Rice (Wild)
25	Pirinç keki	A	B	AB	0	Rice Cake/Flour
26	Pirinç kepeği	A	B	AB	0	Rice Bran
27	Pirinç sütü	A	B	AB	0	Rice Milk

		GIDA CİNSİ	KAN GRUBU				LINK
HUBUBAT UNLU ÜRÜNLER	28	Pirinç ekmeği	A	B	AB	0	Rice (White/ Brown/ Basmati)/ Bread
	29	Saf Çavdar Ekmeği	A	B	AB	0	Rye/100% Rye Bread
	30	Soya Unu / Ekmeği	A	B	AB	0	Soy Flour/Bread
	31	Buğday unu	A	B	AB	0	Gluten Flour
	32	Yulaf Unu	A	B	AB	0	Oat Flour
	33	Yulaf kepeği ve ezmesi	A	B	AB	0	Oat/Oat Bran/ Oatmeal
BAKLAGİLLER	1	Bakla	A	B	AB	0	Fava (Broad) Bean
	2	Barbunya	A	B	AB	0	Pinto Bean
	3	Börülce	A	B	AB	0	Black Eyed Pea
	4	Taze fasulye	A	B	AB	0	Green/Snap/ String Bean
	5	Fasulye Beyaz	A	B	AB	0	White Bean
	6	Fasulye Demirhindi	A	B	AB	0	Tamarind Bean
	7	Fasulye Kuru - Bilinen	A	B	AB	0	Kidney Bean
	8	Mercümek kırmızı	A	B	AB	0	Lentil (Red)
	9	Mercümek sarı	A	B	AB	0	Lentil (Domestic)
	10	Mercümek yeşil	A	B	AB	0	Lentil (Green)
	11	Nohut	A	B	AB	0	Garbanzo Bean (Chickpea)
	12	Soya Fasulye	A	B	AB	0	Soy Bean
	13	Soya Fermente	A	B	AB	0	Tempeh (Fermented Soy)
	14	Soya Flakes	A	B	AB	0	Soy Flakes
	15	Soya Granül	A	B	AB	0	Soy Granules
	16	Soya keki (Tofu)	A	B	AB	0	Tofu (Soy Cake)
	17	Soya peyniri	A	B	AB	0	Soy Cheese
	18	Soya Sütü	A	B	AB	0	Soy Milk

ÇEREZ VE TOHUMLAR		GIDA CİNSİ	KAN GRUBU				LINK
	1	Amerikan Fıstığı-kajo	A	B	AB	0	Cashew/ Cashew Butter
	2	Antep Fıstığı	A	B	AB	0	Pistachio
	3	Ayçekirdeği ve Yağı	A	B	AB	0	Sunflower Seed/ Sunflower Seed Butter
	4	Badem peyniri	A	B	AB	0	Almond Cheese
	5	Badem Sütü	A	B	AB	0	Almond Milk
	6	Badem ve Yağı	A	B	AB	0	Almond/ Almond Butter
	7	Ceviz - İngiliz	A	B	AB	0	Walnut (English)
	8	Ceviz - kara	A	B	AB	0	Walnut (Black)
	9	Ceviz Amerikan	A	B	AB	0	Hickory
	10	Çam Fıstığı	A	B	AB	0	Pine Nut (Pignola)
	11	Fındık	A	B	AB	0	Filbert (Hazelnut)
	12	Haşhaş tohumu	A	B	AB	0	Poppy Seed
	13	Kabak Çekirdeği ve Yağı	A	B	AB	0	Pumpkin Seed/ Pumpkin Seed Butter
	14	Kestane	A	B	AB	0	Chestnut
	15	Keten Tohumu	A	B	AB	0	Flax Seed (Linseed)
	16	Susam	A	B	AB	0	Sesame Seed
	17	Susam Yağı ve Tahin	A	B	AB	0	Sesame Butter/ Tahini
	18	Yerfıstığı ve Yağı	A	B	AB	0	Peanut/Peanut Butter

		GIDA CİNSİ	KAN GRUBU				LINK
YAĞLAR	1	Avokado yağı	A	B	AB	0	Avocado Oil
	2	Ayçiçeği Yağı	A	B	AB	0	Sunflower Oil
	3	Badem Yağı	A	B	AB	0	Almond Oil
	4	Balık yağı	A	B	AB	0	Cod Liver Oil
	5	Ceviz Yağı	A	B	AB	0	Walnut Oil
	6	Hindistancevizi Yağı	A	B	AB	0	Coconut Oil
	7	Keten Tohumu Yağı	A	B	AB	0	Flax Seed (Linseed) Oil
	8	Kolza Yağı	A	B	AB	0	Canola Oil
	9	Mısırözü Yağı	A	B	AB	0	Corn Oil
	10	Pamuk Çekirdeği Yağı	A	B	AB	0	Cottonseed Oil
	11	Soya Yağı	A	B	AB	0	Soy Oil
	12	Susam Yağı	A	B	AB	0	Sesame Oil
	13	Yerfıstığı Yağı	A	B	AB	0	Peanut Oil
	14	Zeytin Yağı	A	B	AB	0	Olive Oil
BAHARATLAR LEZZET VERENLER	1	Adaçayı	A	B	AB	0	Sage
	2	Akasya	A	B	AB	0	Acacia (Arabic Gum)
	3	Anason	A	B	AB	0	Anise
	4	Bergamot	A	B	AB	0	Bergamot
	5	Biber kara ve beyaz - toz	A	B	AB	0	Pepper (Black/ White)
	6	Biber - kırmızı toz	A	B	AB	0	Chili Powder
	7	Biberiye	A	B	AB	0	Rosemary
	8	Köri	A	B	AB	0	Curry
	9	Çikolata	A	B	AB	0	Chocolate
	10	Defne Yaprağı	A	B	AB	0	Bay Leaf
	11	Dere Otu	A	B	AB	0	Dill
	12	Fesleğen	A	B	AB	0	Basil
	13	Frenk Soganı	A	B	AB	0	Chives
	14	Hardal - kuru	A	B	AB	0	Mustard, Dry
	15	Hindistancevizi türü	A	B	AB	0	Nutmeg
	16	Karanfil	A	B	AB	0	Clove
	17	Keçiboynuzu	A	B	AB	0	Carob

		GIDA CİNSİ	KAN GRUBU				LINK
BAHARATLAR LEZZET VERENLER	18	Kekik	A	B	AB	0	Oregano
	19	Kekik !	A	B	AB	0	Thyme
	20	Kimyon	A	B	AB	0	Cumin
	21	Kırmızı Biber	A	B	AB	0	Paprika
	22	Kırmızı Pul Biber Tane Kara Biber	A	B	AB	0	Pepper (Peppercorn/ Red Flakes)
	23	Kişniş	A	B	AB	0	Coriander
	24	Maydanoz	A	B	AB	0	Parsley
	25	Mercanköşk	A	B	AB	0	Marjoram
	26	Meyan Kökü	A	B	AB	0	Licorice Root
	27	Mısır Nişantası	A	B	AB	0	Cornstarch
	28	Nane	A	B	AB	0	Peppermint
	29	Frenk nanesi	A	B	AB	0	Spearmint
	30	Safran	A	B	AB	0	Saffron
	31	Tarçın	A	B	AB	0	Cinnamon
	32	Tarhun	A	B	AB	0	Tarragon
	33	Vanilya	A	B	AB	0	Vanilla
İÇECEKLER	1	Çay - Siyah	A	B	AB	0	Tea (Black Regular/Decaf)
	2	Çay - Yeşil	A	B	AB	0	Green Tea
	3	Kahve	A	B	AB	0	Coffee (Regular/ Decaf)
	4	Distile içkiler / Likör	A	B	AB	0	Liquor (Distilled)
	5	Gazoz, kola	A	B	AB	0	Soda (Misc/ Diet/Cola)
	6	Soda - Naturel	A	B	AB	0	Seltzer Water
	7	Soda - Tuzlu	A	B	AB	0	Soda (Club)

	GIDA CİNSİ	KAN GRUBU				LINK
1	Deniz Tuzu	A	B	AB	0	Sea Salt
2	Elma Pektini	A	B	AB	0	Apple Pectin
3	Hardal - Sirkeli Unlu	A	B	AB	0	Mustard (with vinegar and wheat)
4	Hardal - Sirkeli Unsuz	A	B	AB	0	Mustard (with vinegar, wheat-free)
5	Hardal - Sirkesiz Unlu	A	B	AB	0	Mustard (with wheat, vinegar-free)
6	Hardal - Sirkesiz Unsuz	A	B	AB	0	Mustard (wheat-free, vinegar-free)
7	Jöle Jelatin	A	B	AB	0	Gelatin, Plain
8	Ketçap	A	B	AB	0	Ketchup
9	Maya - Bira	A	B	AB	0	Yeast (Brewers/ Nutritional)
10	Maya - Ekmek	A	B	AB	0	Yeast (Bakers)
11	Mayonez - Ticari	A	B	AB	0	Mayonnaise
12	MonoSodyumGlutamad	A	B	AB	0	MSG
13	Reçel Türleri - Uygun meyvelerden	A	B	AB	0	Jam/Jelly (OK ingredients)
14	Salata Sosları - Uygun Karışımlar	A	B	AB	0	Salad Dressing (OK'd Ingredients)
15	Sirke	A	B	AB	0	Vinegar (Balsamic/ White/Red/ Rice)
16	Sirke - elma	A	B	AB	0	Vinegar (Apple Cider)
17	Soya Sosu	A	B	AB	0	Soy Sauce
18	Soya sosu buğdaysız	A	B	AB	0	Tamari (wheat-free)
19	Tofu Türü	A	B	AB	0	Miso
20	Turşu	A	B	AB	0	Pickle Relish

ÇEŞNİLER SOSLAR

		GIDA CİNSİ	KAN GRUBU				LINK
TATLANDIRICILAR	1	Akçaağaç Şurubu	A	B	AB	0	Maple Syrup
	2	Arpa maltı	A	B	AB	0	Barley Malt
	3	Badem özü	A	B	AB	0	Almond Extract
	4	Bal	A	B	AB	0	Honey
	5	Mısır Şurubu	A	B	AB	0	Corn Syrup
	6	Pirinç Şurubu	A	B	AB	0	Rice Syrup
	7	Şeker, k. rengi-beyaz	A	B	AB	0	Sugar (Brown/ White)
	8	Şeker Bitkisi	A	B	AB	0	Stevia
	9	Dekstroz	A	B	AB	0	Dextrose
	10	Fruktoz	A	B	AB	0	Fructose
	11	Invert şeker	A	B	AB	0	Invert sugar
	12	Maltodekstrin	A	B	AB	0	Maltodextrin
	13	Sukanat	A	B	AB	0	Sucanat
	14	Aspartam	A	B	AB	0	Aspartame